欲望の錬金術

ALCHEMY
THE DARK ART
AND CURIOUS SCIENCE OF
CREATING MAGIC
IN BRANDS, BUSINESS,
AND LIFE

伝説の広告人が明かす不合理のマーケティング

オグルヴィUK 副会長
ローリー・サザーランド
RORY SUTHERLAND〔著〕
金井真弓
〔訳〕

東洋経済新報社

欲望の錬金術

伝説の広告人が明かす不合理のマーケティング

目　次

第1章

ロジックの乱用

第2章 心理《サイコ》ロジックの応用

第3章 シグナリングの驚くべき魔力

第4章

自分自身の潜在意識をハッキングする

第5章

単純化し、合理化し、効率化することの危険

第6章

知覚される世界と現実の世界

第7章

錬金術師のテクニック

ローリーが考える錬金術の法則

1. よいアイデアの逆も、またよいアイデア。
2. 平均的な人間向けのデザインはするな。
3. 誰もがロジカルなら、ロジカルであることは役に立たない。
4. 注意の質は経験の質に影響を与える。
5. 花は広告予算がある雑草にすぎない。
6. ロジックの難点は魔法を全滅させること。
7. 観測に耐えられる見事な推測は科学である。幸運な偶然も科学だ。
8. 誰もやらないからこそ、直感に反する物事を試そう。
9. 合理性に基づいた問題解決は、1本のクラブだけでゴルフをするようなもの。
10. あえてささいなことにこだわれ。
11. もしもロジカルな答えが存在したなら、すでに見つかっていただろう。

プロローグ
――ひどくまずいのにコカコーラに匹敵するほどになった飲みもの

想像してみてほしい。あなたは国際的な大手飲料会社の役員室に座っているところだ。そして、ノンアルコールの冷飲料では世界で2番目に人気のあるコカコーラ(1)のライバルになるような新製品の開発を任されている。

あなたはどんなことを言うだろうか？　私だったら、それほど悪ふざけをしたい気分じゃない場合、まずはこう言うだろう。「コークよりもおいしくて、コークよりも安く、大いに得をしたと客に思わせるように、うんと大きなボトル入りのドリンクを製造すべきでしょう」。しかし、まさかこんなことを言い出す社員がいるとは思えない。「いや、めちゃくちゃ高いドリンクを売り込みましょう。小さな缶入りで……そして、ひどくまずい味にするんです」。だが、そのとおりのことをやった会社があったのだ。そんな飲料を製造したため、この会社はまさしくコカコーラに匹敵するほどになったソフトドリンクのブランドを立ち上げた。その飲料とは

（1）　水の次ということだ。

レッドブルだ。

私がレッドブルを「ひどくまずい味がする」と表現しても、主観的な意見[2]ではないだろう。いや、これは大衆の代表的な意見なのだ。レッドブルは発祥地のタイからまだ輸出もされないうちに、この飲料の味に対する世界中の消費者の反応を、ライセンシーが調査機関に調べてもらったという噂が広まった。炭酸飲料の特徴に関する調査が専門である調査機関は、これほど悪い反応を示された製品を初めて見たという。

新しい飲料を試したとき、消費者は好ましくない反応を控えめに表現するのが普通だ。「これは私の好みじゃないです」「ちょっと飽きる味ですね」「これは子どもに飲ませたほうがいいんじゃないですか」というように。レッドブルの場合、怒りに近い評価をされた。「こんな小便みたいなもの、金をもらっても飲まないよ」といった評価もあった。だが、この飲料が広く成功を収めていることを誰も否定できないだろう。なんといってもF1チームにあっさりと資金を出せる、年間60億本を売り上げる利益があるのだ。

(2) 私はかなり多くの飲料を試している。

ロジカルでない解決策のさまざまな事例

本書におけるシンプルな前提を述べよう。現代の世の中は不合理なものに尻込みする傾向があるが、合理的でないものがこのうえなく強力な場合もあるということだ。科学やロジックが生んだ議論の余地なく貴重なものと並んで、発見されるのを待っている、人間のさまざまな問題に対する、一見したところ不合理な解決策も何百と存在する。答えを探す中で、平凡でいかにも無邪気なロジックを捨てさえすれば、そんな解決策は見つかる。

残念ながら、物理科学では還元主義的なロジックが非常に信用できると証明されているため、今やそれがあらゆるところに適用できるはずだと思い込まれている。人間に関する、もっとめちゃくちゃなものに取り組む場合でも。今日の人々の意思決定にもっとも幅を利かせているモデルは短絡的なロジックを重視し、魔法なんか軽視している——スプレッドシートには奇跡など入り込む余地はない。だが、もしもこんな方法が間違っているとしたらどうだろう？物理学の法則の正しさを再現しようとするあまり、ロジックの出る幕がない分野に、同じ一貫性や確実性を押しつけることに熱心になりすぎているとしたら？

たとえば、仕事と休暇について考えてみよう。現在のアメリカ人の68％は、大半の人が楽しむわずか2週間ほどの休暇よりももう2週間多く休みが取れるなら、金を払ってもいいと思っているだろう――休暇の日数が2倍になるなら、報酬が4％カットされることを受け入れるはずだ。

しかし、休暇を増やしても、誰もが少しも損をしないとしたらどうだろう？ 余暇の時間が増えることにより、レジャー用品に使われる金の点でも、生産性が向上する点でも、アメリカ経済に効果があるとしたら？ 前よりも休暇が増えた人々は可能になったとたんに引退してフロリダのゴルフコースへ行くよりも、現役で働く期間をもっと延ばそうとするのではないか？あるいは、まずまず満足できるほど休みが取れて、旅やレジャーで刺激を受けられれば、それまで以上の仕事をするのでは？ さらに最近のテクノロジーの進歩により、多くの職種において、職場への貢献度は働き手がどこにいてもあまり変わらなくなってきただろう。アイダホ州のボイシにある狭いオフィスにいようと、カリブ海のバルバドス島のビーチにいようと、違いはそれほどないのだ。

こういった魔法のような結果を裏づける証拠はふんだんにある。フランス人は稀に休暇中でない場合、驚くほど生産性が高い。毎年6週間の休暇が当たり前なのにもかかわらず、ドイツの経済は成功している。とにかく、試すどころか、この魔法の解決策かもしれない方法をアメリカ人に考えさせるモデルすらまったく存在しない。世界をロジカルなモデルで考える左脳で思考しているから、生産性は労働時間に比例するものだし、休暇を2倍にするなら給与を4％減らすべきだとされているのだ。

技術官僚《テクノクラート》的な考えによれば、経済は機械と同じように形作られる。作動させない時間が多くなると、機械の価値は落ちるに違いないと。だが、経済は機械ではない――はるかに複雑なシステムなのである。機械は魔法を考慮しないが、複雑なシステムでは魔法を考えてみる余地があるのだ。

エンジニアリングは魔法を考慮しないが、心理学は魔法を考慮する。

人は無邪気なロジックにしがみついたまま、整然とした経済モデルやビジネス事例、狭義の技術的なアイデアといった、魔法と無縁の世界を作り上げてきた。そして複雑な世界をコントロールしているというすばらしい安心感を与えられている。このようなモデルが有益な場合は多いが、ときには不正確だったり誤解を招く恐れがあったりする。ひどく危険なことになる場合もある。

ロジックや確実性を求めれば、プラス面と同時にマイナス面もあることを忘れてはならない。科学的に見える方法を優先するあまり、もっと非合理的でもっと魔法的な解決策が考慮されていないかもしれないのだ。そういった解決策は安上がりで即効性があり、効果的かもしれないのに。神話めいた「バタフライ効果」〔訳注　非常に小さなことがさまざまな要因を引き起こして、次第に大きな現象へ変化すること〕は実際に起こり得るのに、我々は蝶《バタフライ》を捕まえるために十分な時間を費やしていない。そこで私の経験から、最近のバタフライ効果の発見をいくつかあげておこう。

1. あるウェブサイトは支払い手続きの選択肢を1つ追加した――そして1年あたりで3億ドルも売り上げを増やした。
2. ある航空会社は空の旅が提供するものを変えた――そして、プレミアムシートによって売り上げを年間800万ポンドも増やした。
3. あるソフトウェア会社はコールセンターの手順を、一見すると不合理なものに変えた――そして数百万ポンドの価値がある事業を維持している。
4. ある出版社はコールセンターで使う台本に4つの些細な言葉をつけ加えた――そして売り上げへの転換率を2倍にした。
5. あるファストフード店は商品の売り上げを伸ばした。なんと商品の価格を……上げたことによって。

ここにあげた途方もない成功例は、経済学者にとってはなんとも非論理的なものばかりだったが、このすべてがうまくいった。そして、1番目の例以外は私が所属する広告会社であるオグルヴィのある部署によって生み出された方法だ。問題に対する直感と相容れない解決策を探すために、私が設立した部署である。問題というものには、一見不合理な解決策がほぼ常にひそんでいるのに、誰もそれを探そうとしないことに我々は気づいた。誰もがほかの解決策を探そうとしてロジックに心を奪われすぎているのだ。また腹立たしいことに、この方法で成功しても、リピート客を確保できないことにも気づいた。そんな魔法のような解決策を追求する予算の要求は企業にとって容易でないし、政府にはなおさら困難なのだ。ビジネスの事例はロジカルに見えなければならないからである。

確かに、議論に勝つためにロジックを用いるのが普通は最善の方法だが、人生で成功したければ、ロジックが必ずしも有益とは限らない。起業家が非常に貴重なのは、会議の出席者にとって意味が通ることばかりやるわけではないからだ。興味深いことに、スティーブ・ジョブズやジェームズ・ダイソン、イーロン・マスク、ピーター・ティールのような人たちは正真正銘の変わり者に見える場合が多い。ヘンリー・フォードが会計士を軽蔑していた話は有名だ——彼が支配権を握っていた間、フォード・モーター・カンパニーは一度も監査を受けなかった。

ロジックを求めるとき、目に見えない対価を払うことになる。魔法が壊れてしまうのだ。そして経済学者や技術官僚《テクノクラート》やマネジャーやアナリストやスプレッドシートオタクやアルゴリズムデザイナーが過剰に供給されている現代の世界では、魔法の使用が次第に難しくなっている——というより、魔法を試すことすら困難だろう。私はこれからみなさんに、人生には魔法の余地があるべきだということを思い出させたい——心の中にいる錬金術師を発見するにはまだ手遅れではないのだ。

はじめに――隠れた動機を解読する

私は目の前に置いた2つの画面でこの本を執筆している。1つの画面には慈善募金の効果を高めるために、同僚たちが行なったばかりの実験の最新結果が表示してある。

1年に一度、我が社の顧客が行なう募金のボランティアたちは何十万という家の戸口に印刷物の入った封筒を差し入れ、数週間後、寄付金を回収するためにまた訪問する。今年の封筒にはハリケーンの災害支援を訴える印刷物が入っていたが、そのいくつかは無作為にほかのものと変えてあった。封筒のうちの10万通はこれがボランティアによって配達されたことを伝えており、別の10万通は寄付をすれば25％の税金の還付があるとして書類への記入を勧めていた。また別の10万通はほかよりも上質の封筒に入っていた。そして別の10万通は縦長の書式だった（だから封筒の蓋は長辺ではなくて短辺についていた）。

あなたが経済学者なら、この実験の結果を見たとたん、人々の頭が完全にどうかしたと結論づけるだろう。論理的には、寄付をするか否かの行為に影響を与える違いがある封書は1つしかない。1ポンド寄付するごとに、政府から25ペンスを与えられるというものだ。ほかの3つの実験は一見したところ的外れである。封筒の紙の質、封筒の向き、封書がボランティアによって配達された事実は、寄付をすべき合理的な理由をつけ足してはいない。

しかし、結果は違うものになった。実際には〝合理的な〟封書は何の工夫もしていない対照群に比べて、寄付者の数が30％以上減っているのだ。その一方で、ほかの3つの実験では10％以上、寄付者の数が増えている。高品質の紙を使った封書も、１００ポンド以上というかなりの額の寄付者をより多く集めている。みなさんが本書を読み終わるころには、こんなまともじゃない結果に奇妙にも筋が通る理由が、もっとよくわかるようになっていることを願う。

馬がガソリンで走らないように、人の心はロジックで動かない。

このような実験結果になった理由として何が考えられるだろうか？　もしかしたら、短辺に蓋がついた封筒のほうが紙幣や小切手を入れやすいのかもしれない。厚手の封筒に１００ポンドの小切手を入れるほうが、安っぽい紙の封筒に入れるよりもいい気分になるとも考えられる。それに、ボランティアが苦労して配達してくれた封書は、いっそうその努力に報いたくなるのかもしれない。ボランティアの努力に感謝しているのだ。寄付金に対する25％の〝ボーナス〟に触れたせいで寄付者が減ったのは、義務感を与えたせいだろうか？　もっと不思議なことに、それによって寄付を一切しない人の割合も減ったのだ。正直な話、この現象の理由は私にはわからない。

重要なことを言おう。ロジカルな人間にはここにあげた3つの方法をテストしても意味はないが、実際に効果があるのはこの3つなのだ。本書にとって重要なことは、世の中をロジカルな人間に支配させておけば、ロジカルな物事しか見つからないことである。だが実生活では、たいていのものがロジカルではない――心理《サイコ》ロジカルなのである。

人間の行動の裏には理由が2つある場合が多い。表向きのロジカルな理由と本当の理由である。私はここ30年にわたって広告とマーケティングの業界で働いてきた。この仕事をするのは金銭を得るため、ブランドを築き、ビジネスの問題を解決するためだと人々に話している。どれも嫌いな行動ではないが、本音を言えば、こうして働いているのは私が詮索好きだからだ。

現代の消費主義はもっとも資金が潤沢な社会科学の実験場、いわば人間の不思議さから成るガラパゴス諸島である。さらに重要なのは、ビジネスや政治の世界での変わり者や奇抜な人々にとって、広告代理店は残された数少ない安全な場所の1つだということだ。幸い、広告代理店では型破りな意見がいまだに広く奨励されるか、少なくとも大目に見てもらえる。愚かな質問をしたり、ばかげた提案をしたりしてもかまわない――それでも昇進するのだ。この自由は我々が気づいている以上に貴重だろう。知的な答えにたどり着くために、実にばかばかしい質問をいくつもしなくてはならない場合がよくあるからだ。

大半の企業では、突然「なぜ、人間は歯を磨くのか？」などと尋ねたら、気が触れたと見なされ、危ない奴だと思われるのが落ちだろう。なにしろ、人が歯を磨く行為には公然と認められたロジカルな理由があるのだ。歯の健康を守るためと虫歯を減らすためという理由が。話を先へ進めよう。今はこんなことを気にしなくていい。しかし、あとで説明するように、私は今言ったことが本当の理由ではないと思っている。もしもそんなことが真の理由なら、たとえば95％の歯磨き粉がミント味なのはなぜだろう？

人間の行動は謎である。暗号の解読方法を学ぼう。

私の主張は、人間の行動の大部分が暗号クロスワードのヒントのようなものだということだ。もっともらしい表面上の意味は常にあるが、その下にもっと深い答えも隠れている。

5の横——Does perhaps rush around（行動する、おそらく走りまわるもの）（4文字）

暗号クロスワードに馴染みのない人にとって、このヒントに対する正解が「deer（鹿）」なのはばかげているとさえ思えるだろう。ヒントの表向きの意味には、動物を暗示するものなどないのだから。単純なクロスワードなら、「Sylvan ruminants（森に住む反芻動物）（4文字）」のようなヒントを出すはずだ。しかし、暗号クロスワードの熱烈な愛好家には、これはかなり簡単に解ける手がかりである――示されたものが見かけどおりではないことを受け入れるのならば。〝表面上の〟ヒントからは「does（行動する）」と「rush（走る）」が動詞だという、間違った方向へ導かれるだろう。実のところ、どちらの単語も名詞なのだが。ここでの「does」は「doe」[1]の複数形だ。「rush」は「reed（アシやヨシ）」のことである。「reed」を「around（反対の方向へ）」――すなわち、後ろから逆に読む――というわけで、「deer」になる[2]〔訳注「Does perhaps rush around」の隠れた意味は「（鹿の）メス。おそらくrush（reed）を逆に読んだもの」ということ〕。

この考え方は、ヒントを文字どおりにとらえないことを理解したときに初めてわかる。人間の行動も同様に暗号のような意味のある場合が多い。人が何かをする理由には表向きの合理的な自ら公言したものがあり、謎めいた、あるいは隠れた目的も存在している。表面的な意味から1語ずつ隠れた意味を解きほぐす方法を覚えることが、暗号クロスワードを解くためには重要だ。また、それは人間の行動を理解するためにも欠かせない方法である。

愚かな間違いを防ぐため、少しだけばかになることを学ぼう。

(1) 鹿やうさぎなどのメスのこと。
(2) 「perhaps（おそらく）」という言葉はより正確さを期すために必要である。deerのすべてがdoesではないからだ――「stag（成熟したオスの鹿）」の場合もある。

たいていの人は職場で自分を知的に見せることに時間を費やす。ここ50年ほど、人々は自分を科学的に見せようとすることで知的な雰囲気を出そうとしてきた。何かが起こる理由を誰かに尋ねたとしよう。ほとんどの人は自分が知的とか合理的、あるいは科学的に見えそうな、もっともらしく聞こえる答えをするだろう。だが、それは真の答えかもしれないし、違うかもしれない。ここでの問題は実際の生活が、型にはまった科学とは異なることだ——たとえば、ボーイング787型機の設計をするときはとても効果的なツールでも、顧客体験や税制策を考察するときはうまくいかないだろう。人間は炭素繊維や金属合金と違って成形しやすくもなければ予測可能でもないし、そんなものと同じだというふりをする必要もないのだ。

経済学の父であるアダム・スミスは18世紀後半にこの問題に気づいた。[3] しかし、それ以来、多くの経済学者はこの教訓を無視してきたのだ。自分を科学者のように見せたければ、いかにも確実だという雰囲気を醸し出せばいい。だが、確実さが厄介なのは、存在している問題の性質をすっかり誤って人々に伝えてしまうことだ。それが心理的な問題ではなく、単に物理的な問題だというように。そんなわけで、物事が実際よりも〝ロジカル〟だというふりをしたがる傾向はあとを絶たない。

---

(3) 実を言えば、社会学の父であるイブン・ハルドゥーンが14世紀に気づいていただろう。

心理《サイコ》ロジックへの案内

この本は一種の挑発となることを意図している。哲学の本めいているのは偶然にすぎない。読者に決断する方法を教えるもので、こうした決断が、〝合理性〟と見なされるものと異なる理由についても語っている。人が決断する方法を――〝ロジック〟や〝合理性〟という人工的な概念から区別する目的で――表現する私なりの言葉は〝心理《サイコ》ロジック〟である。これは高校の数学の授業や経済学入門の講義で教えられてきたロジックのようなものとは劇的に異なる場合が多い。最適であるようにデザインされているのではなく、有益となるように進化したものだ。

ロジックによって優秀なエンジニアや数学者が生まれるが、心理《サイコ》ロジックによって人間は生き残り、長い時間をかけて繁栄した優秀なサルの種族となった。この別のロジックは人間の心の中で並行して働くシステムから生じている。無意識のうちに働くことが多く、自分が認識しているよりもはるかに強力で広範囲にわたるものだ。いわば重力のようなものであり、指摘されるまでは誰も気づかなかった力である。

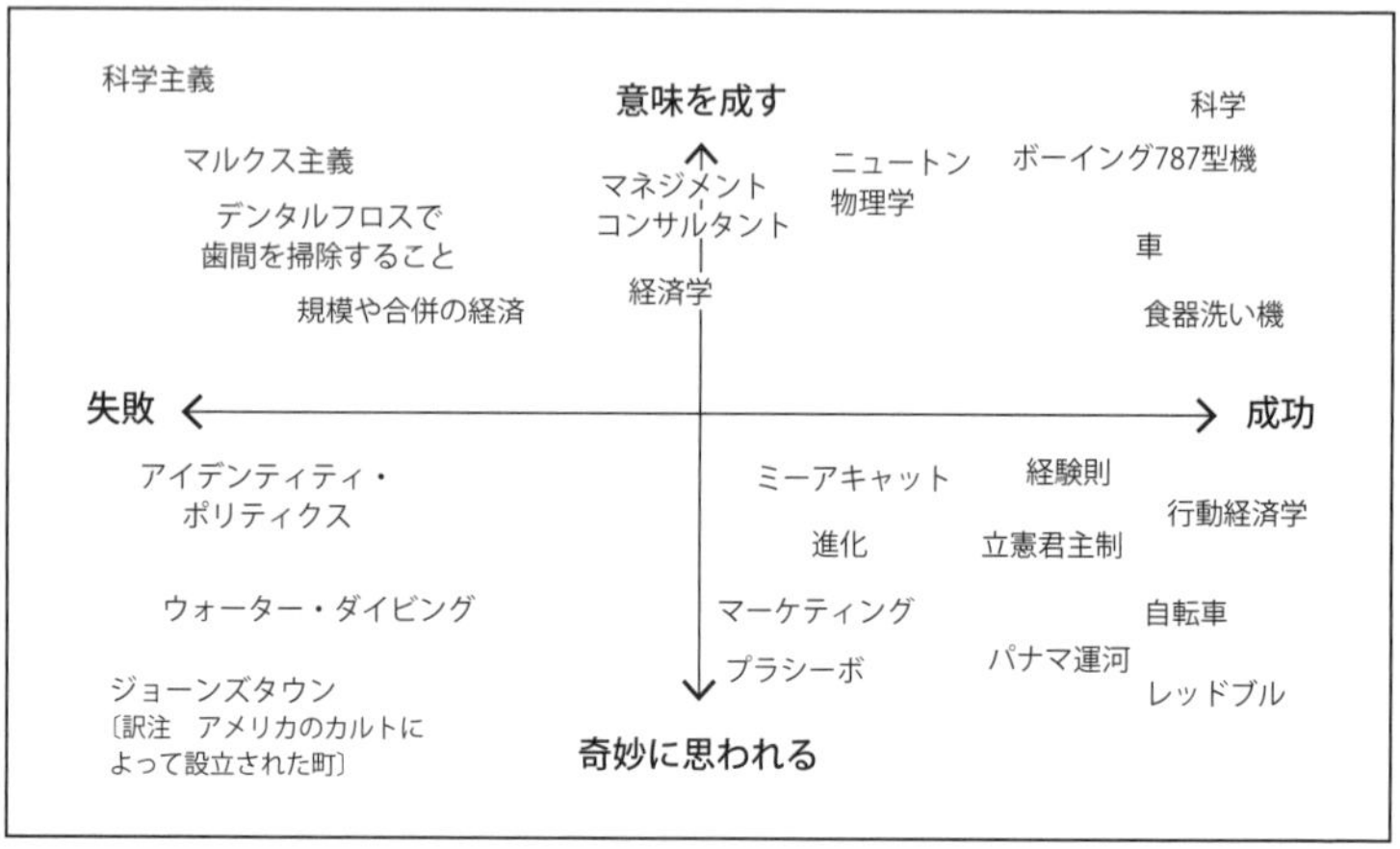

図1　道理にかなうものだけがうまくいくわけではないし、うまくいくものだけが道理にかなうわけでもない。この図の右上の部分にあるのは、純粋科学によって成し遂げられた真にリアルで重要な進歩であり、人間の知覚や心理を向上させることによって成果をあげられる領域だ。4分割されたほかの部分では、どの実行可能な解決策にも“不安定な”人間の知覚や感情が不可欠だ。

この図に自転車が入っているのは奇妙に思われるかもしれない。しかし、自転車に乗る方法はかなりたやすく身につけられるが、どういう仕組みで自転車が走れるのかを物理学者たちは相変わらず完全には理解できないのだ。冗談抜きで本当の話である。自転車は意図して設計されたというより、試行錯誤の末に誕生したものだ。

私は心理《サイコ》ロジックを中立的で公平な言葉として選んだ。それにはわけがある。非合理的な行動を説明するとき、よく〝感情〟などの言葉が用いられるが、ロジックの悪魔の双子のような響きを与えてしまう。あなたがどこかの役員室に入っていって、ある合併を「感情的な理由で」拒否したと宣言したら、出ていけと命じられるのが落ちだろう。とはいえ、人は理由があってさまざまな感情を経験する——言葉にできないよい理由である場合が多い。

かつて社会心理学者のロバート・ザイアンスは認知心理学を

「ゼロに設定された興味深い変数を備えた社会心理学」と表現した。彼の言葉の要点は、人間とは徹底的に社会的な種だ（つまり、社会的背景がないところで人工的な経験における人間の行動や選択を調べても、それほど有益ではない）ということだ。現実の世界では、社会的背景は決定的に重要である。たとえば、社会学者のピエール・ブルデューが観察しているように、大半の人間社会で贈り物はよいことだと見なされているが、ほんの小さな変化によってプレゼントが恩恵よりも侮辱になる場合もある。たとえば、物をくれた相手にそれを突き返す行為はもっとも失礼な行為の1つだ。同様に、好ましいことをしてくれる相手に金を差し出すことは、経済理論によれば完全に意味を成す行為で、誘因《インセンティブ》と呼ばれるものだが、だからといって性行為に対する謝礼を配偶者に払ったりしてはいけない(1)。

本書のタイトルとなっている錬金術《アルケミー》は、経済学者が何を間違っていたのかを知る科学だ。錬金術師になるための秘訣は不変的な法則を理解することにあるのではなく、こういった法則が当てはまらないところに存在する多くの例に気づくことにある。狭いロジックにではなく、そんなロジックをいつ、どうやって捨てればいいかを知るという、やはり重要なスキルにあるのだ。だからこそ、今日では錬金術がかつてないほど有益なのである。

(1)　経験上から話すが、私は一度こんな行動を試したことがあった——約3カ月後、ちょっとした性的な誘いを受けた。そんなわけで、効果があるとしても、経済的なアプローチの成果が表れるのはかなり遅い。

ロジックをはねつけるもの

単純な（高くつくが）家事をするうえでのコツを紹介しよう。キッチンにあるものをすべて食器洗い機に耐えられるようにしたいなら、何でも食器洗い機に耐えられるかのように扱えばいいだけだ。1年ほど経ったあと、食器洗い機に耐えられないものは壊れているか、使用できない状態になっているだろう。やったぞ！　これで今残っているものは全部、食器洗い機に耐えられるだろう！　この方法をキッチン用品のダーウィン説のようなものだと考えてみよう。

同様に、世界のあらゆる問題に表面上はロジカルな解決策を適用するなら、ロジックで容易に解決できる問題はたちまち消えてしまうだろう。そして、残るのはロジックに抵抗する問題である――どんな理由であれ、ロジカルな答えが効果的ではないものだ。大半の政治的問題や、ビジネスや外交政策の問題、また私が強い疑惑の目を向けている結婚の問題はこのタイプに当てはまりそうである。

今は、錬金術師が大勢いて科学者があまり存在しなかった中世ではない。現代はその逆だ。型にはまった演繹的なロジックを展開したり示したりするのが大いに得意な人々がどこにでもいて、ロジックを最大限に利用するため、たいていは理論だのモデルだのを当てはめることに熱心である。多くの場合、これは悪いことではない。たとえば、航空管制の担当を概念芸術《コンセプチュアルアート》のアーティストに任せたいとは思わないだろう。だが残念ながら、今はやみくもにロジックを崇拝するあまり、その弱点に気づかないことが多くなっている。

たとえば、英国で勝利を収めたブレグジットのキャンペーンやアメリカでドナルド・トランプが大統領選に勝利したことのどちらも、無教育の有権者の愚かで感情的な行動のせいだとされるのが常だ。だが、英国でのEU残留キャンペーンやアメリカ大統領選でのヒラリー・クリントンの立候補が失敗したのは、高学歴すぎる助言者たちの愚かで極端にロジカルな行動のせいだとはっきり主張することもできるだろう。そうした助言者たちは、本来はかなり有利な状況を棒に振ったのである。英国にいた我々は一時、「EU離脱に投票すれば、人件費が高騰するかもしれない」という警告さえ受けた――非常に抜け目のない、あるビジネスマンから(1)。彼は経済効率のモデルに酔いしれたあまり、大半の有権者が「人件費が高騰する」という言葉を、「賃上げ」の意味で理解しかねないことにまったく気づかなかったのだ。

もっとも驚きなのは、EU残留キャンペーンの議論が1つ残らず経済のロジックに頼っていたことだろう。とはいえ、EUは明らかに政治的なプロジェクトで、高潔というよりはいかに

(1) マークス・アンド・スペンサーの前会長のスチュアート・ローズだ。

も貪欲な印象を与える。ＥＵ残留を主張する大半の人々は、グローバル化によって大成功している階級出身という印象が特に強いだろう。ウィンストン・チャーチルは「鍵となる輸出市場を再び手に入れるために」第二次世界大戦を戦えと国民に促さなかった点に注意してほしい。

データが多いほど、よりよい決断につながる。ただし、そうはならないときを除く。

一方、大西洋を渡った向こうの国で、クリントンの選挙運動の主役となっていたのはロビー・ムックという戦略家だった。彼はデータや数学的モデリングに熱をあげるあまり、ほかの戦略を使うことを拒んだ。ロビーは中西部の労働者階級の白人有権者に選挙運動を結びつけるべきだとするビル・クリントンを嘲笑し、「シンプソンおじいちゃん」〔訳注　アニメ『ザ・シンプソンズ』の登場人物〕の声を真似て元大統領をからかったのだ。(2) そしてほかの提案も、「私のデータはあなたの物語と合わない」と独りよがりな態度ではねつけたのだった。

しかし、裏付けに乏しい根拠のほうが正しかったのだろう。データは明らかに間違っていたのだから。クリントンは選挙運動中にウィスコンシン州を一度も訪れなかった。その州では簡単に勝てると、誤った推測をしたのだ。クリントン陣営の中には選挙前の最後の数日にウィスコンシン州を訪問すべきだと提案する者もいたが、データは彼女がアリゾナ州へ行くべきだと告げていた。さて、私は英国人でアリゾナ州には4、5回しか行ったことがなく、ウィスコンシン州には2回行ったことがあるだけだ。そんな私でも「その決断は奇妙に思える」と言っただろう。なんといっても、ウィスコンシン州が決してドナルド・トランプに投票しないという根拠はまったくなかったし、同州はいつも政治的にひどく無軌道だったのだから。

データに頼りたいという欲求のせいで、モデルの外に存在する重要な事実を見落としてしまう。そのことはトランプがどこの選挙運動へ行っても体育館を聴衆で満員にする一方、クリントンの聴衆はまばらだったことと間違いなく関係がある。ビッグデータがどれも同じ場所から出たものであることは絶対に覚えておいてほしい——つまり、過去から出ているのだ。新しい選挙運動のスタイルやたったひとつの例外的な不確定要素、あるいは「ブラックスワン」的な出来事〔訳注　めったに起こらないが、起こると壊滅的被害を与える出来事〕によって、もっとも完璧に調整されたモデルもカオスに投げ込まれる。しかし、英国のキャンペーンでもアメリカの選挙運動でも、敗者側は敗北の原因がロジックに頼っていたせいかもしれないとは一度も考えなかった。そして〝ロシア人〟だの、〝フェイスブック〟だのに責めを負わせていたのだ。もしかしたら、部分的にはそれらが非難に値するかもしれない。しかし、どちらのケースでも大本命が失敗した原因は、意思決定の数学的モデルへの過度の依存のせいかもしれないとじっくり考えた人はいなかった。

（2）ビル・クリントンのことをどう考えるとしても、実績からすれば、直感的な政治の天才であることは明らかだ。

理論的には、ロジカルになりすぎることなどあり得ないが、実際には可能だ。だが、ロジカルな解決策が失敗する可能性なんて信じられないように思われる。なんといっても、ロジカルな解決策は筋が通るのだから、間違うはずはないだろう？

ロジックが効かない問題の解決に求められるのは、何かを自分が間違えている可能性を認められる知的でロジカルな人々だが、こうした人たちの心はもっとも変化に抵抗する場合が多い——おそらく彼らのステータスが、ロジカルな思考能力と密接に絡み合っているせいだろう。高度な教育を受けた人々は単にロジックを用いているだけではない。ロジックは彼らのアイデンティティの一部なのだ。価格を上げることによって製品の売り上げを増やせる場合が多いと、私がある経済学者に話したとき、彼の反応は好奇心ではなく怒りだった。まるで彼のペットの犬やお気に入りのフットボールチームを侮辱されたかのように。

想像してみてほしい。ニューヨーク・ヤンキースやチェルシー・フットボール・クラブを応援するまでは、報酬のいい仕事を得ることや官職に就くことができないとしたらどうだろうか。そんな党派心はばかげていると思うだろうが、ロジックの熱烈なファンはあらゆるところで権力のレバーを操作しているのだ。ノーベル賞を受賞した行動科学者のリチャード・セイラーはこう言った。「一般的に、アメリカ政府はたまに経済学者から助言を受ける法律家たちによって動かされている。法律家に手助けすることに関心がある、その他の人々を採用する必要はないとされている」

今日では、自分がロジックの奴隷であることをまず証明して見せなければ、職を得られそうにない場合がある。我々は教育制度の中でそうしたロジックの奴隷を褒めそやし、権力のある地位に昇進させ、毎日のように新聞に載る彼らの意見の影響を受けている。ビジネスコンサルタントや会計士、政策立案者やシンクタンクの評論家はみな一連の印象的な理由を示す能力があるおかげで選抜され、見返りを与えられているのだ。

本書では、多くのロジックや理由の健全な使用を攻撃するつもりはないが、ロジックの範囲を広げすぎる危険は攻撃している。そんな行為は考えたり試したりもしないうちから、あらゆる解決策には納得のいく論理的根拠があるべきだと要求するからだ。この本を読んでほかに得るものはなくても、ときどきは少しばかげたことをしてもいいと思うようになってくれることを願っている。少しは失敗してみてほしい。経済学者とは違う考え方をしてほしいのだ。ロジックが効かない問題は多いし、ダボスでの世界経済フォーラム(3)へ行くことを切望するような人々にはそういった問題を解決できないだろう。寄付を募った封書についての話を思い出してほしい。

---

(3) 世界でもっとも知的な人々が、なぜか山の中腹で1月の一部を過ごすことを名案だと集団で決めた、国際的で奇妙な宴会。

人間は合理的になるように進化しなかった――合理的になれば、人は弱くなる。

さて、合理的な人間である読者のみなさんは、私がこれから言うことが気に入らないだろうし、私もこんなことを言いたくはない。だが、ドナルド・トランプはあらゆる欠点があるものの、もっと合理的なヒラリー・クリントンなら対処できなかっただろう多くの問題を解決できるのではないかと思う。トランプを称賛しているのではないが、これまでとは違う性質の意思決定者だろう。たとえば、トランプもヒラリーもアメリカに製造業の雇用を取り戻したいと思っていた。ヒラリーの解決策はロジカルだった――メキシコとカナダとの三国間貿易交渉を約束したのだ。しかし、ドナルドはこう言っただけだった。「国境に壁を作って、メキシコ人にその費用を払わせる」

「ああ」とみなさんは言うだろう。「しかし、彼はその壁を作ろうとしていないじゃないか」と。私もそれには賛成する――壁が作られる可能性はほぼないだろうし、不運なメキシコ人が壁の建設代を払うことに同意するのはさらにあり得ない。だが、聞いてほしい。トランプは貿易の野望を達成するために壁を築く必要などないのだ――壁を作るかもしれないと人々に信じ込ませるだけでいい。同様に、トランプは北米自由貿易協定を撤回する必要もない――その可能性を話題にするだけでいいのだ。不合理な人たちは合理的な人たちよりもはるかに強力である。彼らの脅しはとても説得力があるからだ。

おそらく30年間、経済に関する全員一致の意見は、アメリカの自動車メーカーは母国の労働者に対して愛国的な義務などいささかも感じなかっただろうということだ。彼らの役員会でそんな考えを持ち出したら、時代遅れの人間扱いされただろう。無制限の自由貿易に対する信仰が政治的に分裂したアメリカのどちらの側にも広まりすぎているため、製造業は政府の支援を失うかもしれないリスクや世論も考えずに、海外へ移行した。トランプに必要だった行動は、この楽観的な想定がもはや安全ではないと伝えることだけだった。関税法（あるいは壁）など実は不要だった。それらを実行するという脅しだけで充分だったのだ。[4]

合理的なリーダーなら、嵐を避けるために針路を変えろと提案するだろう。不合理なリーダーは天候を変えることができる。

少々まともじゃない人間は、交渉戦略をうまくやれる。合理的な人は行動がわかりやすいし、その結果、弱くなってしまう。ヒラリーは経済学者のように考えるが、ドナルドはゲーム理論家である。そして1つのツイートで、ヒラリーが議会で4年間戦ってきたことを成し遂げられるのだ。それが錬金術である。そんなものを嫌う人もいるだろうが、効果はある。

理不尽な行動をプログラムしない限り、自動運転車など実現不可能だと信じる科学者もい

（4） ヒラリーがそのような脅しをしても説得力がなかっただろう。真実味がないと誰にでもわかったからだ。トランプはそんな行動をとりかねないほど常軌を逸している。

る。自動運転車が、歩行者が前に現れるたびに必ず止まるなら、横断歩道は不要だ。交通規則を無視する歩行者は自動運転車を急停止させながら道路を行進でき、車に乗った人を大いに不快にさせるだろう。これを避けるため、自動運転車は〝怒る〟ことを学ばなければならない。そしてときには意地悪く、間に合うように停止し損ねて歩行者のむこうずねにぶつかることも必要だ。

あなたがまさに予測どおりの人なら、人々はあなたをハッキングする方法を身につけるだろう。

現実は思うほどロジカルではない

人生を犯罪の捜査だと想像してみてほしい。あとから考えれば、それは整然とした直線のロジカルな物語だろう。しかし、実際に経験していたときは恐ろしく不規則で面倒で、無駄なプロセスを踏んでいたはずだ。もし、さまざまな出来事を正確に詳しく書いていたら、犯罪小説は読むに堪えない退屈なものになるだろう。物語の大半は何の成果もない捜査が占めるはずだからだ。そして本来なら、犯罪捜査はそんなものになるはずである——犯罪捜査で起こり得る最悪の事態は、関係者の全員が同じ理論に固執することだ。間違った推測をみんなで共有すると、捜査全体が台なしになるからである。これについては名前があり、「仮説の特権性」と呼ばれている。

この現象の最近の例は、イタリアのペルージャでのメレディス・カーチャー殺人事件におけるアマンダ・ノックスとラファエル・ソレシトの奇妙な裁判の最中に現れた。捜査官やチームは最初の疑念以上のことが考えられなくなっていた。カーチャーを殺害後、加害者が「押し込み強盗が失敗したように見せかける」ために不法侵入を演出した、というものだ。外からの強盗は不法侵入を演出する必要などないため、彼らの結論は1つしかなかった。そんな演出をしたのは、被害者のルームメイトから注意をそらし、内部の人間の犯行という事実を隠すためだと。残念ながら、最初の推測は間違っていた。

私は彼らが仮説にこだわったことに少しは同情する。見たかぎりでは、確かに不法侵入は偽りのようだったのだ。窓の外には割れたガラスが散らばり、足跡はなかった。しかし、押し込み強盗の失敗のように内部の者が見せかけたという仮説があまりにも根強かったせいで、その後の矛盾したあらゆる証拠はもみ消されたり、マスメディアに発表されなかったりした。そして見当外れの結果となったのである。

一見したところ、不法侵入は大いにばかばかしいと思われた——かなり人目につく2階の窓からアパートに忍び込む必要があるだろうか？　しかしそれは、窓を割った目的が家の中に入るためではなく、簡単に逃げられる場所に立ってものすごい音をたてることだったとわかるまでの話だった。加害者は騒音をたてることで、あたりに誰もいないと、ある程度は確信できたのだ。窓を割ったのに誰も現れなかったら、5分後にその同じ窓から中に入れることは確かだろう。もしも明かりがついて犬に吠えられたら、逃げ出せばいい。

この事例は我々が世界をどう見ているかの核心に触れるものだ。人がある行動をとるのはある1つのことを達成するためだという単一的な視点から物事を見るのか？　それとも、複雑な物事はそれとはかなり異なっていることを受け入れるのか？　機械のように設計されたシステムでは、1つの物事は確かに1つの狭い目的のためのものでしかない。だが、進化したシステムや複雑なシステムや、人間の行動においては、物事はそれをどう見るかという状況によってさまざまな用い方をされる。

人間は口があるから物を食べられるが、鼻がふさがった場合、口は呼吸をする役目も果たす。同様に、もっとも音が出る手段で建物に侵入することは不合理に見えるが、犯人が活動していた状況を理解すれば話は変わってくる。複雑な進化したシステムを理解するために、物事への対処法として用いられている従来通りの考え方を用いるのは、適切ではない。

マルクス主義に関して私が問題に思うのは、あまりにも筋が通りすぎていることだ。

技術官僚《テクノクラート》的なエリートの危険

もしもあなたがテクノクラートなら、たいていの場合、物事をあとづけで説明することによって高い地位を得られるだろう。もっともらしいポスト合理化は評論家の常套手段なのだ。残念ながら、そんな人たちは過去を説明できるのと同じスキルを未来の予測にも使えるという、推測の罠をうまく避けられない。犯罪捜査と同様に、あとから振り返って整然とロジカルに見えるものは、普通の場合、リアルタイムではほかよりも混乱して見えるのだ。同じことが科学の進歩にも言える。過去におけるある発見はロジカルな結果として描くことも直線的な進歩として描くことも容易だ。だからと言って、科学は整然と直線的に、また連続的な規則にのっとって進歩するものだというわけではない。

科学の探求には異なる2つの形がある——効果的なものは何かという発見と、なぜ効果的なのかについての説明や理解だ。この2つはまったく異なるもので、どちら側からでも起こり得る。科学の進歩は一方通行ではない。たとえばアスピリンは、どんな働きをするのか解明されるまで数十年もの間、鎮痛剤として利用されていた。それは経験による発見で、説明がつけられたのはかなりあとになってからだった。もし、そんな幸運な偶然を科学が認めなかったら、[1]科学者による業績ははるかに貧しくなっていただろう——あらかじめ予測された発見ではないからと、ペニシリンの使用を禁じた場合を想像してほしい。だが、政策やビジネスの決定は〝まずは理由、発見はそのあと〟という、かなり無駄と思われる方法論に過剰なほどこだわっている。自転車という、意図的に設計されたのではないものを思い出してほしい。

進化もまた、予測できるものもできないものもある世界で、生き残れるものを発見する偶然のプロセスだ。進化が成功するのは、幸運なあるいは不運な間違いからそれぞれの遺伝子が利益を得たり犠牲を払ったりするからだが、その理由など進化には少しも関係ない。どんなものも筋が通らなくていいのだ。進化が効果的なら、その種は生き残って増殖する。効果的でないなら、その種は減少し続けて絶滅する。どうして効果的なのかなどと考える必要はない——必要なのは効果的であることだけだ。

おそらく、妥当な〝なぜ〟は〝何を〟を決定するうえで問題にすべきではないのだろう。そして試すべき事柄は、あとから振り返ったときに将来の成功をもっとも簡単に説明できるものに限定すべきではない。いろいろな意味で、科学の業績は問題解決の科学的なアプローチに疑念を投げかけている。

（1） ベークライト、ペニシリン、マイクロ波、X線、レーダー、無線のどれもが〝あとづけで〟発見された。

ばかばかしい《ナンセンス》ことと、理解不能《ノン・センス》なこと

認めるとしよう。私が偶然によって、本書を執筆する資格を得ただけだということを。私は人類学者ではなくて古典主義者だが、たまたま広告業界で30年間過ごしている——そのうちのほとんどの時間は「直接的な反応」として知られる、真っ向からの反応を人々に促す広告の形式に携わってきた。それは大がかりで充分に資金提供された行動実験から成り立っているものだ。そして経済学者や従来の合理的な人々によって考案されたり促進されたりしてきた人間行動のモデルが、人の行動を予測するのにまったく不適切であることを教えている。

経済学の大きな業績は何か？　リカードが提唱した比較優位の理論だろうか？　それとも、ジョン・メイナード・ケインズが著した『*The General Theory of Employment, Interest and Money*』（『雇用・利子および貨幣の一般理論』ジョン・メイナード・ケインズ著、塩野谷祐一訳、東洋経済新報社、１９９５年）か？　広告業界でもっとも重要な発見は何か？　おそらく「キュートな動物が呼び物の広告は、そうではない広告よりも成功する」ということだろう。冗談を言っているわけではない。最近、クライアントとのミーティングでこんなことを知っ

た。ある顧客が出した「1年分の光熱費が無料——1000ポンド以上の価値」という景品に6万7000件の応募があった。次点の景品はかわいらしいペンギン型のナイトスタンド（15ポンド相当の品）だったが、30万件以上の応募があったという。こんなことを言って、200ポンド相当の払い戻しの提案《オファー》を断った顧客もいたそうだ。「いや、私はペンギンのほうが欲しい」私はこの話が本当だと知っているが、自分を理性的に見せたい欲求が強いから、ある会社の役員会でみんなの前に立ち、御社の広告はウサギやキツネザルの一家の絵にすべきですよとは、なかなか勧めにくい。そんなことをしても、ばかばかしく《ナンセンス》聞こえるからだ。いや、そうではない。ちょっと違うから、私はそれを「理解不能《ノン・センス》」と呼んでいる。

　行動経済学とは奇妙な言葉である。ウォーレン・バフェットのビジネスパートナーであるチャーリー・マンガーはかつてこう言った。「経済学が行動に関するものでないというなら、いったいそれが何なのか私にはさっぱりわからない」。そのとおりだ。もっと分別のある世界では、経済学は心理学の下位に位置する学問だろう。[1] アダム・スミスは経済学者というよりは行動経済学者だった——『*The Wealth of Nations*』（1776）（『国富論』アダム・スミス著、大内兵衛訳、岩波書店、1949年ほか）には1つの方程式も載っていない。しかし、奇妙に思えるかもしれないが、経済学の研究はかなり前から、現実の世界で人々がどのように行動す

（1）　反主流派のオーストリア学派経済学は賢明にもこのことを信じていた。

るかということから離れていた。むしろ経済学者がこうするはずだと考える行動を人々がとる、別世界のほうに関心を持っていたのだ。行動経済学――ダニエル・カーネマンやエイモス・トベルスキー、ダン・アリエリー、リチャード・セイラーなどの専門家たちによって有名になった――が注目されるようになったのは、この循環する論法を正すためだ。政策やビジネスの多くの分野で、理論上は人がどう行動するかということよりも、現実にはどう行動するかを理解するほうが大切であることがわかってきている。[2]

　行動経済学は人間の行動のばかばかしい《ナンセンス》面、そして理解不能《ノン・センス》な面に関する研究であると表現されてもいいかもしれない。人間の行動はときとしてばかばかしい《ナンセンス》ものだ。我々人類は現代とは異なった状態で進化してきたからである。[3]しかし、人間の行動があまりにも〝不合理〟なのは、実を言えばばかばかしい《ナンセンス》のではない。それは理解不能《ノン・センス》なのだ。たとえば、進化心理学の目から見れば、広告でキュートな動物が効果的なことは決して驚きではない。広告は注目されるために存在しているし、生きているものに注意を向けるように人が進化してきたのは確かである。進化心理学者なら、ペンギンのナイトスタンド――我が子へのプレゼント――が現金での見返りよりも感情に訴えるかもしれないと提唱するだろう。現金は自分の利益でしかないのだ。[4]

　ばかばかしく《ナンセンス》見える人間の行動が本当は理解不能《ノン・センス》である場合もある――我々が人々の動機や目的や意図を間違って判断しているので、ばかばかしい《ナンセンス》ものに見えるだけだ。また、進化が人間以上に賢明なせいで、行動が理解不能《ノン・センス》な場合もある。進化は、才能はあるが無学な職人のようなものだ。知識が足りない分を経験で埋め合わせている。

たとえば、人間の虫垂は長い間、ばかばかしい《ナンセンス》ものと思われていた。虫垂はある消化器官の一部が退化した名残で、はるか昔の祖先には有益な目的を果たしていたものとされていたのだ。虫垂を取り除いても、確かに人体には何の影響もなさそうである。しかし、2007年、ウィリアム・パーカーとランディ・ボランジェとノースカロライナ州デューク大学の彼らの同僚はこんな仮説を立てた。実際には、虫垂は消化を助けるためにも病気からの免疫をつけるうえでも貴重な、消化器官に存在するバクテリアの避難所ではないかと。だから、カリフォルニアのゴールドラッシュ時の金鉱掘りたちがサワードウ〔訳注　パン種〕の生きた「スターター〔訳注　パンの発酵に使われる酵母〕」を、首のまわりにつけた小袋に入れて守っていたように、人間の体は貴重なものを守るための小袋を持っているのだ。のちの調査でわかったが、虫垂を摘出

（2）当然のことだ。なぜ、誰もそう考えなかったのだろう？

（3）例をあげると、人間は砂糖を好みすぎる。祖先たちの環境では精糖などなく、血糖値をすぐに上げる唯一の食べ物は蜂蜜だった。

（4）進化生物学者である私の友人のニコラ・ライハニは最近、子どもの自転車用ヘルメットを盗まれた。たちまち彼女が駆られた激しい憤りは、自分の自転車用ヘルメットが盗まれた場合に感じるだろうというものよりもはるかに強かった。

された人は、結腸の感染症であるクロストリジウム・ディフィシル腸炎になる可能性が4倍も高いという。

わずか数世代前まではコレラが死因の多くを占めていたこと、ふたたびコレラが流行すると考える人もいることを思うと、もはや虫垂は摘出していいものだと考えられないだろう――虫垂はスペインの王族のように、ほとんどの場合は無意味なものに見えたり、いらだたしかったりする存在だが、計り知れないほど貴重になるときもあるのだ。(5)

何かをばかばかしい《ナンセンス》もの呼ばわりする前に慎重になれ。

虫垂から学ぶべき教訓は、常に貴重とは限らないものにも価値があるかもしれないことだ。進化は、短期的で道具主義〔訳注　科学理論を観察可能な現象を予測するための道具と見なし、観察できないことは知りえないとする考え方〕的な立場をとらない。人間の虫垂を日々の機能という観点から考えると、間違った見方をすることになるだろう。理論上で何かが意味を成すかどうかは、実際の場で役に立つかどうかほど重要ではない。

英国国教会のかなりの人々（司祭で、病院付きの聖職者でもある私の妻は違うが）と同様に、私は神の存在をそれほど確信していない。とはいえ、宗教をばかばかしい《ナンセンス》ものとして軽んじる人のような行動をとることはためらわれる。

アメリカの大衆の生活で宗教が占める位置を1996年に調査したところ、ヘリテージ財団〔訳注　アメリカにある保守系のシンクタンク〕はこんなことを発見した。

1. 教会に通う人は既婚率が高く、離婚率や独身率が低い。また、結婚において満足度を示す割合が高い。
2. 教会への出席度は、結婚生活の安定性や幸福を予測するうえでもっとも重要な指標だ。
3. 宗教が日常の習慣になっていることは、貧しい人が貧困状態から抜け出すのに役立つ。たとえば、定期的に教会へ通う人は、特に若者が都心の困窮した生活から抜け出せるように手を貸す。
4. 常に宗教を信じている人は一般的に、自殺や薬物中毒、未婚の出産、犯罪や離婚といった社会的問題の原因に対して、いわば予防接種をしているようなものだ。
5. 常に宗教を信じていると心の健康にも効果があるため、落ち込むことが少なく、自己肯定感が高く、家庭生活や結婚生活がより幸福になる。
6. アルコール依存症や薬物中毒、婚姻の破綻によるダメージを修復するうえで、信仰と宗

（5）　フランコ体制が終わったあと、スペインは民主主義へ平和的かつ着実に移行したが、専制的で象徴的な国家元首が断固たる役目を果たさなかったら、不可能だったかもしれない。

教の慣習は強さや回復の源となる。(6)

7．宗教が日常的なことになっていると、体の健康にもいい。宗教を信じることによって寿命が延び、病気から回復するチャンスが増え、命に関わる病の発生率が低くなる。

宗教には妄想的信念もあるので、現代の生活と相性が悪いような気がする。しかし、前にあげたような結果が新薬によるものだとしたら、その物質を水道水に加えたいと思うだろう。うまくいく理由がわからないというだけで、あるものが効果的だという事実を無視すべきではない。(7)

ビジネスや創造性、そして芸術は成功した理解不能《ノン・センス》なものに満ちている。実を言えば、自由市場のもっとも優れた強みは、なぜ人気があるのかわからないような革新的なものを生み出す能力である。理解不能《ノン・センス》なものは因習的なロジックを否定しているにもかかわらず（あるいは、否定しているからかもしれないが）、有益なものや効果的なものを持っている。

ほぼすべての優秀な広告には理解不能《ノン・センス》な要素がいくらか入っている。一見したところ、ばかげているものに思われるかもしれない——だが、間違いなくその要素はひどく当惑している懐疑的な顧客グループへの売りとなるのだ。あなたがある航空会社の役員会に出て、1機あたり約1億5000万ドルかかるエアバスA350を13機買うか、ボーイング787型機を11機買うかについて3時間話し合ったと想像してみよう。会議の終わりに、あなたはある広告キャンペーンのアイデアを示す。それには航空機が全然出てこなくて、機内で提供されるキュウリのサンドイッチとスコーンに焦点を当てている。これは理解不能《ノン・センス》な広告だ——しかし、およそ9割の人は自分が乗っている飛行機がどんな種類のものかを知らないし、ジェットエンジンがどのように動くかも知らない。だが、機内食を大切にしている航空会社であるという点から、人々は飛行機の安全性と品質についていろいろと推測するだろう。(8)

ＭＢＡ取得者がずらりと並んだビジネスの場でそのような提案をすることはいささか気恥ずかしい。あなたはＩＴ業界や税金対策に関わる人がうらやましくなるだろう。そんな人たちなら、図表やスプレッドシートに記された合理的な提案を携えて会議の場に入っていける。しかし、意味づけ《センスメイキング》にこだわるこの方法は高くつく。あなたの会社の製品の売り上げが不振だと想像してみよう。問題を解決するために呼び出された役員会議で、提案しやすいプロセスは以下の

---

(6) 覚えておいてほしいが、アルコホーリクス・アノニマス〔訳注　アメリカで誕生した飲酒問題を解決するための自助グループ〕は明らかに宗教の行動規範をモデルにしたものだ。

(7) これでどうだ、ドーキンス！〔訳注　ドーキンスはイギリスの進化生物学者〕

(8) ジンのブランドのヘンドリックスはちょっとした理解不能《ノン・センス》なことにとても賢明に取り組んでいる。彼らはジンにレモンではなく、キュウリを入れることを提案し、これはたちまちこの酒の特徴となった。私は英国人なのでこの戦略の偉大さに気づかなかったが、おかげでアメリカでは同社のジンがいかにも洗練された英国の飲み物として位置付けられたのだ。アメリカ人はキュウリのサンドイッチを英国的な独特のものと見なす。言うまでもなく英国人にとって、キュウリは特に英国的なものでもない——単なるサンドイッチの材料だ。

どちらだろうか？　a「我々は製品の値段を下げるべきです」あるいはb「我々は広告にもっとアヒルを載せるべきです」当然、最初のプロセスのほうだろう――だが実を言えば、2番目のプロセスのほうがはるかに利益を生むのだ。

本書はさっぱり筋の通らない物事を正当化するために書かれたものだが、同時に――逆に――筋が通るものへの呪物崇拝的な考えを攻撃する目的もある。判断するのが難しいものに価値や目的がある可能性をひとたび受け入れたら、自然に別の結論にたどりつくだろう。つまり、合理的なのに間違っているということは確かにあり得るのだ、と。

ロジカルな考え方は失敗する場合が多い。ロジックには普遍的に適用できる法則が求められるが、人間は原子と違って、そのような法則を広く適用できるほど行動に一貫性がないからだ。たとえば、功利主義者は絶望するだろうが、人は助けたり協力したりする相手を選ぶのに少しも首尾一貫していない。あなたが財政的な問題に直面し、裕福な友人に5000ポンドの借金を頼んだと想像してみよう。友人は、同じ金額を寄付する予定のアフリカの村ほどあなたは困窮していないし、その村のほうが支援に値すると辛抱強く説明する。友人は完全に合理的な行動をとっている。残念ながら、その人はもはやあなたにとって友人ではなくなるのだが。

人間関係は、誰かに対する自分の義務が、別の人に対する義務を常に上回らないかぎりうまくいかない。功利主義のような普遍的な考え方はロジカルだが、人間の進化の仕方には適合しないようだ。功利主義の父であるジェレミ・ベンサムが、これまでにもっとも奇妙でもっとも非社交的な人間の1人なのはおそらく偶然ではないだろう。[9]

合理的でありたいという衝動によって、人は物理学の法則と似た政治的または経済的な法則を探し求める――普遍的な真実であり、適応できるものを。合理的な決断をする階級の人々はその状況の詳細も考えずに、問題について自信を持って意見を述べられるように一般的な法則を必要とする。[10] そして現実では、人々がどのように考え、振る舞い、行動するかを決定するうえでもっとも重要となるものは、多くの場合「背景」である。この単純な事実がそもそもの始めから、普遍的なモデルの多くを運命づけている。[11] なぜなら、普遍的な法則を作るために、純真な合理主義者は背景など問題ではないふりをしなければならないからだ。

---

(9) ベンサムは自閉症だったとよく言われている。私はこの診断を広く用いすぎることに気が進まないが、ベンサムが理性というものの使用に大いに悩んだのは事実だろう。一度、彼はこう言って若い姪たちに会うことを断った。「もし、私が彼女たちを好きでなければ、会っても楽しくないだろう。もし、彼女たちを本当に好きなら、帰るのを見送るときには悲しいだろう」完璧に合理的だと思うが、実に風変わりだ！　カントも変人だった。

(10) ごく平凡な人たちは複雑な問題について意見を述べることが許されない点に注目してほしい。出入国審査官が出入国についてインタビューされるのを聞いたことがあるだろうか？　町の警官が犯罪についてインタビューされるのを聞いたことは？　これらの人々は明らかに経済学者や社会学者よりもこのような問題について詳しいが、知恵を求められるのは実際に経験のある人ではなく、モデルだの理論だのを備えた人なのだ。

(11) たとえば、裕福なドイツ人は貧しいドイツ人を助けるだろうか？　そう、助けるはずだ。で、彼らはシリア人を助けるだろうか？　助けるだろう。しぶしぶではあるが。では、相手が貧しいギリシャ人なら？　まず助けるはずはない。

よいアイデアの逆も、またよいアイデア

経済理論は人間行動の普遍的な法則を作り出すための、もっとも野心過剰な試みだろう——「あらゆるものにおけるマーケティング」という表現があるように。だが、ある種の状況では、標準的な経済でのロジカルと思われる信念に、人々の行動が真っ向から逆行することは珍しくない。例として、ロンドンの住宅事情を取り上げてみよう。ロジックから導き出されるのは、ロンドンの家の価格が上昇し続けているので、市内に住む必要がない多くのロンドン市民はもっと離れた地域に家を買い、住宅価格の上昇から利益を得て、市場への圧力を緩和しようと決心するはずだということになる。ところが、実際の生活では正反対になるようだ。人々は資産価値が上昇しても、ロンドンから100キロとか300キロ離れたところに引っ越すほうがいいとひそかに思いながらも、動こうとしない。引っ越せば、将来に価格がさらに上昇したときに損するかもしれないとか、いったんロンドンを離れたら再び戻ってくるときに家を買う余裕がなくなるかもと恐れているからだ。こういうロジックは完全に妥当だが——実際、こんなことはしばしば起こっているようだ——経済学はあらゆる市場が同じであるかのように扱う。

たとえば、原油市場では物事が経済予測と一致して起こり、価格が上昇すれば、所有者は資産を売りたい気持ちに駆られるかもしれない。しかし、住宅市場と原油市場では全然違う。

税金が増えたら、労働に対するリターンが減るからと、あなたは以前ほど働かなくなるだろうか？　それとも、自由に使える富を今のレベルに保つため、もっと働くだろうか？　一概には言えないだろう。ロジックから考えれば、普遍的な法則が見つかるはずだが、科学の範疇ではないところでそんな法則が見つかることは、我々が期待するよりも少ない。いったん人間の心理が役割を果たしたら、行動がまるで矛盾したものになることもあり得る。たとえば、ある製品を売るために、同じように効果的だが、真逆の2つの方法があるとしよう。「こういうものを持っている人は多くないから、これはいいものに違いない」と「こういうものを持っている人はすでに多いから、これはいいものに違いない」という方法だ。才気あふれる社会心理学者のロバート・チャルディーニが著書の『*Influence: The Psychology of Persuasion*』（『影響力の武器――なぜ、人は動かされるのか』ロバート・B・チャルディーニ著、社会行動研究会訳、誠信書房、1991年）で強調しているように、何かを売ることと行動の変化の原理には矛盾が染みついている。

贅沢な商品はあまりにも普及すると台なしになるだろう――ほかの500万人が持っているのと同じブランドもののバッグを欲しがる人はいない[1]。逆に、多くの食品は人気があるからこそ、人気なのだ。私は常々、味噌汁の人気を不思議に思っている。味噌汁というものが存在していなくて、ある日、娘が味噌汁の入ったボウルを私のところへ持ってきてこう言う場面を想像してみよう。「ねえ、パパ。新しいスープを作ってみたんだけど」そのスープから奇妙な緑の葉のようなものを取り除き、ちょっとすすって、私は本当にこう言うだろうか。「うわっ、すぐハインツ社に電話しろ。我々はスープ業界で成功するぞ」いや、疑わしい。もっとあり得る反応はこうだろう。「ふーん、まあ、今の仕事を辞めてはだめだぞ」とはいえ、何百万人もがこの妙な飲み物を毎週飲んでいる——味噌汁が好まれるのは、日本で人気があるからだ。[2]希少性と普遍性はどちらも重要で、その背景次第なのである。

物理学では、よいアイデアの逆は普通の場合、悪いアイデアだが、心理学ではよいアイデアの逆が、とてもよいアイデアということが確かに可能だ。正反対の2つの方法がどちらも効果的である場合が多い。かつて私は、ある保険商品を売るための2ページの案内書を、もっといいものにしてほしいと頼まれたことがあった。案内書にはいくつものパラグラフが徐々につけ足されていて、どれも反響が大きそうだった——販売数はだんだんと増えていたのだ。その案内書をどうやってよりよいものにできるだろうか？　私は書き直しを提案し、文章を7行か8行だけにした。理由は何かって？　その保険は安価で妥当な商品で、顧客がすでに関係を築いている金融業者によって販売されていた。このようなシンプルな商品はすばやく説明されて、すぐわかるものにすべきだというのが私の主張だった。短い案内書なら、この商品が簡単なものだと伝えられる。それまでの案内書はあまりにも長くなっていて混乱を招きかねなかった[3]

——これが本当にシンプルで妥当な商品なら、そんなに難しいやり方で売らなくてもいいのでは？　そこで2パラグラフしかない案内書を試してみたのだ。幸運にも、私が正しかった。明らかになったのは、この商品を売る方法が2つあることだ。とても長い案内書なら——長いから、安心感を与えてくれる。そしてとても短い案内書なら——非常に短いおかげで、やはり安心感を与えてくれるのだ。

近年、世界経済の不安定さにもっともよく耐えている小売業者の2つのカテゴリーは、価格帯の最上位に位置する業者と、最下位に位置する業者である。こんな結果になる理由の一部は、富の不平等が広がっていることだろう。だが、買い物客の人口統計を一瞥すると、それほど単純ではないとわかる。たとえば、ディスカウントストアのTKマックスは英国の人口と完全に一致する顧客基盤を持っている。[4] 実際、人は「高価なご褒美」から喜びを得るが、「格安品」を見つけることも楽しむ。対照的に、中程度の小売業者は感情に訴えるにはほど遠い商品を提供している。中程度の市場で購入したものからドーパミンが湧き上がることはない。

（1）とにかく西側諸国では、ということだ。アジアではいくらか事情が違いそうである。
（2）奇妙なことに私も含めて。
（3）専門用語で言えば「認知的不協和」である。
（4）超大金持ちだって格安品は大好きだ。それどころか、スーパーマーケットの自社ブランド製品を購入するのは貧しい人よりも裕福な人のほうが多い。

この考えを最近思い出させられたのは、ベッドリネンを妻と買っていたときだった。1時間半、デパートの中を歩き回ったあと、私は店で使おうと思っている金の額は2種類しかないと説明した。「ゼロ」か「たくさん」だと。ゼロがよさそうだったので、我々は今あるリネンを使うことにし、予算はほかのものに充てた。たくさん金を使うことも悪くはないし、そのときの私は織密度が高くて断熱効果がいい、珍しいホワイトグースの羽毛ふとんに興奮したものだ。対照的に、安くも高くもない何かに金を使えば、安価な物や高額な物に感じたような感情的な見返りは得られなかっただろう。

優れたエンジニアの錬金術師であるジェームズ・ダイソンが掃除機の販売に成功した理由は、前の例と同様の心理的なメカニズムのおかげと思われる。掃除機は古いものが壊れて必要が生じたときだけ、しぶしぶ買うものだった。ダイソンは掃除機を買う行動にいくらかの興奮を加えたのだ。彼がその掃除機を発明する前、「うんとクールに見える本当に高価な掃除機」を大騒ぎで求める大衆の声などなかった。スターバックス以前に、実に値の張るコーヒーを出すカフェを求める声がなかったのと同じである。

人間の行動は背景がすべて

人間という存在はかなり矛盾している。自分がいる状況や場所によって認識や判断はすっかり変わってしまうかもしれない。その好例をあげよう。確実に金をなくす方法は、どこか魅惑的な場所へ休暇に出かけ、地元の特殊なアルコール飲料にべた惚れし、それを自国に輸入しようと決心することだ。私はかつて、カリブ海のバナナリキュールの虜になり、英国で販売する権利を買った人の話を聞いたことがある。バナナリキュールがぎっしり詰まったスーツケースとともに母国へ帰ると、彼はキッチンでボトルを開けた。自分の鋭敏な決断に友人たちが感心するだろうと思いながら。彼を含めてそこにいた誰もが、バナナリキュールは実に吐き気を催させるシロモノだと気づいた。それがおいしく感じられたのは彼がカリブ海にいたときだけだったのだ。(1)

人間にとって、世界の認識は背景に影響されている。だから、人の行動に対する普遍的で背景に影響されない法則を作ろうとする合理的な試みは、ひどく絶望的なのかもしれない。(2) 政治でさえ背景に影響されるようだ。たとえば、表向きは右派の人々の行動――地域レベルでの

——は実質的に社会主義的である。ロンドンのペル・メル通りにあるクラブは裕福な右派の人々でにぎわっているのが普通だが、会員がそこを使う方法はそれぞれ著しく異なっていても、誰もが同じ会費を払っている。作家で哲学者のナシーム・ニコラス・タレブが指摘するように、ゴールドマン・サックスの内部は驚くほど社会主義的だ。会社の利益はパートナー間で分配される。しかし、同社の誰もJPモルガンと利益を分け合おうとは提案しないだろう。ある背景において人々は喜んで富を共有したり再配分したりするが、ほかの背景では絶対にそんなことをしない。

なぜ、こうなるのだろう？　タレブの著書の『身銭を切れ——「リスクを生きる」人だけが知っている人生の本質』には、個人の政治学について私が読んだ中でもっとも興味深い引用文が載っている。ある人が(3)背景次第で、どれほど異なった政治的優先順位を持つかを説明したものだ。「連邦政府のレベルでは、私は自由主義者である。州のレベルでは、共和党員だ。街のレベルでは、民主党員である。家族内では、私は社会主義者だ。そして犬といるときの私はマルクス主義者である——それぞれの能力に応じて、または要求に応じて変わるのだ」

政治的な不和を「合理的に」解決するうえでは、人々がほかの誰に対しても同じやり方で、背景とは無関係に関わり合うものと推測されるが、そんなことはない。経済交流は背景に大きく影響されるし、人間の行動を1つの、ワンサイズの拘束衣に押し込めようとする試みには始めから無理がある——この試みは、我々が持っている確実性への危険なほどの愛着に突き動かされている。しかしこれは、その普遍的な性質により、背景を考慮しない理論から生じたものにすぎない。

経済学の父と呼ばれるアダム・スミスは——ある意味では、行動経済学の父でもあるが(4)——200年前にこの間違った推論を明確に指摘していた。スミスは「体系の人」について次のように警告した。

「自らを非常に賢いと思いがちな人間。彼はしばしば自分の理想的な統治計画の美しさに心を奪われるあまり、どんな部分からであれ、逸脱したものは最小であっても耐えられないので

(1) もちろん、ペルノーはフランスにいるときだけ美味に感じられる。そしてギネスはアイルランドで飲むほうがおいしい。しかし、それはアイルランドのギネスのほうが品質がいいからではなく、アイルランドがギネスを飲むのにより適した背景だからだ。ロゼ・ワインは海辺で飲むときが明らかにいちばんおいしい。

(2) 人間の行動に普遍的法則を探そうとするのは愚行だと理解する中で、私は人類学者のオリバー・スコット・カリーと、ナシーム・ニコラス・タレブの最近の著書『*Skin in the Game*』(2018)(『身銭を切れ——「リスクを生きる」人だけが知っている人生の本質』ナシーム・ニコラス・タレブ著、望月衛/千葉敏生訳、ダイヤモンド社、2019年)に大いに啓発された。背景に影響されない道義的責任を人々に課そうとする哲学者たちの試みは、進化がもたらした我々の本性と衝突するように思われる。

(3) ジェフ・グラハムとヴィンス・グラハムの兄弟の1人。

(4) 『*The Wealth of Nations*』(『国富論』アダム・スミス著、大内兵衛訳、岩波書店、1949年ほか)よりも前に、スミスは『*The Theory of Moral Sentiments*』(1759)(『道徳情操論』アダム・スミス著、米林富男訳、未来社、1969年)という本を執筆した。通常、道徳哲学の書とされているが、行動科学と消費者心理の入門書としても優れている。284ページを参照。

ある。彼は計画と対立しそうな大きな利益や強い偏見を考慮することなく、その計画をあらゆる部分で完璧に成し遂げようとする……彼はチェス盤上のさまざまな駒を手がうまく配置できるように、大きな社会のさまざまな人員をうまく配置できると想像しているようだ。彼はチェス盤上の駒が、手によって与えられた動作以外の運動原理を持つとは考えていない。しかし、人間の社会という大きなチェス盤においては、駒の1つ1つが自身の運動の原理を持ち、立法機関がその駒に押しつけようと選ぶであろう動作とはまったく異なった動きをする。もし、そのような2つの原理が一致して同じ方向に動くなら、人間社会というゲームは容易に、しかも調和的に進むだろうし、幸福になって成功する可能性が高い。もしも、それらが正反対だったり異なったりしていたら、人間社会というゲームは無残に進み、社会は常に最悪な無秩序状態にあるに違いない」

ここでの皮肉は、21世紀初頭の「体系の人」があまりにも経済学者らしいことだ。とにかく、今日の我々がもっと必要としているのは、威圧的な思考システムに結び付けられていない人間だろう。本書はそのような人々を作ろうとしているだけでなく、彼らにもっと自由に行動したり話したりしてもいいという許可も与えようとしている。私は読者のみなさんが、現代の合理主義者の拘束衣から少しは解放されることを願う。合理主義者が熱中する、普遍的で背景に影響されない法則というものを捨てたら、多くの問題が解決する可能性があることを理解してもらえるように、みなさんを手助けしたい。いったんこの束縛から解放されれば、魔法のようなアイデアを自由に生み出せるかもしれないのだ。ばかげたものもあるだろうが、計り知れないほど貴重なものもあるだろう。

残念ながら、あなたの友人や同僚の多くが、また経理部長や銀行の支店長のほとんどが、たとえ貴重なものであっても、こういう新しい非合理的な考え方を好まない。そんな考え方が高くつくからではない――それどころか、その大半はとても安上がりである。いや、彼は(5)このような考え方を忌み嫌うだろう。彼の狭量で還元主義的な世界観に心地よく当てはまらないからだ。しかし、それこそが肝心な点である――狭量で経済学的な世界観に、意思決定があまりにも長く支配されてきたことが。

行動経済学から少しばかり教訓を得て、進化心理学をちょっとかじるだけで、このロジカルな世界観がどこで恐ろしい失敗をしたかはたちまちわかるだろう。一方、あなたの経理部長は愛すべき男かもしれないが、錬金術を含めたさまざまな実験をひどく嫌っている。錬金術は常軌を逸した形で働くからだ。彼は平均からすれば人よりも高いが、前もって計算することは難しい報酬よりも、ささやかだが、確実な利益を得るほうを好んでいる。(6)

だが確実性を非常に好むという、この人間らしい性質は、もっと価値あるものがビジネスの

(5) たいていの場合、「彼は」なのだ。そうだろう?
(6) 経営コンサルタントが大成功しているのはなぜだと思う?

世界で発見されるための障害になっているかもしれない。結局、どれほど大きなビジネスの考え方も最初は不合理なものである。ということで、懐疑的な投資家の集団に以下のアイデアを提案する場面を想像してみよう。

1．「人々が欲しがっているのはうんとクールな掃除機です」（ダイソン）
2．「……そしてこれが最高なのは、人々があらゆることを無償で書いてくれることです！」（ウィキペディア）
3．「……だから私は確信を持って予測しています。次の1世紀にもっとも長続きするファッションは、不愉快なほど色落ちし、乾かすのにとても時間がかかる、粗悪で着心地の悪い生地のものでしょう。今まで、それは貧しい労働者階級に大人気でした」（ジーンズ）
4．「……そして人々は3つか4つの品目から選ぶしかないでしょう」（マクドナルド）
5．「とりわけ、そのドリンクは消費者がひどくまずいと言う味をしています」（レッドブル）
6．「……完全に正気の人々が、家で作れば数ペンスしかしない飲み物に5ドル払うと期待しましょう」（スターバックス）(7)

気が確かな人間なら、こういった計画に1ペニーも投資しないだろう。ある程度の規模まで達した組織につきまとう問題は、リスクを回避したい官僚や重役にとって、狭量で型にはまったロジックが自然な思考法だということだ。これには単純な理由がある。ロジカルな人間でいれば、解雇されないからだ。論法が健全で平凡なものなら、たとえ失敗しても、あなたがそれほど責めを負うことはないだろう。平凡であるよりも、非論理的であるほうが解雇されやすい。

致命的な問題は、ロジックによってあなたは常にライバルとぴったり同じ位置にいることだ。私はオグルヴィで、行動の変化の問題を新しい目で見るために、心理学専攻の卒業生を採用する部署を設立した。我々の信念は「直感に反した物事を試せ。誰もそんなことをやっていないからだ」である。なぜ、こんなことが必要なのか？　要するに、世界は2つのシステムで動いているからだ。小さいほうのシステムは従来型のロジックで作動している。橋や道を作る場合は、知覚とは無関係の成功の定義があるだろう。YキログラムのX荷物を載せたXキログラムの車両が時速Zキロメートルで通っても、橋は安全だろうか？　成功は客観的で科学的な次元の観点から定義され、そこに人間の主観が入る余地はない。(8)

（7）　私がボトル入りの水を飲み始めるような状況にはならないでほしい。

（8）　もっとも、ロベール・マイヤールというスイスの天才は主観的な判断に基づいて橋を設計した。マイヤールの橋はすべて、世界の美しい橋100点の中に入っている。彼の橋をグーグルで検索し、あなた自身の目で判断してほしい。マイヤールは、実を言えばエンジニアではなかった——コンクリートの芸術家だったのだ。

図2　フロリダ州のクリアウォーターのラウンドアバウトの最初の設計では、中央に装飾的な大噴水が設置されたが、事故が続いた。のちに再設計されたことで、事故発生率を大幅に減らすことができた。

道路を作るときなら、この考え方はふさわしいだろうが、その道路にラインを引くときはそうではない。ここでは、その環境で情報を与える合図に人々がどう反応するかという、もっと複雑な要素を考えなければならないのだ。たとえば、車両にスピードを落とさせたければ、分岐合流点が近くなってきたところの道を横切る並行線を、次第に間隔が狭まっていくように何本も引くと役に立つだろう。線と線の間隔が狭くなると、実際よりも減速していないような錯覚が生まれるからだ。

アメリカ人はラウンドアバウト、あるいは彼らが「円形交差点《トラフィック・サークル》」と呼ぶものを設計するのがそれほど得意ではない。あまり慣れていないからだ[9]。ある例では、英国チームがこれまでと違う線に塗り替えて、フロリダのトラフィック・サークルでの事故発生率を95％減らすことができた。オランダのある町では交通関係の専門家が路面標識をすっかり取り払うことで、交通をより安全なものにした[10]。

というわけで、橋の建設のようにロジカルな問題というものはある。そして心理《サイコ》ロジカルな問題も存在するのだ。道路に線を引くにせよ、引かないにせよ。それぞれの問題解決の法則は異なっている。ばかばかしいことと理解不能なことの区別をつけたように、私はロジカルな思考と心理《サイコ》ロジカルな思考とを使い分けたい。ロジカルな方法と心理《サイコ》ロジカルな方法はそれぞれ異なったシステムで動いていて、別々のソフトウェアを必要とするため、この両方を理解しなければならない。心理《サイコ》ロジックは正しいが、ロジックとは別のものに注意を払っているし、異なった方法で働いている。ロジックは一目瞭然なので、人はそれを使うのがふさわしくないときでも、あらゆる社会的環境や制度的背景でロジックを使いたがる。その結果、心理《サイコ》ロジカルな方法を放棄し、オペレーティング・システムに不適切なソフトウェアを使うことになってしまうのだ。

（9）英国人はたっぷりと練習を積んでいる。フランスを除けば、どこの国よりもラウンドアバウトが多いからだ。実際、ラウンドアバウトを発明したのは英国人だが、独立戦争前の150年間かそこら以来、我々はあまりアメリカにラウンドアバウトへの関心を持たせることができなかった。英国の領土だったほかの国はもっと運がよかった。スワヒリ語で「ラウンドアバウト」を指す言葉は「左を維持」を意味する——ケニアのラウンドアバウトはたいていの場合、運転手に「左側通行」を強く勧める表示がしてあるからだ。

（10）思い出そう、よいアイデアの逆もまたよいアイデアなのだ！

4つのS

人間が明らかに非論理的な方法で行動するように進化した主な理由は4つある。好都合なことに、そのどれもがSの文字から始まる。[1] 次のとおりである。シグナリング（signalling）、潜在意識のハッキング（subconscious hacking）、満足化（satisficing）、そして心理物理学（psychophysics）だ。これらの概念を理解しなければ、合理的な人は他人の行動によって困惑させられ、混乱させられた人生を送るという憂き目を見るだろう。このような原理を把握すれば、人間の行動の奇妙な性質のうちのいくつかは、つじつまが合い始めるはずだ。

（1）Pで始まる1つは除くが。

ＧＰＳ機能を無視すべき理由

ＧＰＳとして知られる無線ナビゲーション・システムはロジックの傑作だが、心理《サイコ》ロジック的には間抜けなものだ。あなたが求めるものと、あなたが求めているとＧＰＳ機器が考えるものは常に一致しない。ＧＰＳは数学的でロジカルな条件で、あなたの目的を定義している――つまり、できるだけ早く目的地に着けるようにということだ。確かに、距離は副次的な変数かもしれない――もしもＧＰＳ装置が、30キロ長いが、より速い道路を通って目的地まで30秒早く着くことを指示したら、運転している人はいらだつだろう（そしてガソリン代や高速道路料金も余計にかかる）。だから、こんな事態を避けるための公式はある。しかし、平均速度と距離を見積もる以外の変数をＧＰＳ装置は考慮していない。

ＧＰＳナビゲーションはまぎれもなく奇跡的な装置だし、ロジカルな思考の勝利と言うべきものだ。地球から１万６０００キロ以上も上空にあるアメリカの軍事用の衛星ネットワークで、各衛星が１００ワットの電球よりもわずかに多いパワーで信号を送信し、車や電話についた装置がそこから６メートルほどの圏内[1]にいるあなたの位置を三角測量できるようにしている。そのため、過去の交通情報やリアルタイムの交通情報を考慮したあと、スマートフォンやＧＰＳ装置は驚くほど正確に、どんな目的地でも最速のルートを計算しているのだ。

このような事実にもかかわらず、私は相変わらずＧＰＳからの助言を無視することが多い。とりわけ、前にも通ったことがある道だったり、私の心理《サイコ》ロジック的な優先事項がロジカルな優先事項と異なったりする場合は。というのも、ＧＰＳは信じられないほど賢いと同時に、独断的で思いあがったものでもあるからだ。(2) ＧＰＳはいくつかの非常に限られたデータポイントと、運転する人の動機を単純にモデル化したものに基づいて、特定のルートを通れと自信たっぷりに指示してくるだろう。ＧＰＳは状況や運転手が持っているさまざまな優先度に対して、細やかな心遣いなど示さない。ＧＰＳ装置は自分が知っているものしか知らず、それ以外のことについてはわからないのである。

さらに、どんなナビゲーションアプリも、運転手ができるだけ早く目的地に着こうとするという前提に立っている。だが、私は積み荷ではないのだ——休日なら、より時間がかかっても、もっと景色のよいルートを望むかもしれない。職場から自宅へ帰るところなら、渋滞を避けた、もっとのんびり通れるルートのほうがいいだろう（人間はＧＰＳ装置と違って停止と発進を繰り返す運転よりも、ゆっくり走れる運転のほうを好むものだ）。ＧＰＳ装置には交換条件という概念もない。とりわけ、「平均的で、予想どおりの走行時間」を最適化し、「不一致」を最小化することに関してはトレードオフができない。与えられたルートへの最高の走行時間と最悪の走行時間との違いがわからないのだ。

たとえば空港へ車で行くとき、私はGPSを無視することがよくある。飛行機に乗るために空港へ行く場合、私は最速の平均速度での行程ではなく、もっとも変動が少ない行程を求めるからだ――「最悪のものの中でいちばんましなシナリオ」というものだ。衛星ナビゲーションは高速道路を通るようにといつも勧めてくるが、私はたいていの場合、裏道を使う。M25号線を通るよりも別の幹線道路を通るほうが15分間余計にかかるのが普通だが、喜んでそれを受け入れている。15分くらい遅れても、たっぷり余裕を持って到着できると予想がつくからだ。渋滞したM25号線にはまり込んで1時間半動かないという、可能性は低いが、重大なリスクを負うよりはましである。そんな羽目になれば、飛行機に間に合わなくなるだろうから。[3]

GPSは自分が知っているものしか知らないし、その枠組みから外れた解決策は理解しない。公共の交通機関の存在にはまるで無頓着だから、朝の8時にロンドンの中心部に車で入っていくことを提案したりする。そんなルートを取るのは正気じゃない奴だけだろう。対照的に、「ロンドンの交通機関」というアプリは自動車というものが発明されたことに全然気づい

(1) このシステムは非常に精巧に調整されているので、こうした衛星に積まれた原子時計は、地球上の時間よりも1日あたり38マイクロ秒遅く進むように調整されなければならない。一般相対性理論と特殊相対性理論の影響を補正するために。

(2) やや政治的公正さに欠ける世代の人間はこれを「ちょっとドイツ的」と表現するかもしれない。

ていないらしい。グーグル・マップでいったん「公共交通機関」のボタンをクリックしたら、私には車がないと推測されて（実にカリフォルニア的な推測だ）、近くの駅まで行くこと——車で15分も走れば着くところ——を自信たっぷりに勧められる。1時間15分もかかる、いくつものバスを乗り継ぐ複雑な方法を使って。

本書を理解するために認識してほしいのは、人間の脳には、GPSのロジックと運転する人のもっと広範な知恵との関係、またはロジックと心理《サイコ》ロジックとの関係にかなりよく似た二重性があることだ。考慮されるデータポイントの数を制限することによって確実性を得られる、明確な「正しい」答えもあるだろう。この方法が不都合なのは、間違った状況では救いようがないほど間違う可能性がある点だ。そこで心理《サイコ》ロジックという、なかなか優れた判断の登場である。これは完璧ではないが、ばかげていることなどめったにない結論にたどり着くための要因をかなり広く考慮している。

この2つの考え方に寄せるであろう信頼性は状況によって変わる。GPSに奴隷さながらに従うことが最善の場合もあるが、完全にそれを無視して、もっと広い判断の変数を使いたくなる場合もある。もう一度言うが、我々が必ずGPSに従うわけではない理由は、我々が間違っているからではない。GPSがまるで気づいていない、旅の行程における重要な要素があるからだ。「不合理」と思われている多くのことはこれで説明がつくだろう。

従来の合理的な考えと一致する方法で人がいつも行動するとは限らない理由は、愚かだからではない。人は自分で思っている以上のことを知っているからだ。私は走行時間における分散度を計算したから、裏道を通って空港へ行こうと決めたのではない――本能的にそうしたのであって、あとから考えると、無意識の推論だけを認識していたように思う。「人の心には、理性では理解できない理由がある」とパスカルが表現したように。(4)

しかし、意識的な意思決定と無意識の意思決定が一致するケースもある。空港から家への道中で時間の制約がない場合、私はたいていGPSに従うだろう。論理的な判断をあえてしない場合もある。もし、ロワール渓谷を旅しているところなら、おそらく私はGPSを切って、まともなガイドブックを参考にするだろう。もし、GPSが意識を持っていたら、私を間抜けそのものだと思うに違いない。ほんの数キロ先に高速道路があるのに、さまざまな城を通り過ぎ

(3) 高速道路は最適性が高いが、選択性は低い。裏道で渋滞にはまっても、脇道へ逸れて別のルートを試すことができるが、高速道路では罠にはまってしまう。GPSはそんなことを何も理解していないが、人間は本能的に理解している。ナシーム・ニコラス・タレブの著書、『*Antifragile*』(2012)(『反脆弱性――不確実な世界を生き延びる唯一の考え方』ナシーム・ニコラス・タレブ著、望月衛/千葉敏生訳、ダイヤモンド社、2017年)はこういった二次的な考察を理解するうえでの上級クラスのものだ。たとえば、あなたの頭に誰かが小石を120個、1分ごとに1個を2時間にわたって落とすとしたら、いらいらさせられるだろう。しかし、岩を1個、一度頭の上に落とされたら致命的である。つまり、1×120は常に120×1ではないのだ。これについては、のちにもっと詳しく述べる。

(4) 「Le cœur a ses raisons que la raison ne connaît point」基本的には、17世紀のフランス語で「GPSを無視することが得になる場合もある」といった意味だ。

ながら時間がかかる道をのろのろ進んだり、狭い橋を渡ったりするのだから。

それどころか、ガソリンを満タンにするために私が主要な道路を外れただけで、GPSは気が触れたようになる──「Uターンしてください……Uターンしてください……Uターンしてください！」GPSには私が何をするつもりかについて、ごく狭い考えしかないのだ。とにかく、ロワール渓谷を車で走っている私は、目的地に着くうえで速度をあまり優先しないだろう──GPSにはそんな動機が理解できないだけだ。GPSは時間や速度や距離を理解しているが、建築物のすばらしさを評価する機能などは備えていないのである。

GPSが人間の動機をもっと広く理解するべく設計されていないように、人間の意識的な脳は、行動を駆り立てる本能的な要素の多くに気づくことができるほどには進化していない。最初は進化生物学者のロバート・トリヴァースによって提唱され、のちには進化心理学者のロバート・クルツバンに支持された興味深い理論は、人間は意思決定の裏にある理由のすべてを把握しているわけではないと説明している。進化論的に言えば、知らないものがあるほうが人間は幸せだからだ。より上手に他者を欺くため、人は自分を欺けるように進化してきた。最善のものは語られないという言葉があるように、自覚されないままなのが最善の感情もある。(5)人間の無意識の動機がすべて意識に作用したら、行動が微妙な合図を発してしまい、真の動機を暴露しかねないというのがこの理論だ。そうなると、社会的な可能性や生殖の可能性が制限されてしまう。

ロバート・トリヴァースはとびきりの例をあげている。自身の行動を意識している動物は、進化的に適応しにくいかもしれないというものだ。野ウサギは追いかけられると、追っ手を振り払おうとして無作為なパターンでジグザグに走り回る。このテクニックは意識的にではなく、正真正銘、行き当たりばったりに行なわれたほうが確実だ。野ウサギにとっては、次はどの方向へジャンプするかを少しも予測していないほうがいい。次はどちらへ跳ぶつもりかを野ウサギが知っていたら、その態勢から追っ手に手がかりを与えてしまうかもしれない。そのうちに犬はこうした手がかりを予測することを学ぶだろう――致命的な結果になるのだ。より自分を認識している野ウサギたちは絶滅するだろう。だから、現代の野ウサギの大半はあまり自己認識していなかった祖先の末裔だろう。同様に、人間は真の動機を隠すことがより上手だった祖先の末裔かもしれない。真の動機を他人から隠すだけでは充分ではない――本当に説得力のあるものにするためには、それを自分自身からも隠せなければならないのである。

私はロバート・トリヴァースの自己欺瞞の理論を正しいと思っている。そうでないなら、広告業者としての我々の仕事はもっと簡単になるだろう。なぜそんなことをしたのかとか、なぜ

（5）たとえば「ぼくがこの花を買ったのは、もしかしたらベッドをともにしてもらえないかと願っているからだよ」といったもの。あるいは「立派なオックスフォード大学で美術史を勉強したくてたまらないのは、JPモルガンの人材採用担当者を感心させられるからだ」など。

それを買うのかと尋ねるだけで、人々は正直に答えてくれるだろうから。「いや、普通なら、私はコーヒー1杯に4ドル65セントも払いませんよ。でも、紙コップに洒落たグリーンのロゴをつけてくれたら、それを持ってオフィスへ入っていくときにみんなに見せびらかせますからね。それなら私も興味を引かれるかもしれません……」実際には、そんなことを話してくれる人はいないだろう。

故デイヴィッド・オグルヴィはアメリカの広告業界の偉人の1人で、私が働いている会社の創設者だが、かつてこう言ったことがあったらしい。「市場調査の問題は、人々は自分が何を感じているかを考えないこと、何を考えているかを言わないこと、そして言うとおりの行動をとらないことだ[6]」そんな謎の裏にある進化論的科学をトリヴァースとクルツバンは説明した。つまり、人は自分の真の動機を自覚していないということだ。それを知ることは自分の利益にならないからである。オグルヴィと同時代のビル・バーンバックはこう述べていた。

「人間の性質は100万年もの間変化してこなかった。今後の100万年も変化しないだろう。表面的な物事だけが変わってきた。変化している人間について語ることが人気だが、コミュニケーターなら、変化しない人間に関心を持たなければならない——その人がどんな衝動に駆り立てられているのか、どんな本能にあらゆる行動を支配されているかについて関心を持つべきだ。本当の動機は何かを語られない場合があまりにも多いとしても」

何年か前、私はクライアントのためにオンラインでの書籍購入に関するインタビューをしたことがあったが、ある若者が驚くほど正直に話してくれた。「あのですね、正直なところ、ぼくは小説を読むことなんてそんなに好きじゃないんですよ。でも、イアン・マキューアン（の小説）を何冊か読めば、より上等な女の子たちを惹きつけられると気づいたんです」。心の奥底にある動機をこれほど正直に話すのも珍しい(7)。

人間の自己欺瞞のせいで、広告業界の仕事が大変になる理由はもう1つある。誰も自分の真の動機の存在を信じたがらないし、人々は上っ面の理論的なレベルでしかそれを受け入れたがらないことだ(8)。人々はビジネスの成功を、言葉にされない無意識の欲望によるものと見なすより、優れたテクノロジーやよりよいサプライチェーンのマネジメントのおかげと見なすほうがはるかにしっくりくると感じる。

そのせいで、社会的な種として機能するために、人はある程度の明らかな自己欺瞞を必要とするのだろう(9)。人間がごまかす能力を持たない世界を想像してみよう。デート中の人々が将来

（6）これを本当にオグルヴィが言ったという証拠は見つからない——彼は市場調査の仕事からキャリアを始め、それをすばらしく発展させた。とはいえ、私は彼がそのことをあまり認めたがらなかっただろうと思う。

（7）彼の自己認識が生殖の可能性にかなり役立つのかどうかははっきりしない。私は彼が独身だったことをぼんやり覚えている。彼の動機は、出会った女性たちにはひどく見え見えだったのではないだろうか？

（8）正直な話、広告業界で働く人たちさえ、そうである。

（9）進化論的に言えば、可能性に対して客観的になるよりも、楽観的すぎるほうが我々にとって得かもしれないのと同じだ。興味深いことに心理学では、自信過剰のバイアスに影響されない人々は深刻なうつ病である。

のパートナー候補に向かって、彼らの個性に関心があるふりさえせずに、稼ぐ能力や出世の見込みをずばりと尋ねる世界を。そうなったら、どこへ行きつくだろうか[10]？

進化には客観性など関係ない——問題なのは適応度だけ。

歪められたやり方で世界を見ることが役に立つとしたら、人間が客観的に物事を見る能力は進化によって制限されているはずだ。トリヴァースが述べているように、標準的で単純な見解では、進化によって、世界を正確に見ている感覚がもたらされたと考えられている。しかし、進化には正確さも客観性も関係ない。問題なのは適応度である。あるヘビが無害だと理性ではわかっていても、私はそんなツルツルしたろくでもないものを本能的に不気味だと感じる。

隠れた動機という考え方を受け入れるのは容易でない。なにしろ、愛猫家たちは空腹時のほうがペットの猫が愛情を示すとわかっていても、最愛の猫ちゃんが餌をもらうために愛情のあるふりをしているとはなかなか信じないだろう。とはいえ、無意識の動機や感情は、それが原因だと思われている理由と驚くほど無関係だという事実を受け入れることは有益だ。

航空会社とキュウリのサンドイッチの話を覚えているだろうか？　人は1億5000万ドルの航空機やエンジンの形式に気を留めない一方で、航空会社について機内食からかなりの推測をするのと同様に、受付まわりが乱雑で、置かれた雑誌は古く、看護師が患者にあまり時間を割いてくれない病院に失望する場合が多い。実を言えば、英国の国民健康保険はシグナリングの費用を少々〝浪費〟すべきかもしれない。一方、アメリカの医療部門はシグナリングの支出をもっと控えることが有益だろう。患者への気配りを示そうとして、待合室に最新の雑誌を置いてもいいが、患者への献身を示したいあまり、不要な検査や侵襲的手術をする行動は抑制すべきだ。

調査からはこういうことが決してわからないだろう。調べたとしても、我々は客観的な医療指標しか気にしないと主張し、そのとおりだと信じ込むはずだ。しかし実のところ、計測された結果よりも補助的な詳細のほうが、人の感情的な反応にも行動にもはるかに大きな影響を及ぼすのである。次の対照的な言葉を考えてほしい。「彼女は昨日、亡くなったが、病院はすばらしかった」または「いや、父は元気だよ。あのひどい病院には感謝していないがね。父は手術を受けるのに4日間も待たされているんだ」。客観的に見れば、英国の国民健康保険は費やされる金のわりにはかなりよい医療を提供している。悲しい結果は、我々が英国の国民健康保険を好まないことである。乾燥して丸まりだしたサンドイッチを出す、新参の航空会社の空の旅を楽しめないのと同じだ。

(10) たぶん、ニューヨークだろう。

真の意味で顧客中心のビジネスにするためには、人々の意見を無視すべきである。その代わり、人々の感情に注意を向けよう。

人々の意見を無視することがどうして創造的な解放になり得るのか、一例をあげよう。病院や医療をどう評価するかという問題と同様に、ここでは感情的な誤帰属〔訳注　自分に起きている感情や出来事などの原因を勘違いすること〕という問題に注目する。人は自分がどう感じているかをわかっても、なぜそう感じるのかは正確に説明できないのが事実だ。人の本質は感情と大いに関わりがあるし、感情によって行動をかなり左右されるが、そんな感情に説明はつけられない――説明などつけられないほうが幸せな場合が多いからだ。

自分がどう感じているかと考えることは、そう感じる本当の理由とあまり関係がないかもしれない。だから、わかりきった答えが返りそうな無邪気な質問をすれば、妥当な返事が来る。たとえば、「なぜ、人はレストランに行くのか？」と尋ねたら、「空腹だから」という答えが返るだろう。だが、少し考えてみよう。空腹なだけの人間なら、もっと節約できるほかの場所で食欲を満たせるだろう。レストランは食べ物の周辺に存在するものにすぎない。レストランの真の価値は、社会的なつながりやステータスにあるのだ[11]。

子ども時代を過ぎてしまえば、人間がこういった明らかに幼稚な質問をしなくなるのは興味深い。子どもっぽい質問を試してみよう。ただし、これまで質問されなかったような問いを投げること。どうして人は満員の電車で立たされることを嫌がるのか？[12]かつて私はある鉄道会社の会議でこの質問をしたことがあった。誰もが途方に暮れた様子だった。立っているほうが座っていることよりも悪いのは明らかじゃないか、と。たぶんそうだろう。だが、その理由は？　立っていることが座っていることよりも常に悪いなら、列車で立っている人々が座席が空いていても立ち続けているのはなぜだろう？　さまざまな理由があるだろうが、興味深いことに、乗客自身も真の理由をわかっていない。もっともらしいポスト合理化の考え方をすることはできても。しかし、この質問をより広範囲の人間にすれば、これまで誰も考えなかった新たなおもしろいデザインの客車が生まれるかもしれない。あるいは、運賃に差をつけるという方法で問題が解決されるかもしれない。まだ答えはわからないのだ。

そんなわけで、もう一度尋ねよう——どうして人は列車で立たされることを嫌がるのか？　だまされたように感じるせいか？　なんといっても、列車の座席のために料金を払ったのだし、鉄道会社は金を取ったのに座席を提供してくれないわけだ。そうじゃないか？　だとしたら、短距離の列車や地下鉄では座席なしの客車を提供するというのはどうだろう？　その客車

(11)　レストランが料理ではなくてアルコールを売ることから大半の儲けを得ているのは明白である。

(12)　私はロンドンの地下鉄と通勤電車について話している。「どうして人は列車に4時間乗る間、立っているのを嫌がるのか？」という質問だったら、幼稚だろう！

の利用者は料金の一部を払い戻してもらえるか、ためると無料で列車に乗れるポイントをもらえる。それなら人々は満足するのか？　試してみることはできる。

あるいは、列車で立っているのが嫌なのは疲れるからだろうか？　ただ立つだけでなく、バランスを取り続けなければならないのだ。まっすぐ立つために手すりをつかんだら、もうスマートフォンを使えないし、本や新聞を読んだりコーヒーを飲んだりできないから、列車に乗っている間は退屈になるせいだろうか。それが理由なら、尻を載せられる台をいくつかつけたら役に立つかもしれない(13)。もしかしたら人々は荷物を置く場所がないとか、バックパックから物を盗まれると妄想しているせいで(14)、列車で立つのを嫌がるのかもしれない。あるいは、もっと重要なステータスの問題ということもあり得る。座席についた乗客は視界がよく、個人的なスペースを確保でき、荷物を置く場所もある――一方、立っている乗客には何もない。この窮状をより有利な状態だと自分に言い聞かせられるものはないだろう。しかし、ここで興味深い疑問が生まれてくる。立っていることに何か利点があるとしたら、どうだろう？　言い換えると、ここに錬金術の果たす役割はあるだろうか？

想像してほしい。車両の真ん中だけに座席があり、窓に沿った両側は立っている乗客向けにデザインされた通勤電車を。座った人の席にはカップホルダーが設置されているが、ほかには何もない。立っている人は窓の外の景色を眺められ、体を預けるクッション入りの台があり、かばんやノートパソコンを置く台とＵＳＢを充電する差込口が２つある。こうなると、立っている乗客のほうが座っている乗客よりも得なのは明らかだろう。立つことが妥協ではなく、選択だと思われる——まわりの人からも、自分でも——はずだ(15)。

このような計画は、偏見にとらわれずに愚かな質問をしたときしか生まれてこない。通勤する人は立つことが嫌だとわかっていても、理由はよくわかっていない。その人に尋ねれば、もっと座席を増やせと要求するだろうが、それには巨額の費用をかけてさらに列車の本数を増やすしかない。我々が基本的な質問をしない理由は、いったん脳がロジカルな答えを出したら、もっといい答えを探すことをやめてしまうからだ。ちょっとした錬金術を用いれば、よりよい答えは見つかるはずである。

(13) ロンドンの地下鉄の最後部車両には実際にそんなクッション入りの台が存在している。それに腰を載せている人たちは幸せそうに見えないが。

(14) 興味深いことに、ある英国の企業はすべてのファスナーが背中側に面してついているバックパックを開発したばかりだ。それはこの恐怖を間違いなく解決するだろう。

(15) 「妥協ではなく、選択」というのは、かつてフォード・フィエスタ〔訳注　フォード社のハッチバック型の小型乗用車〕のためにオグルヴィが作ったスローガンである。たとえばステラ・アルトワ〔訳注　ベルギービール〕のための「頼もしいほど高額」といった路線の宣伝は意図せずして、心理《サイコ》ロジックにしばしば有益な洞察を与えてくれる。

第1章

ロジックの乱用

１９５０年代から１９８０年代の間、英国でもアメリカでも食品に関する何かが明らかに悪化した。楽しさよりも便利さを考慮されることが多くなったのだ。今では仰天しそうだが、私が子どものころに読んだ本にあった未来の予測によると、食事は手軽な錠剤の形で栄養がとれるものに代わるとされていた——食物をとる目的は、必要なミネラルやビタミンやタンパク質やエネルギーを体に供給するためだという考えがなぜかあって、食品業界の仕事はそうした栄養素をできるだけ効率のよい形で提供することだとされたからだった。

進歩的な考えを持つ人の中には、食品業界がやるべきことの合理的なモデルを作るために、食物の機能を狭く定義した者もいた[1]。このように尺度や効率性に注目する中で、人々は食物の目的を見失ってしまった。言うまでもなく、食物は栄養素が形となったものだが、ほかの目的も提供している。食品を錠剤の形で摂取することを提案した人は、食べることの楽しさや、社交的な行事で食物が欠かせない小道具である事実が見えなくなっていたのだ[2]。もし、そんな錠剤が生産できたとしても、そのような食物しかとれない人はひどくみじめに違いない。

多くの場合、感情的な価値を与えてくれる上質の食品はとても効率が悪い。流行に敏感な人々に好まれるサワードウブレッドは作るのに途方もなく時間がかかり、非効率的だ。同様に、フランス人が非常にさまざまな種類の地元産チーズを食べるのはばかげている。しかし、こんなに多様で希少な物を食べることで喜びが増すのだろう。状況を30年前のアメリカのチーズ業界と比べてみよう――信じられないほど効率的で、一握りの州が生産の中心となっていた。1990年代にはチーズは2種類しかないように見えた。黄色のチーズとオレンジ色のチーズで、どちらもあまりおいしくなかった。同じように、最近のクラフトビールの大改革前のアメリカでは、ビールの種類や品質が悲惨だった。[3] しかし、ビール醸造がすばらしく多様で非効率的なものになってから、アメリカは旅行者にとってビールを飲むのに最悪の国から、最高の国になった。[4]

食品は目覚ましいほど非効率的になっている。自分たちがどれほど間違っていたかを目の当

---

(1) 今振り返って、これがばかげていると考えるなら、今日のシリコンバレーが同じことを頻繁にやっているかもしれないと思い出してほしい。心理的に悲惨なものになりそうなロジカルな結果を追求する中で、多様性や喜びを破壊していることを。

(2) 英国政府の会議に出席すると、ビスケット1枚すら出てこない。それによって年に5000万ポンドほど節約できる。もてなしの心というもっとも基本的な原理を破ることによって、すべての会議が少々不愉快なものになっていることは隠れたコストだ。私はビスケットなんか好きでもないが、それが出ない会議はムカつく。ビスケットがない中で話していると、協調的な会議に出ているというよりはセルビアの民兵に尋問されているように感じてしまう。私、サザーランドの政権だったら、スコーンは必需品だろう。

(3) こんなことを言うのは勇気がいるが、ウィスコンシン州はチーズとビールの両方の責めを負わなければならない。

(4) 最近、あるアメリカの醸造会社はドイツに支店を開いた。

たりにしたら、錠剤を奨励した1960年代の未来派主義者は驚いただろう。人々は何時間もかけて食品を準備したり食べたりし、食べ物に関するテレビ番組を見ている。地方の食材を大切にし、化学肥料を使わずに生産された食物に喜んで高いお金を払う。一方、食品業界をロジカルにしたら、食物に価値を感じる理由を少しも見いだせなかった。

以上のことを比喩として用いながら、この30年以上にわたって食品業界で我々が享受してきた進歩をほかの分野にも当てはめてみたい。物事を本当に進歩させられるのは狭量なロジックを捨てて、心理《サイコ》ロジックの価値を認識するときだ。いったん無意識の動機の存在に対して正直になれば、さまざまな解決策の可能性が広がる。もし、a「人々が望んでいると言われているもの」、またはb「望むべきだと我々が思っているもの」ではなく、人々が心の奥底から求めているものを発見できれば、実際の問題を解決する中で、以前は試されなかった実験のために新しい場所を切り開けるだろう。(5)

---

(5) Zigazig ah!〔訳注　スパイス・ガールズの歌にある歌詞の一部。「×××したい」と性的な意味を遠まわしに言ったもの〕(スパイス・ガールズのファンにしかわからないジョークだ)。

1.1 市場調査と経済理論という割れたレンズで見た世界

ここ50年間ほど、人間の行動や意思決定に関するもっとも重要な問題は、私が「規制問題の双眼鏡」と呼ぶものを覗くことによって解決されてきた。それにはレンズが2つ――市場調査と経済理論――あり、両方とも人間の動機の全体像を提供すると思われている。1つだけ問題がある。この双眼鏡は壊れているのだ。どちらのレンズもひどく割れていて、あらゆる問題に関する人間の見解を歪めてしまう。

1つ目は市場調査、あるいはもっと簡単に言うと、人々に尋ねるというレンズだ。しかし、このレンズの問題はデイヴィッド・オグルヴィの言葉を思い出すならば、こうなる。「市場調査の問題は、人々は自分が何を感じているかを考えないこと、何を考えているかを言わないこと、そして言うとおりの行動をとらないことだ」。人は自分の動機を内省的に見ようとしないのである。2つ目は標準的な経済理論のレンズで、何をするのかと人々に尋ねないし、何をやっているのかと観察すらしない。経済理論は、人間はこんな行動をとるはずだと信じ込んでいる理論的で表面的な概念に集中することによって、人間の動機の狭量であまりにも「合理主義的な」見解を前提としている。またしても行動経済学が明らかにしているのは、人間の行動についての不完全で誤解を招くこともある見解を経済理論が提供することだ――ビジネスも政治の世界も、経済学や調査の欠点に充分な注意を払ってこなかった。なぜ、こんなことになっているのだろう?

一般的に、ビジネスや政治の世界で意思決定する人間には、この双眼鏡を通じて見るすべてが正確であるかのように行動するのが無難だ。というのも一緒に働く人々、そして彼らを雇い、昇進させたり解雇したりする誰もが、同じ双眼鏡を通じて世界を見ているだろうからだ。「経済モデルが私にそうしろと言った」という言葉は、21世紀では「私は命令に従っただけだ」という言葉と同等だ。自分の行動の責任を否定することによって、責めを負うまいとしているのである。もちろん、古い双眼鏡がうまく機能する場合もあるだろう。人々が自分の動機を正確に表現できる場合もよくあるし、人間の行動の大部分は経済理論と完璧に一致している。想像がつくだろうが、ロジックと心理《サイコ》ロジックはしばしば重なり合う。

しかし、それでも新しいレンズが1組、必要である。本書の最初で私が説明したように、頑固な問題はロジックをはねつけるからこそ頑固なのだろう。あるいは、古い双眼鏡では歪んだごく狭い範囲しか見えないため、きわめて単純で創造的な解決策が見えてこない。壊れた双眼鏡の推測によれば、旅を進歩させる方法は速く目的地へ着くことであり、食品を進歩させる方法はより安価に製造することで、環境に優しい行動を奨励する方法は人々を情熱的な環境保護主義者にすることだ。こういう考えが正しい場合もある――だが、常に正しいわけではない。

行動経済学や進化心理学のような科学が提供する新しい双眼鏡のレンズはどれも完璧とは言えないが、少なくとも、より広い視界を与えてくれる。どんな発展にも当て推量が伴うが、さらに広い範囲で推測することは役に立つのだ。新しいレンズのおかげで、もっと心理《サイコ》ロジック的な視点から問題を見られる（そして解決できる）単純な例を以下にあげよう。

オグルヴィ・チェンジのクライアントの1つである大手のエネルギー供給企業では、セントラル・ヒーティングのボイラーの修理やサービスの日程を顧客と修理工との間で調整している。午前か午後かということは予約できる――これ以上の正確な予定を決めるのは難しい。各訪問先でどれくらい時間がかかるかは予測が困難だからだ。顧客はこの点に不平を言っていて、こんな不満がもっともよく聞かれる。「私はまる1日、仕事ができなくなる」こういう顧客たちの本音は1時間単位で予約を取りたいということだ。しかし、彼らの要求をそのまま受け入れてそこまで正確な予約方法にしようとすれば、膨大なコストがかかるし、修理工が約束どおりの時間に行かれなくなった場合は必ず失望感が生まれるリスクがある。もっと鋭い人なら、1時間単位の予約では「まる1日、仕事ができない」という問題が必ずしも解決しないことにも気づくだろう――たとえば、予約した時間が午後1時から2時の間なら、職場が家から近くないかぎり、在宅するためにはやはり仕事をまる1日休まなければならない。

我々がまずクライアントに勧めたのは顧客の話を聞くことだった。だが、〝文字どおりに《リテラリー》〟

ではなく、〝横方向に《ラテラリー》〟聞くようにと。予約の時間帯が長いことに人々が何らかのいらだちを示したのは明らかだが、もしかするとそれは時間帯の長さよりも、修理工がちゃんと来るのかどうかという不確実性のせいかもしれなかった。家で5時間も修理工を待ったことのある人なら誰でも、それが苦痛だと知っている。なんだか自宅に監禁されている気分だと。トイレに行くとか、1パイントの牛乳を買うためにちょっと外出するといったことができない。そんな行動をとったとたん、修理工がやってくるのではと不安だからだ。そこで、やきもきしながら半日を過ごすことになる。そもそも修理工が現れないのではないかと心配しながら。もしも修理工が訪問先に着く30分前に携帯にメールを送ってくれることになったら、そのような気持ちはどれほど変わるだろうか？　突然、顧客は1日がほぼ休みになったかのように自由に過ごせるだろう。やるべきなのは携帯電話に目を光らせていることだけだ。[1]これは試すことを我々が提案している解決策の1つだ。この方法は1時間単位で予約する方法と同じくらいよいのではないだろうか？　完全なものではないが、感情や知覚を90％は向上させるかもしれない。しかも費用は1％増える程度で。古い双眼鏡で見ていてはこんな方法は生まれないだろう。顧客の不満を文字どおりに受け取ってしまうからだ。

　私の同僚のクリストファー・グレーヴスはニューヨークに「行動変化のためのオグルヴィ・センター」を設立した人物だが、このやり方を「真の理由の質問」と呼んでいる。人は自分の感情の状態については正確に述べるかもしれないが、そうなる原因（この場合は不確かさ）はまったく謎だという場合が多い。この実験がうまくいき、最初の反応が良好なら、我々は錬金術を行なったことになる。価値あるものをどこからか呼び起こすために、心理《サイコ》ロジックを用いたのだ。テストで信頼できるのは実験だけなので、我々は修理工のメールが顧客に与えた満足の効果を、そうした予告メールを受け取らない対照グループと比較して測定している。

もう1つの方法は、思考実験と呼ばれるものを行なうことだ。たとえば、飛行機の出発時刻表示板に書かれたどちらのメッセージのほうにより不安を覚えるか、自問してほしい。

英国航空786便――フランクフルト行き――遅延

または

英国航空786便――フランクフルト行き――70分の遅延

2番目のメッセージは少しつらいものだろう――しかし、少なくとも乗客は状況を把握しているわけだ。何本かお詫びの電話をかけたり、ラウンジへ行ってノートパソコンを取り出した

（1）我々の主張を裏づける行動学的な根拠は数多くある。たとえば、列車の駅にある、正確でリアルタイムに発車時刻を知らせてくれる案内板は走行時間を速くするわけではないが、乗客に大きな満足を与えるだろう――列車が来るのかどうか不確かな状態で2分間待つよりも、8分後には来るとわかって8分間待つほうがいいと思われる。

りしなければならないかもしれないが、1日の予定を計画し直して折り合いをつけられる。ところが、最初のメッセージは精神的な拷問である。悪い知らせだということはわかるが、対応するための充分な情報が得られない。遅延は10分だろうか？　それとも90分？　さらに「遅延」というのは単に「欠航」の前触れではないかと、心配になるかもしれない。無力だとか事態を把握できないという感覚は、時間を守られないことよりもはるかに強いいらだちをかきたてるのだ。(2)

残念ながら、無力感と、時間厳守でないことへのいらだちといった2つの感情は区別できない。こんなふうには言わないだろう。「不適切な情報のせいで無力に感じるから、私は不愉快だ」こう言うはずだ。「いまいましい飛行機が遅れているから、私は腹が立っている」。そのようなケースでは、双眼鏡のどちらのレンズからも解決策は示されないだろう。私がこんなことを言うと飛行機の乗客は嫌がるだろうが、真実を述べよう。もし、航空会社が1時間遅れて飛行機を離陸させるか、定刻通りに離陸させるために5000ポンドを費やすかのどちらかを選ぶとしたら、その決断は乗客に提供できる情報の質に影響されるべきだと。さらに言わせてもらえば、心理《サイコ》ロジカルな観点からすると、情報の質を考慮に入れないである航空会社の定時性に焦点を当てると、間違ったものの最適化を促してしまうかもしれないのだ(3)（もう1つ覚えておいてほしい。どんなフライトでもおそらく20人の乗客は、乗る飛行機が遅延しているというメールを受け取って喜ぶかもしれない――つまり、彼らは遅れているところだったからだ(4)）。

こういうことはどれも行動科学の些細な応用例のように聞こえるだろう。だが、あとでわかるように、些細な問題を解決するのと同じテクニックが、もっと大きな問題を解決するためにも使えるのだ。たとえば、セントラル・ヒーティングの修理工との約束に関する問題の解決に役立ちそうなテクニックで、年金の貯蓄をためらう人を減らせるかもしれない。[5] 行動科学の研究に本物の価値があると私が信じている根拠の1つは、同じパターンが繰り返されることだ。クレジットカードを使うことを人に勧めるわりと些細な解決策が、健康診断を嫌がらずに受けてもらえる方法にも利用できるかもしれない。

これについては、あとでもっと説明しよう。

（2）もし、嫌悪刺激をコントロールできないという無力感や、劣悪なデザインがもたらすネガティブな心理的効果についてもっと理解することに関心があるなら、ドナルド・ノーマンの著書（『*The Design of Everyday Things*』（1988）（『誰のためのデザイン？――認知科学者のデザイン原論』D・A・ノーマン著、野島久雄訳、新曜社、1990年）や、マーティン・セリグマンとスティーブン・マイヤーの「学習性無力感」の実験（1967）を参照してみてほしい。

（3）心理学的な観点からすると、飛行時間の一部として遅延を計測しないことは間抜けでもあるだろう。1時間のフライトでの30分の遅延は、9時間のフライトでの1時間の遅延よりもはるかにいらいらさせられる。

（4）または、フランクフルトでのぞっとする会議をキャンセルする口実を求めている人だった場合もある。

（5）これについては本書でのちほど説明する。

1.2 問題解決の邪魔をするステータスの問題

私が提案しているやり方は実験による検証に値する、新しくて興味深いアイデアを生み出すのに役立つだろうが、そういうものがたちまち人気になるとか、簡単に売れるとは期待しないでほしい。気楽な人生を送りたいなら、答えが見つかると思われている分野以外の専門分野から解決策を得ようなどと考えないほうがいい。数年前、私の同僚たちが犯罪を減らすために並外れた介入方法を生み出した。彼らは犯罪多発地域の店が夜に窓を覆う金属製のシャッターを備えているせいで、犯罪事件がかえって増加しているのではないかという仮説を立てた。金属製シャッターはここが無法地帯であることを暗に伝えているからだ。

同僚の1人の聡明なタラ・オースティンは調査をして、「ディズニー風の顔」――幼児くらいの体型で目が大きな人間の顔――が心を落ち着かせる効果があるらしいと指摘した。彼女は2つのアイデアを結びつけて、ある実験をした。地元のグラフィック・アーティスト団体に頼んで、店のシャッターに赤ん坊や幼児の顔を描いてもらったのだ。

あらゆる点から見て、この実験によって犯罪は著しく減ったようだった。さらに、これには

図3　このシャッターの効果と、ただの金属製のシャッターが与える印象を比べてほしい。

わずかの費用しかかからず、警備にお金をかけるよりも間違いなく安く済んだ。それ以来、ほかの地方自治体の中にもこの方法をとったものがあったが、普及率は低い――問題に心理《サイコ》ロジカルに取り組むよりも、もっと警備予算を増やすとか、監視カメラを導入することについて議論するほうがはるかに簡単なのだ。

合理的な世界でただ1つ重要なのは、もっとも効果的な手段で問題を解決することだろうが、問題解決は奇妙なほどステータスにこだわる仕事だ。ステータスの高い方法とステータスの低い方法があるのだ。スティーブ・ジョブズでも、ソフトウェア業界のオタク度が強い人から蔑視された――

「正確なところ、スティーブは何をしているんだ？　彼はコードすら書けないじゃないか」。かつてある社員が傲慢にもそう意見を述べたことがあった。

しかし、18世紀の同じような立場の人に比べれば、ジョブズはまだやりやすかっただろう。18世紀の半ば、ジョン・ハリソンという名のほぼ独学の時計職人は、英国政府が2万ポンド——今日の通貨では数百万ポンドに相当する——の賞金を約束したという話を耳にした。賞金はイングランドから西インド諸島まで旅したあと、2分の1度の範囲内の誤差[1]で経度を測定できた人に与えられるということで、ハリソンはぜひとも解決策を見つけようと決心したのである。これは生死に関わる問題だった——1707年、シリー諸島沖で英国海軍の船が難破した事故で数千人の船乗りが亡くなったのだ。提出された解決策を評価するため、国王は経度委員会を設立した。それは王立天文台長、提督、数学教授、貴族院の議長、そして議会の10人の議員から成り立っていた。

お気づきのように、この委員会に時計職人はいなかった——解決策は天体の測定や高度な計算を必要とする天文学的なものだろうという推測のもとに、賞金が設定されたのは明らかだった。結局、ハリソンは驚くべき発見をいくつも成し遂げ、それが海洋クロノメーターの発明につながり、航海術に革命が起きた。いったん海上で正確な時計を備えることができるようになると、船はあまり信頼できない方法に頼らずに、東から西へどれくらいの距離を旅してきたかをようやく測定できるようになった。[2]

ハリソンの優れた技術的な仕事と同時に、この物語には興味深い心理的な側面もある。経度委員会は発明に対して多額の賞金を与えたものの、自分の解決策がうまくいくことを一度なら ず証明してみせたにもかかわらず、ハリソンは賞にふさわしいとみなされなかった。ハリソンは人生の後半の大部分を費やして権威者たちに嘆願し、賞金の全額が払われていないことに抗議した。天文学的方法によって計算した「地球と月の距離」の方法を支持していたネヴィル・マスケリンは、ハリソンに賞金を与えることを拒んだ悪人として描かれる場合が多い――マスケリンが王立天文台長で賞金を授与する委員会の一員だったことは、ハリソンにとって逆風だった。しかし、本当に問題なのは専門家および学問の世界のヒエラルキーであった。天文学者にとっては、生涯ずっと時計を作ってきた無学な男による解決策など認めるに値しないと思われたのだ。

マスケリンを「典型的な知識人」と見るべきか、あるいは悪人と考えるべきか、私にはわからない。こう言う理由は、重要ないくつもの発明で同じパターンが見られるからだ――解決策の理論的な優美さや、解決する人間の知性が信用できることが、あるアイデアの実用性よりも

(1) 赤道では30海里以内。
(2) ジョン・ハリソンの名が今や広く知られるようになったのは、デーヴァ・ソベルとベストセラーになった彼女の著書『*Longitude*』(1995)(『経度への挑戦――一秒にかけた四百年』デーヴァ・ソベル著、藤井留美訳、翔泳社、1997年)のおかげである。

重視されるたびに、科学は理想に達しないように思われる。もし、ある問題を、答えを出すのは自分だと信じ込んでいる人間が実践した以外の方法で解決すれば、悪戦苦闘する羽目になるだろう。たとえどれほどの証拠を集めても。

1948年まで、ライト兄弟のライトフライヤー号はスミソニアン博物館ではなく、ロンドンの科学博物館で展示されていた。奇妙に思われるかもしれないが、オハイオ州出身の自転車屋たちがノースカロライナ州のアウターバンクスで空気よりも重い有人の装置を飛ばしてから何年もの間、アメリカ政府は彼らの業績を認めようとしなかった。政府が援助しているプログラムが、最初に飛行に成功したと主張していたのだ。(3) 1847年、イグナーツ・センメルヴェイスは、医師が手を消毒することによって産褥熱——出産によって生じる致命的な疾患——の発生率を抑えられることを決定的に証明したが、相手にされなかった。ある考えが真実とか効果的ということが重要なのではなく、支配的な派閥の思い込みと一致するかどうかが重要な場合があまりにも多い。(4)

私はいつも無邪気にこう思っていた。エドワード・ジェンナーは天然痘の種痘法を発見後、発見したものを発表し、くつろいで称賛を受けていたのだろうと。本当のところはまったく違った。人痘接種法と呼ばれる従来の方法から利益を得て、それ以外の方法のほうがいいとは認めたがらなかった多くの人に対して、自分の考えを守ることにジェンナーは人生の残りを費やしたのだ。こんな問題は昔だけの話だと思うなら、電子タバコの発明への反応を考えてみよう。

科学機関が電子タバコについて懐疑的なのは当然である——このテクノロジーの長期にわたる結果がどうなるのか、まだはっきりとはわかっていない。だが、火のついたタバコに伴う発がん性物質なしで喫煙の感覚のほとんどを再現する、ニコチンを供給する装置の発見はまぎれもなく意義深い思いつきだ。偏見なしに評価されるべきものである。しかし、このテクノロジーが現れた最初の瞬間から反対意見の勢いが強かった。多くの国がこの装置を即座に禁じ、世界保健機関や世界中の反喫煙グループは、喫煙が禁止されているいかなる場所でも電子タバコの使用を禁止にすべきだとやかましく要求した。さらに奇妙なことに、喫煙をほとんど禁止していない中東諸国の多くでも電子タバコは禁じられた。問われているのはこんなことだったのだろう。「確かにそれが実際にうまくいっていることはわかるが、理論上でもうまくいくのか?」。マスケリンの時代に時計学的なモデルよりも天文学的なモデルが優勢だったのと同様に、喫煙をやめるうえで優勢なのは適応のモデルではなく、喫煙は恥であるとするモデルだっ(5)

(3) したがって、ライト兄弟は空気よりも重い機械が飛べることを証明しただけでなく、俗物根性が英国人だけの悪徳ではないことも証明したのだった。

(4) センメルヴェイスはハリソンよりもさらに残酷な扱いを受けた。彼は精神科病棟で、おそらく衛兵から暴行されたせいで亡くなった。息を引き取るまで自分の理論が正しいと主張していただろう。そのとおり、彼の理論は正しかったのだ。

たのだ。

もし、あなたがここ20年間、恥を引き起こすことが目的の政策を促進しながら公的な健康アドバイザーとして過ごしていて、同僚もみな同じことを信じていたら、いちばん聞きたくないのはこんな言葉だろう。「心配しなくていいですよ。中国のある男が役に立つ装置を作ったからです。おかげで、あなたが人生を捧げてきた問題、あなたの社会的ステータスのもととなっている問題はもう解消されます」。さらに悪いことにこの装置の発明者は医療関係者ではなく、ビジネスマンだった。ハリソンの海洋クロノメーターをマスケリンが否定したときのように、いくつもの既得権が危うくなっていたのだ。反電子タバコキャンペーンの資金支援をしたのは大手製薬会社の数社で、禁煙パッチや禁煙ガムといった、もっと効果の弱い禁煙治療用品への投資にとって、電子タバコを脅威と見なしていた。(6) ありがたいことに、常識が勝利を得た国もあった。(7) とはいえ、公衆衛生の専門家の大半は電子タバコの使用をなかなか承認しようとしなかった――タバコに代わるものが成功を収めたら、彼らのスキルが不要になるかもしれないという考えに無意識に影響されていたのだろう。マスケリンも同じように考えていたのではないか。「あなたの壮大で天文学的な知識はもう必要ないんです。この時計職人が問題を解決してくれましたからね」と言われないかと。

医学界にも同様の問題が広がっている。外科医は鍵穴手術や、X線技師の助けを借りて行なえる、より侵襲的でない新しい治療法に戦いを挑まれていると感じた。それらは外科医がこれまで完璧にやってきたものと異なるスキルを用いたからだ。同じように、ロンドンの黒塗りタクシーの運転手たちがウーバーについてどう感じるかは想像がつくだろう。小説家のアプトン・シンクレアがかつてこう言ったように。「何かを人に理解させるのは難しい。その人の給料が、それを理解しないことにかかっている場合は」

電子タバコについての一般的な議論は、それが喫煙の習慣を復活させるということだった。電子タバコは喫煙に少し似ているからだ。率直に言って、私にはなかなか信じられないが。あなたが喫煙というものをどう思っているにせよ、かなりカッコよく見える行為だろう——映画の『カサブランカ』を、タバコを電子タバコに変えて作り直したら、あまりロマンチックじゃなくなる。私にはさらに信じがたいのだが、もう1つの議論は、電子タバコはもっと被害が深刻な薬物への入り口として作用しかねないというものだ。ヘロイン中毒者の大半は大麻の吸引から始めた可能性がある。となると、大麻中毒者の大半はもしかしたら紅茶やコーヒーを飲む

(5) あるいは「非正規化」。

(6) これは「バプテストと密造業者」連盟として知られ、提案された法の緩和に対抗するために道徳家と金儲け目的の人が協力することだ。明らかに金銭面での理由から、密造業者は合衆国で禁酒法が撤廃されることに激しく反対した。

(7) 英国では、英国公衆衛生庁とASH、すなわち禁煙キャンペーングループのおかげで電子タバコは信頼を得ている。アメリカでは、元公衆衛生局長官がこの発明を大いに支持した。私自身、少しばかり関与した。電子タバコを禁じたいというお定まりの衝動に抵抗するようにと、英国政府の行動洞察に関するチームを説得したのだ。

ことから始めたのかもしれない。
数年前、私がオフィスの外で電子タバコをふかしていると、警備員がやってきて大声で言った。「ここは禁煙です」私は答えた。「タバコなんか吸っていませんよ」警備員は上司に相談に行き、何分か経ってまた現れた。「ここでは電子タバコも禁止です」「なぜ、いけないのですか？」「タバコを吸っているような印象を与えるからです」「何だって？　のんきに見えるとでも言うのかい？」

「向こうへ行ってください」私はそうした。

警備員の言った「タバコを吸っているような印象」は――「習慣化させる」と「入り口として作用する」とともに――公共の場で電子タバコを吸うことを規制するための議論としてしばしば耳にする。規制を後押しする新たな証拠はまだ出てきていないが、ここにあげたような理由では説得力がない。警備員の反応のように、これらは感情的傾向に合わせるためのロジカルな議論を逆行工学《リバースエンジニアリング》〔訳注　機械やソフトウェアなどを分解して構造を調べ、同じような物を作り出すこと〕するための絶望的な試みのように私には思われる。

心理学者のジョナサン・ハイトが示したように、大半の道徳はこんなふうに作用する。人間は正当化するために急いで何かを考え出すよりも前に、本能的に反応するのだ。たとえば、ほとんどの英国人は犬を食べることや、馬を食べることさえひどく不快に思う。理由を尋ねれば、実は社会的に作り上げられてきた信念を守るために、いろいろと論拠を並べ立てるだろう。電子タバコを嫌悪する人々が、非喫煙者は電子タバコに手をつけたあと、本物のタバコに乗り換えるだろうという論拠に飛びついたように。多少なりとも証拠があれば、電子タバコがドラッグへの入り口になるという説は筋が通って見えるだろう。だが、実際の流れは逆の方向へ向かっているようだ――喫煙から電子タバコを吸うことへ、そして（多くの場合）何も吸わなくなることへと。喫煙反対運動組織（ASH）によれば、電子タバコを吸う人のうち、喫煙経験がない人はたった0・1％だという。未成年者のわずか5％が週に一度以上、電子タバコを吸うが、そのほとんどが喫煙者か元喫煙者だ。電子タバコはドラッグへの入り口というよりも、出口と言ったほうがいいだろう。(8)

このような状況へのありうる説明の1つは、喫煙が中毒というよりはむしろ習慣だというものだ。何年か喫煙したあと、我々がタバコを切望するのは、そのドラッグのような中毒性のせいというよりも、喫煙が習慣や癖となっているからだ。だから、タバコを吸うことが中毒になっていなければ、電子タバコはピンとこない。ヘロイン中毒になったことがない人間が注射針に少しもそそられないのと同じように。

数年前、ある高等法院の裁判官がダブルのジントニックを5、6杯飲んでゴルフクラブから

（8）率直に言って、私はその数字の低さに驚いた。非喫煙者の少なくとも5％が電子タバコを吸おうとするだろうと思っていたのだ。いったい、どうなっているのか？

車で家に帰る途中、警官に止められて酒気検査をされた。アルコール検出器がかろうじて黄色信号を示しただけだったので、警官は裁判官を解放した――そのとき、裁判官はクラブまで戻り、ヘッド・バーテンダーをクビにすべきだと要求した。飲み物を水で薄めていたのだからと。いかがわしいバーテンダーは何年も前から知っていたのだ。まともに作った最初のジントニックを客に飲ませたあとは、軽くジンをたらしただけのトニックウォーターを出しても大丈夫だと。客は違いに気づかないばかりか、飲酒の常習者はそれでも酩酊した――言葉がもつれ、動きが怪しくなる――のと同じ状態になる。ほとんどアルコールを摂取していなくても。(9)同様のプラシーボ効果〔訳注　偽薬効果。偽薬を処方されても、薬だと信じ込むことによって何らかの改善が見られること〕のせいで、代用の喫煙は元喫煙者だけに効果があるのかもしれない。もしもそうなら、電子タバコ業界にとってのよいニュースは、一般的な反対意見を否定できるかもしれないことだ。だが、悪いニュースもある。電子タバコの売り上げは、電子タバコに切り替えることにした元喫煙者がいなくなると減るかもしれないことだ。

---

(9) とはいえ、このことが起こるのは今まで本物のジントニックをたくさん飲んできた人の場合だけだ。大酒飲みの場合、脳はアルコールが効いてくるのを待たない――予期される酩酊状態までの近道をまっすぐ進んでしまう。

1.3 心理学やデザイン思考によるイノベーション

グーグルの親会社であるアルファベットは、現在は簡単に「X（エックス）」という名で呼ばれる部署を運営している。この部署は同社が「ムーンショット」と呼ぶ事業を開発させる目的で、グーグル・エックスとして設立された。ムーンショットとは、信じられないほど野心的なイノベーションのことだ。一定量ずつの変化を追求するのではなく、何かを10倍で変化させることを狙っている。たとえば、Xは交通事故の死亡者数を少なくとも90％減少させるという明確な目的を持って自動運転車の調査に資金を提供している。Xの意見によれば、人類の文明における大きな前進は、ゆるやかな進歩の結果よりも大変革から生じるということだ——蒸気動力vs.馬力、汽車vs.運河、電気vs.ガス灯のように。

私はXの成功を願っているが、彼らのエンジニアはなかなか成功しないかもしれない。多くの場合、現在の我々は物理法則と競争している。スクラムジェットやハイパーループ(1)は可能なムーンショットかもしれないが、地上または空中を超高速で走らせることはかなり難しい問題だろう——予定外の危険も伴う(2)。それに対して、私は「心理的ムーンショット」のほうが簡単だと思う。今よりも列車を20％速いスピードで走らせるには数億ポンドもの費用がかかるだろうが、今よりも20％楽しみが増える列車にするにはほとんど費用がかからない。

今後50年で最大の発展はテクノロジーの進歩からではなく、心理学やデザイン思考から生まれるかもしれない。簡単に言うと、現実での同程度の発展に比べるとわずかな費用で、認識における大きな発展をたやすく成し遂げられるということだ。ロジックはこの種の魔法的な進歩を認めない傾向にあるが、心理《サイコ》ロジックはそうではない。心理学は物理学よりもはるかに大きく誤解されているので、もっと進歩する余地は充分にある。そのうえ、我々の文化は人を理解することよりも、物事を測定することを重んじるから、心理的な答えを探す力も認識する力も過度に弱い。

簡単な例をあげよう。ウーバーマップは心理的ムーンショットだ。それはタクシーの待ち時間を減らすのではなく、単純に待ち時間から90％、不満を減らすようにしたものだからだ。このイノベーションは創設者のアイデアのひらめきから生まれた（まさしく、ジェームズ・ボンドの映画を見ていた時に）[3]。つまり何を言おうと、人は待ち時間そのものよりも、待っている時間の不確実性に悩まされるのだ。この地図の発明は、道を走るタクシーの数を10倍にするのに匹敵しただろう——待ち時間が前より短くなったからではなく、前よりも10倍、いらいらしなくなったからである。

とはいえ、これまで心理的な解決策を探すために費用も時間もほとんどかけられることがなかった。理由の一部は、人の行動の原因を理解しようとしているときに合理的な説明があれば、いつでもそれを規定値に設定する傾向が我々にあるからだ。航海に関するハリソンのイノベーションにマスケリンがどう反応したかを見てもわかるように、組織のトップには心理的な解決策を当然のように軽んじる、合理的な意思決定をする者が多い。しかし、合理的なうわべの下に無意識の動機を隠しながら、自分の行動をできるだけ気高く描きたがる我々の衝動も、心理的な解決策を軽視する原因である。

あるビールのブランドを別のものよりも好むのは、人に無意識の感情的な動機があるからだということはしぶしぶ受け入れられるかもしれないが、それはビールが必需品と見なされていないからだ。広告キャンペーンやラベルのデザインといった、わりと些細な事柄が、バーで飲むものに影響しそうだと認める人は多いだろう。しかし、同様の無意識の動機が、医療の利用や老後の貯蓄方法をどう選ぶかといったことに決定的な影響を与えるとほのめかされると、

(1) それぞれ説明すると、たっぷり充電された一種のジェットエンジンと、真空状態のため、空気抵抗ゼロのトンネルを通る高速鉄道のことだ。
(2) 自動運転車による経済的な展望に興奮しすぎる前に考えるべき問題がある。たとえば、このテクノロジーがテロリストに何をもたらすかということだ。自動運転車は車型の巡航ミサイルとして効果的だろう。
(3) 『007 ゴールドフィンガー』である。この映画で、ボンドはアストンマーティンに搭載したアニメーションマップを使いながら、アルプスにある隠れ家までオーリック・ゴールドフィンガーのロールスロイスを追跡する。

人々は憤慨するはずだ。

私は喜んで賭けてもいいが、現在、コークやペプシが好まれる理由を議論することで報酬をもらう人のほうが、以下のような質問をすることで報酬をもらう人の10倍も多いはずだ。「なぜ、人は医師の予約をとりたがるのか?」「なぜ、人は大学へ行くのか」「なぜ、人は引退するのか?」。ここにあげた3つの質問への答えは合理的でわかりきったものと信じられているが、実はそうではない。

1.4

「真の理由」を探ることで、無意識の動機が明らかになる

前にも述べたように、より合理的な同僚をいらいらさせたければ、答えがわかりきった子どもっぽい質問から会議を始めるといい――良識ある人はこの種の質問を決してしないという事実こそが、尋ねるべき理由だ。人々が列車で立つことを嫌うのはなぜか、という質問を覚えているだろうか？　私があの質問をしたとき、ここ10年間の全世界の大人の誰もあんなことを尋ねなかったように思われた――訊くまでもない愚かな質問に聞こえるからだ。

おそらく広告代理店はばかげた質問をしたり、間抜けな提案をしたりしても受け入れられる文化を築いているだけでかなり貴重なのだろう。私の友人であり、指導者《メンター》でもあるジェレミー・ブルモアは、広告代理店のJ・ウォルター・トンプソンで1960年代に行なわれた白熱した議論を思い出すという。なぜ、人は電気ドリルを買うのかについての議論だった。「とにかく、何かに穴を開けなければならないからに決まっているだろう。棚を取り付けるためとか。だから、その作業をするためにドリルを買いにいくんだ」誰かが分別ありげに言った。詩人のディランの息子であるコピーライターのリュウェリン・トーマスはそのような考えを全然

認めなかった。「そんなふうだとは思わないよ。人は店で電気ドリルを目にして、買おうと決める。そして家に持って帰って歩き回るんだ。穴を開けてもいい口実を探しながらね」この議論は合理的な説明を信じている人と、無意識の動機を信じている人との見解の相違を完璧にとらえている。つまり、ロジックと心理《サイコ》ロジックとの違いを。(1)

恥を恐れることなく、どう見ても愚かな質問ができる雰囲気が作られて初めて、無意識の動機があらわになるだろう。「なぜ、人は修理工との約束の時間を待つことを嫌がるのか?」「なぜ、人は乗る飛行機が遅れるのを嫌うのか?」「なぜ、人は列車で立っていることを嫌がるのか?」こういった質問に答えるのはみな簡単そうだ——我々の合理的な脳は理にかなった答えを、危険なほど容易に思いつく。しかし、何かに対する合理的な答えがあるからといって、無意識の中にもっと興味深くて非合理的な答えがないわけではない。

「なぜ、人はたいてい夏にアイスクリームを買うのか?」はかなり安直な質問に思われる。「当たり前のことじゃないか! 暑い日に体を冷やすためだよ!」それはいかにももっともらしく聞こえるが、人間の行動は別のことを伝えている。1つは、陽光が温度よりもアイスクリームの売り上げの予測にいっそう作用することだ。さらに混乱させられるのだが、ヨーロッパで1人あたりのアイスクリームの売り上げがもっとも高い3カ国はどこだと思うだろうか? フィンランド、スウェーデン、ノルウェーだ。この質問について考える際には、アイスクリームを食べることを正当化する特別な状況という口実を人々が必要とするかどうか尋ねてみるべきかもしれない。スウェーデンではその口実となり得るくらいに、晴れた日が稀だからではないか？

同様に、「なぜ、人は医師に診てもらうのか？」はばかみたいな質問だろう。そうではないとわかるまでの話だが。病気なので、よくなりたいと思って診てもらうんだろう？ときにはそんなこともあるが、この明らかに合理的な行動の裏にはもっと多くの動機がひそんでいる。たぶん、人々は不安で、安心を求めているのでは？病気であることを雇い主に証明する書類が必要なだけという人もいる。自分のことで大騒ぎするための相手を求めて病院に行く人も多いかもしれない。おそらく、大半の人が求めているのは治療ではなく、安心感だろう。治療と安心感との区別は重要だ――なにしろ、必要もないのに歯科医院へ行く人はそんなに多くない。

不必要な通院の問題を解決したいとか、診療を受ける優先順位をつけるシステムを作りたいなら、ポスト合理化と同時に、無意識の動機を考慮に入れることが不可欠だ。電話で解決できる問題もあるかもしれないし、延期してもかまわない診療もあって、そのうち患者が自然に治ることもあり得る。インフルエンザが大流行している場合なら、症状を詳しく述べて、若い人

（1）私はだいたいトーマスと同じ意見だ――私はあまり日曜大工をやらないが、料理へのいちばんの関心が食べ物を準備することではないと認める。キッチンの小道具を買う口実が欲しいから、料理をするのだ。

や体力がある人が罹った場合の対処法を留守番電話にメッセージとして入れてもいいかもしれない。いったん、ある病気が蔓延しているとわかれば、人々は病気になることをあまり心配しなくなり、そのうち安心感を求めて医師に診てもらおうという意欲が少なくなる。「今、流行っている」という言葉自体が安心感を与えるものだ（医師から何よりも聞きたくない言葉はこうだろう。「これは驚くべき症例です——これまで多くの患者を診てきたが、こんな病気は見たことがない」）。

奇妙なのは、誰もが医師に診てもらうためのポスト合理化的な理由、すなわち具合がよくなるようにという理由が唯一の肝心なものだというふりをして、満足していることだ。人々の行動を変えたいなら、彼らの行動に対する合理的な説明に耳を傾けても、判断を誤ることになるかもしれない。なぜなら、それは「真の理由」ではないからだ。つまり合理的な議論を通じて行動を変えようとしても効果はないだろうし、逆効果にすらなるかもしれない。人間の行動には、理由があまり役割を果たさない領域が多い。新しい行動への無意識の障害物を理解してからそれを取り除くこと、あるいは決定に対する新しい背景を作り出すことが一般的にはより効果的だろう。

ロジックを用いるか心理《サイコ》ロジックを用いるかは、問題を解決したいと思っているのか、それともただ問題の解決を試みていると見られたいのかによる。間接的に世の中を救っても、ヒーロー扱いされないかもしれない。ホッキョクグマの窮状について語れば、リサイクルできる瓶のデザイン変更を提案するよりもはるかに立派な行為をした気分になるかもしれないが、後者の行動のほうが効果的だろう。ステータスが高い専門職の人々の自己中心的な思い込みは、このような無意識の動機の否定の裏返しである場合が多い。あなたは自分を人間の知識の新たな領域を切り開いている医学者と見なすほうがいいだろうか？　それとも、心配している患者たちをなだめる療法を施す、現代版の占い師のようなものと見なすほうを好むだろうか？　現代の医師は、前者の役割よりも後者の役割のために利用されている場合が多いだろうが、その両方の存在だ。もしも誰1人として——患者も医師も——そのことを信じたがらないなら、それを認めるまでは医療の対策を理解することも進歩させることも難しい場合があるだろう。

1.5 人が歯を磨く真の理由

いわゆる〝表向きの〟医療の目的と、心理的な深い解釈の両方を備えた人間の行動の一例がある。その例は、我々の行動へのロジカルで合理的な解釈が、無意識かつ進化論的な解釈をどのように打ち消してしまうかを示してくれるだろう。それは別の子どもっぽい質問で始まる。「なぜ、人間は歯を磨くのか?」理由は当然、歯の健康を維持するため、虫歯や歯の充填や抜歯を防ぐためである。ほかの答えなど考えられるだろうか? 実際には、ある大人の行動を見たら――歯磨き粉を選び、買って使うとき――このロジカルな説明とまったく矛盾した消費パターンに気づくだろう。もし、歯の腐敗を最小限にすることに本気で関心を持っているなら、毎食後に歯を磨くはずだが、そんなことをする人はほとんどいない。それどころか、人がもっとも歯を磨きそうなときは、ある出来事の前だ。目に見える汚れや臭い息のせいで社会的に不利にならないかと、いちばん恐れる出来事の前なのである。

あなたが歯を磨きそうなときはいつだろうか? 正直になってほしい。アイスクリームを食べたあとか? それとも、デートに行くときか?[1] 仕事でプレゼンテーションを行なう前には異常なほど歯を磨くかもしれない。または、ロマンチックなディナーで誰かと会う前に。たぶん、夜に家でチョコレートバーを食べたあとはそれほど歯を磨かないだろう。こんな話を信じないなら、自問してみよう。なぜ、ほぼすべての歯磨き粉はミント味なのか？　最近の実験でわかったのだが、デンタルフロスで歯を掃除する習慣には歯の健康上のメリットが何もないそうだ。この発見にデンタルフロスの製造業者は恐怖に陥っただろう。しかし、彼らは安心してもかまわない――こんな発見は人々が歯をフロスで掃除する傾向にほとんど影響を及ぼさないと、私は自信を持って予言する。そもそも、彼らは健康上の理由でデンタルフロスを使っていたのではないのだ。(2)

歯を磨く行動よりもさらに奇妙なのは、ストライプ柄の歯磨き粉が好まれることだ。最初にその歯磨き粉が「ストライプ」という名の製品として現れたとき、どうやって作られたのかをめぐって大いに論争が巻き起こった。空になったチューブを調べた人も多かった。歯磨き粉が

(1)　または、あなたが既婚者なら、中年にとっては稀なこと、つまり配偶者とのセックスの可能性がわずかに期待できるときでは？

(2)　私が思うに、人が歯をフロスで掃除するのは耳に綿棒を突っ込むことが大好きなのと同じ理由だろう――とても気持ちがいいからというだけだ。私はアルコールベースの手の除菌用ローションを熱心に使っているが、本当に自分に正直になるなら、感染症を避けるために用いているのではない。アルコールベースのジェルが手の上で気化するときの絶妙な感覚のためなのだ。

入ったままチューブを凍らせ、垂直に切ってみた者もいた。(3) 不思議なのは誰も「なぜ？」と尋ねないことだった。結局は口に入ったとたん、歯磨き粉はすべて混ぜ合わされるのだから、チューブの中で色別に分かれている意味などあるだろうか？　2つの説明が考えられる。1．単純に子どもっぽい、目新しい商品　2．心理《サイコ》ロジック。心理的に見れば、ストライプはあるシグナルを発している。歯磨き粉の機能が1つだけではない（虫歯と戦うこと、感染症に取り組んでいること、息をさわやかにすること）という主張が、3つに分かれた派手な色の中身を目にすることによって、より説得力を増すと考えられたのだ。一般的に、人々は製品に打ち出されている視覚的で余分な手間に強く影響される。単に「この歯磨き粉は以前の商品よりも優れています」と言うだけでは、真実味のない主張だ。しかし、歯磨き粉をジェルやタブレットやそのほかの形に変えるなら、変化に伴うコストや手間のおかげで、新しい中身には本当にイノベーションがありそうだと、購入者に対して説得力があるものとなるだろう。

歯磨き粉が特に興味深い例なのは、ある無意識の動機が合理的な説明とたまたま一致した場合、行動を駆り立てるのは合理的なもののほうだと推測されることを表しているからだ。

家に帰ったら、キッチンの床に犬の排泄物があったという状況を想像してほしい。あなたはそれを不快に思ってすぐさま取り除くだろう。排泄物を捨て、水と洗浄剤で床を拭くあなたに、なぜそんなことをするのですかと私が尋ねたら、こう答えるはずだ。「もちろん、非衛生的だからですよ。バイ菌がいっぱいでしょう」。しかし、聞いてほしい。ビクトリア朝初期の人たちが同じ経験をしても、同じ感情を持ち、同じ行動をとっただろう。細菌なんてものを知らなかったのに。厳密に言えば、彼らが排泄物を嫌悪したのは非合理的で、「純粋に感情的な」行動だったのだ。今日では、誰かが排泄物をまき散らし始めたら、公衆衛生に対する危険と表現されるだろう。一方、18世紀ではそんな行為は「邪悪な」と呼ばれただろうし、15世紀にそんなことをした人間は火あぶりの刑に処されたはずだ。というわけで、排泄物への嫌悪は妥当な根拠に基づいて生まれたものではなかった——根拠はまだ発見されていなかったが、妥当な本能に基づくものだったのだ。

（3） 実を言うと、ストライプになった歯磨き粉を作る方法は2つある。しかし、本書は層流〔訳注　流体力学において、圧力分布が一様で層状になった流れのこと〕についての書物ではないので、ここでは詳しく述べない。

1.6

合理的な行動を導く非合理的な動機

1870年代に医科細菌学が研究されるようになるまでの50万年ほどの間、合理的な問題に感情的な解決策を提供してきたのは進化だった。排泄物に対して強い嫌悪感を持っていた人は生存能力も生殖能力もより高かっただろう。そんなわけで我々のほぼ全員が排泄物を嫌った人々の子孫なのである。興味深いのは、それに対する理由をきちんと知る前から何千年にもわたってとってきた行動を我々が身につけていることだ。

進化がこのように働くもっともなわけがある。理性は教えられなければならないものだが、本能は遺伝的なものだということだ。重要なのは、なぜそんな行動をするかを知ることではなく、どのように行動するかである。ナシーム・ニコラス・タレブが言っているように「合理的な信念とか非合理的な信念というものは存在しない――合理的な行動か非合理的な行動があるだけだ」。ある行動を促したり阻止したりするための、進化にとっての最高の方法は、そういう行動に感情をつけ足すことだ。感情が不適切な場合もある――たとえば、英国人が蜘蛛を怖がる理由はない。英国には毒を持った蜘蛛はいないのだから――とはいえ、万が一いないとも限らない。だったら危険を冒す必要はないだろう？　動物園で専門的な仕事をする人は別だが、蜘蛛を恐れないことから得るものはほとんどない。そんなわけで歯を磨くことと同様に、合理的で有益な結果を伴う行動は、合理的な動機に駆り立てられる必要はないのだ。人は虚栄心から歯を磨くとしても、その行為は歯の健康に役立つ。進化に関するかぎり、ある行動が有益ならば、好きな理由をつけることができる。

合理的になるのに理性はいらない。

歴史の本には、物質的な理由よりも精神的な理由でもたらされた公衆衛生や社会的利益の例が豊富にある。(1)イスラム教とユダヤ教の食物に関する厳しい戒律はよい例だ――また、一緒に食事することを強制することで、社会的団結というさらなる利益をもたらしている。

そのうえ、豚を食べることに関する戒律は迷信だと思われるかもしれないが、人類学者のリチャード・レディングが説明しているように、豚よりも鶏を飼うことには重要な長所がいくつ

（1）　2つの例を提供してくれた空軍中佐のキース・ディアに感謝する。亡霊への恐怖とそれが偶然にも公衆衛生に貢献したことについてはヘルガ・ノヴォトニーの『*The Cunning of Uncertainty*』（2016）（『不確実性の狡猾さ』、未邦訳）に書かれている。

かある。「第一に、豚よりも鶏のほうがタンパク質の摂取源として効率がいい。1キロの肉を取るために鶏には3500リットルの水が必要だが、豚には6000リットルの水が必要である。第二に、鶏は重要な二次的生産物である卵を産むが、豚は産まない。第三に、鶏のほうが小さいため、24時間以内に消費することが可能だ。これは暑い気候の中で肉の多くの部分を保存する問題を解消してくれる。最後に、鶏は遊牧民でも飼育できる。鶏も豚も畜牛のようには移動させられないが、鶏は小さいので運ぶことが可能なのだ」。このリストに感染症のリスクをつけ加えてもいいだろう。少しも合理的ではないが、ユダヤ教では戒律によって豚肉を食べることを禁じている。豚は病気を広めることもあり、養豚によってこれらの病気が人にうつる可能性がある。

同様に、イスラム教では誰かが亡くなったあと、できるだけ早く埋葬することが求められている。「死後に死者の苦しみを減らし、アラーのもとへ帰れる」ようにするためだ。その結果、1915年のガリポリの戦いの間、(2)埋葬されたイスラム教徒は相当な数に上った。対照的に、連合国の死者は何日も戦場に放置されたのちに回収される場合が多かった。結果として、連合国では病気による犠牲者がさらに増えたのに対し、イスラム教徒の間では病気の発生率が低かった。埋葬の規範に関する科学的には未確認の信念が、合理的で命を救う行動を推進したのだ。

同じように、死者を埋葬する場所を町の外に作るのがいい考えなのはなぜかと尋ねれば、現代の評論家は感染症のリスクや供給される水の汚染のリスクを指摘するかもしれない。しかし、前に述べたように、100年前の人々は細菌についてほとんど知らなかった。だったらなぜ、細菌のことがわかるはるか前から、墓地は町の外れに作られたのだろうか？　これもまた、宗教で神聖なものとして大事にされる本能的な行動のせいだ。中世に、ヨーロッパの人々は要塞の中から外へ墓地を移した。死者の魂が戻ってきて生者を悩ませることを恐れたからである。この「亡霊」への恐怖がもたらした偶然の結果が、衛生状態の進歩や病気からの保護につながった。

合理的な行動を促そうとする場合は、合理的な議論にこだわらないこと。

理性や、人が自分の行動の理由を理解しているという単純な推測のどちらも、歯磨き粉の使用について誤った説明を生みそうだ。歯を磨く理由を誰かに尋ねたら、歯の健康のためとか歯科医院に通わなくても済むようにと言うだろう。息をさわやかにするためとか、社会的な自信を得るためとは言わないはずだ。だから合理的な人間は、メリットがあるから人は健康的な行動をとる意欲をかきたてられるのだと言うだろう。しかし実際のところ、歯磨きという健康に

(2)　そして間違いなく、それ以前の多くの戦いでも。

いい行動をとる理由は、健康上のメリットほどの重要性がない場合が大半ではないか。私の見解はどうかって？　歯を磨いているかぎり、理由なんてどうでもいいのでは？　ちゃんとリサイクルするなら、理由が何でもかまわないだろう？　それに飲酒運転をしないなら、そうしない理由なんてどうでもいいじゃないか？

合理的な行動を促すために合理的な議論をしようとこだわるなら、あなたの武器庫にある道具のごく一部しか使えないことになるだろう。ロジックは理性と行動の直接的なつながりを求めるが、心理《サイコ》ロジックはそうではない。これは重要である。環境を意識した行動を人にとらせたいとき、そうすべき理由や義務を訴える以外に使えるツールがあることになるからだ。同様に、誰かに飲酒運転をやめさせたい場合、合理的な根拠だけに頼るべきではない。その方法がうまくいかないとき――だめな場合が多い――同じ効果をあげるために引くことができる感情のレバーはほかにもあるのだ。1920年代の広告業界に尋ねてみるといい。

信じられないような話だが、「花嫁付添い人《ブライズメイド》になることはたびたびあるのに、花嫁にはなれない」がリステリンの最初の広告だった――医療上の長所のためではなく、社会的に拒絶されることや異性に拒まれることへの恐怖に基づいて売られた衛生用品だったのだ。「エドナの状況はひどく哀れだった――しかし、それは口臭に関する残酷な事実であった」。同様に、1930年のライフブイの石鹸の広告にはこんな見出しがついていた。「パーティ後に私が泣いた理由」――これもまた生理学的な長所よりも、恋愛に関する長所を宣伝した製品だった。

歯磨き粉のコルゲートの「自信がある感じ」という保証は曖昧だから、巧妙なのである。これはコルゲートというブランドのおかげで、子どもを歯科医院に連れていくときも自信を感じられると言っていたわけだが、この歯磨き粉を使う人に会議や社交の場で自信を与えられることもほのめかしていた。

消費者の行動や、それを操ろうとする広告会社の試みは巨大な社会的実験として見ることができる。それは人々が何を求めているか、何に駆り立てられているかに関する真実を暴くための大きな力を伴うだろう。一般的に、人が自分の金で何をするかということ（「暴かれた優先事項」）は自分の欲求や要求として人々が自ら報告するものよりも、彼らが心底から求めているものをよりはっきりと暴露する。(3)

もしもダーウィンが150年ほど待てたなら、霊長類である人間の祖先を明らかにするためにさんざん苦労したり船酔いになったりせずに済んだだろう。ダーウィンの家から、ケント州のオットフォードにある彼の（そして私の）地元のスーパーマーケット、セインズベリーズへ行くだけでよかったのだから。そこでダーウィンは売り場のデータから、棚にある3万以上もの商品のうち、もっとも頻繁に購入されている物を知っただろう。英国のどこの食料品店でも同じだが、その商品とは……バナナだ。

（3）　ある意味で、市場が必要なのは、消費者が求めるものの本音を言わせる唯一の頼りになる手段が価格だからだ。

1.7

質問の仕方を変えることで欲しい答えを導く

数年前、私は危険な状態にあるアメリカの住居に煙探知機を導入するプログラムの責任者から、協力を求められたことがあった。彼らは問題を抱えていた。無料で煙探知機が取りつけられることを人々は喜んだが、2つ以上の設置をためらうというのだ。たとえば、玄関に煙探知機をつけることは受け入れるが、子どもの寝室にはつけようとしない。長期的にはこの問題を解決できる製品が現れると私は確信している——たとえば、煙探知機が不可欠な電球や照明器具にするとか。とにかく、私は取り急ぎ提案した。レストランのウエイターから拝借した方法で、人々に3つか4つの煙探知機を受け入れさせましょうと。

最高級のレストランで利益をよくあげるものの1つは、2つのタイプで提供されるボトルウォーターである。この2タイプがあるおかげで、ウエイターは「炭酸ガス入りのミネラルウォーターですか、それとも炭酸ガスなしのものですか?」と尋ねることができ、客が「ただの水道水でいいです」と言いづらいようにしている。私には5つの煙探知機を持って、あるアパートメントを訪ねるアイデアがあった。消防隊員はさりげなく5つ全部を持って家に入り、こう言う。「ここには3つつけるだけで間に合うと思います……いくつがいいですか？ 3つ？ それとも4つですか？」。人間はかなり社会的な動物だから、「炭酸ガス入りがいいですか、炭酸ガスなしがいいですか？」と尋ねられて「水道水」と答えにくいのと同じように、「3つか4つの」煙探知機について訊かれると、やはり「1つ」とは言いづらい。ナシーム・ニコラス・タレブが言うように「どんな言葉で質問するかということ自体が情報なのだ」。

1.8 「視点を変えることはIQ80点分の価値がある」

これはコンピュータグラフィックスの先駆者の1人であるアラン・ケイの言葉だ。単語が10以下のものとしては、創造性がある最高のスピーチだろう。同時に私は、その逆もまた真実ではないかと思っている。視点を変えられないことは知性の喪失に等しい、と。(1)

かつて私がペンシルベニア州のウォリンフォードで郊外の道を歩いていたときのことだ。アメリカの郊外では家々をさえぎる生け垣がない――敷地の境界を示すのは60センチほどの水漆喰の垣根だ。そんなわけで、ある芝生から、つながれていない大型犬が大声で吠えながら私のほうへ急に向かってきたとき、少し不安を感じた。どう見ても、犬は低い垣根を楽々と飛び越せそうだった。そうすれば、私を自由に噛んでズタズタにできるだろう。しかし、私の連れは落ち着いた様子だった。そして本当に、垣根まで60センチほどのところで犬は急停止し、激しく吠え続けた。私の友人が心得ていたように、犬には首輪がついていて、それは芝生の境界で地中に埋められたワイヤーと通じていた。犬が境界に近づきすぎると電気ショックが与えられるようになっていたのだ。垣根はたった60センチの高さしかなかったが、犬はそこに近づくのを怖がっていたのである。

ビジネスや政府内で意思決定をする際にも同じような制約が適用される。経済理論によって行動が許される、狭くて窮屈な制限のかかった範囲というものがある。その範囲の端まで達したら、あの犬のように人々の動きは止まってしまうのだ。ビジネスや政府が影響力を与える領域には、経済的なロジックが方法論的なツールではなく、制約のある教義となってしまったものもある。CERN（欧州原子核研究機構）の元所長のサー・クリストファー・ルウェリン・スミスが、英国でのエネルギー消費のパターンを変えるという課題を与えられた際に述べたように。「経済学者に尋ねると、結局のところ答えはいつもこうなる。人々にとにかく賄賂を与えろ、と」

ロジックはルールではなく、ツールであるべきだ。

最悪の場合、新自由主義《ネオリベラリズム》は、驚異的な創造性や創意工夫の能力がある自由市場資本主義のような動的システムを、「こういう製品を10%安く買うにはどうしたらいいか」といった退屈な

（1）おそらく非常に知的でありながら、人生へのアプローチにおいては我慢できないほど柔軟性に乏しい人を誰もが知っているだろう。

演習のようなものへ貶めてしまう。さらに、新自由主義《ネオリベラリズム》は了見の狭い技術官僚《テクノクラート》的なエリートの社会階層に力を与えてきた。彼らは市場を非常に興味深くしている大半のものを無視することによって、専門家を不可欠の存在に見せている。人間の行動の心理的な複雑さは、人々が求めているものに関する視野の狭い推測として片づけられてしまう。つまり、技術官僚《テクノクラート》的なエリートは世界を心理《サイコ》ロジカルな人のためではなく、ロジカルな人のためのものに設計してしまうのだ。だから殺風景で現代的な駅から出発する、座り心地の悪い座席を備えた、より速い列車が存在している。人間の無意識は逆のものを好んでいるかもしれないのに。華麗な駅から出発する、座り心地のいい座席を備えた、もっと遅い列車のほうが好みかもしれないのだ。

これは市場が悪いのではなく、市場がすべきことの定義を乗っ取った人々が悪いのである。奇妙なことに、より多くの情報やデータ、より高い処理能力やよりよいコミュニケーションを獲得すると、複数の方法で物事を見る能力が失われかねない。データを手に入れれば入れるほど、コンピュータで容易に処理できない物事が存在する余地は失われていく。テクノロジーは問題を減らすどころか、それを解決するために必要な自由を制限する、合理的な拘束衣を人々に着せているのかもしれない。

「理由の追及」はあまりにも過大評価されるときがある一方で、的外れになる場合もある。理由というものは解決策を評価するための貴重なツールで、解決策の正当性を主張するには欠かせないが、そもそもこうした解決策を見つけるのが常に得意なわけではない。たとえば、数学は物事を明らかにするのと同じくらい、誤った方向に導く力がある。優れた数学者や物理学者や統計学者は数学モデルに固有の欠点をよくわかっているが、あまり有能でない人にはさほど理解されない(2)。

優秀な数学者と話すたびに私がまず気づくのは、ほかの数学者がもっとも熱狂しているツールについて懐疑的な場合が多いことだ。典型的な言葉はこんなものだろう。「確かに回帰分析〔訳注　統計学上のデータ解析手法の1つ〕はできるが、結果はたいていの場合、ナンセンスなものだ」数学の能力を備えていない人は、二流の数学者が出した結果に高い信頼を寄せがちだという問題が常にある。そしてそんな数学者たちの発見に、神秘的とも言えるほどの意味を加えてしまうのだ。出来の悪い数学は21世紀のいわば手相占いのようなものだろう。

だが、不出来な数学が集団的な狂気へ通じる場合もある。そして大半の人が認識しているよりも簡単に、数学的に大きな間違いは起こるのだ――たった1つの失敗したデータポイントや誤った推測が、桁違いの間違いへつながることもあり得る。

1999年、サリー・クラークという名の英国の事務弁護士が、2人の幼い息子の殺人容疑で有罪を宣告された。2人の子どもは揺りかご死（または乳幼児突然死症候群［SIDS］）と推測され、わずか1年ほどの間に立て続けに亡くなった。2人目の子どもの死後、疑念があ

(2)　予想はつくと思うが、非常に優れた数学者は、単に有能な数学者に比べてはるかに少ない。

るとされてサリーは殺人容疑で起訴された。現在では疑問符がつけられた統計的証拠だが、小児専門医のサー・ロイ・メドウはサリーの裁判でこんな証言をした。幼児のどちらも自然死だという可能性は7300万分の1、または「競馬のグランドナショナルのレースで、予測勝率が80分の1の馬に賭けて4年連続で当てるようなもの」と。英国では毎年、70万件の正常出産があり、そのうちで喫煙者がいない中流家庭の子どもがSIDSで死亡する確率はおよそ8500分の1である。メドウはこの確率を二乗し、およそ7300万分の1という確率を出して、同じ家庭で2件の揺りかご死が起こるのはおよそ100年に一度だと主張したのだ。

のちに弁護側の医療専門家がまったくもって統計上の過度の単純化だと表現したが、その数字が一人歩きしてしまった——そしてそのせいで、クラークを無実だとする統計上のチャンスはごく小さいものとなってしまった。科学者や法律家で満杯の法廷で、7300万分の1という この数字を証拠能力がないとして却下した人はいなかったが、それがどんなに間違っていたかをちょっと見てみよう。第一に、選択的な1つのソースから取られた約8500分の1という確率だが——もっと正確な数字は1500分の1ほどのほうが近いと思われる。さらに、その確率はどちらの犠牲者も男の子だったという事実を勘定に入れていないが、それを考慮すると確率はさらに下がる。最悪なのは、遺伝子の組み合わせや環境要因が影響したかもしれない可能性を考慮していないことだ——どちらの悲劇にも共通した、2人の子どもが亡くなった家の特徴といったものを。SIDSには遺伝的要素が関わると信じられている——それは家系に伝わっているのかもしれず、2件の死亡事故をより発生させやすくしたとも考えられる。

ジャーナリストのトム・アトリーが『デイリー・テレグラフ』紙で指摘したように、彼自身、1万人ほどの知人の中で説明不能な原因によって2人の幼児を亡くした、無実の2人を知っていた。だから、メドウ教授が主張するような稀な出来事であるとは信じ難かった。どちらのケースでも、サリー・クラークの場合は不運なことに家には自分と子どももしかいなくて、弁護してくれる目撃者がいなかったが、ここまで述べてきたような訂正を加えれば、英国で1年に何回か、2人の幼児が続けて亡くなることも十分に起こり得るし、そうなるとクラークが有罪である可能性はより低いように思われる。

さらにまだ言えることがある。サリー・クラークの殺意を証明したいのなら、揺りかご死の理論があり得そうにないことを証明するだけでは不充分である。彼女の殺意を証明しようとすると、「検察官の誤謬」〔訳注　統計上の数字に関する誤謬〕として知られるものに引っかかってしまう。つまり検察官は、加害者と被告人が同一だと考えて、必要以上に統計を重視してしまうのである（たとえば、加害者と容疑者のDNAマーカーが同じ確率が2万分の1しかないことは、決定的な証拠と思われるかもしれない。しかし、その容疑者を突き止めるために6万人のDNAデータベースを通じて探したならば、このDNAマーカーを持つ人は3人いると予想できるだろう。そのうちの少なくとも2人は完全に無実なのだ）。

サリー・クラークを有罪とするには、2件の揺りかご死が起こりそうにないことを証明するだけでは充分ではない。2件の揺りかご死は2件の幼児殺害よりも起こりそうにないことも証明しなければならないのだ。2件の揺りかご死の相対的な確率と2件の幼児殺害の相対的な確率を統計学的に正確に比較すれば、クラークが無実だという確率は約7300万分の1から、おそらく3分の2まで上がるだろう。それでも、彼女は有罪かもしれないが、今では無罪判決を言い渡すのに充分すぎるほどの「合理的な疑い」がある。実際、もっともありそうな説明は、彼女が無実だということだ。

しかし、注意してほしい。複数の数字が関係する場合、統計におけるごくわずかな誤った前提のせいで、知的な人が1億倍も間違った方向へ導かれてしまうことに――タロットカードすら、これほど危険ではない。この誤審があったことで、王立統計学会の会長だったピーター・グリーン教授は英国の上級法律関係者である大法官に手紙を書き、メドウの根拠の虚偽を指摘し、訴訟事例における統計学のよりよい利用に関する助言を申し出た。しかし、問題が消え去ることはないだろう。なぜなら、統計学を理解していると思っている多くの人は、本当に統計を理解している人たちを危険なほど軽視するからだ。そして数学は間違って利用されたとき、根本的な問題を引き起こしかねないのである。

おおざっぱに言えば、でたらめをでたらめで増加させると、でたらめが少し増えるのではない――二乗したほどに増えるのだ。

この言葉が意味することの１つは、誰もが少なくとも１人はすばらしく優秀な数学者を知人に持つべきだということだ。そういう人との出会いは、突然という場合が多い。私はオーレ・ピータースと出会えたことを誇りに思っている。彼はサンタフェ研究所とロンドン数学研究所に所属していたドイツ人のすばらしい物理学者である。最近は共著した論文で、経済学における理論的な発見の多くは、統計力学に関する、ロジカルに聞こえるが完全に誤った前提に基づいたものだと指摘した。(3) 彼の言う前提とはこのようなものだ。もし、ある賭けがよい考えかどうかを知りたければ、それを同時に１０００回やるところを想像するだけでいい。正味の儲けを合計し、損した分を差し引いてみよう。全体の結果がプラスなら、好きなだけその賭けをすべきだ。

だから５ポンドの元手で、50％の確率で12ポンドの払い戻し（賭け金の返還も含めて）がある賭けはよいものだ。あなたはプレイするたびに平均1ポンド獲得するだろうから、どんどんプレイすべきである。あなたは半分の確率で５ポンドの損をして、半分の確率で7ポンド得を

（３） 共著者はマレー・ゲルマン。彼も優れた物理学者だと言って差し支えないだろう。ノーベル物理学賞を受賞し、クォークなどを発見している。「Evaluating Gambles Using Dynamics」（「ダイナミクスを利用したギャンブルの評価」、未邦訳）、『*Chaos*』誌（２０１６年2月）。

する。もし、1000人がそのゲームをたった1回しかできないとしたら、全員の正味の儲けは1000ポンドという結果になるだろう。そしてもしも、そのゲームを1人で1000回やるとしたら、やはり1000ポンドくらいは儲かる結果になるはずだ——並列システムの結果も直列システムの結果も同じである。残念ながら、こんな原理が当てはまるのはある種の状況だけだ。そして現実の生活には当てはまらない。この例だと、それぞれの賭けは賭ける人の過去の実績と無関係なことを前提にしているが、実生活では、賭けの能力はその人が過去に行なった賭けの成功次第である。

違う種類の賭けを見てみよう——そこであなたは100ポンドをつぎ込む。あなたが硬貨を投げて表を出せば、50%の儲けとなるが、裏を出せば、40%の損になる。あなたはどれくらい硬貨を投げたいだろうか？　かなりたくさんじゃないだろうか。つまり、単純なことなのでは？　硬貨を1000回投げたときの期待値を計算するためにすべきなのは、1000人が同時にこの賭けを行なうところを想像することだ。先ほどやったように。もし、平均してそのグループが裕福なら、プラスになることが期待できるというわけである。だが、明らかにそうではないのだ。

この賭けを並列システムで見てみよう。もし、1000人全員がこの賭けを1回行なって、各自が100ポンドつぎ込めば（合計で10万ポンドになる）、通常は500人は手元に150ポンドが残り、残りの500人は手元に60ポンド残る結果になる。それだと7万5000ポンド＋3万ポンド、つまり10万5000ポンドで、正味5％の儲けである。もし、誰かからこの条件で硬貨を何人に投げさせたいか、いくらぐらいのお金をつぎ込みたいかと尋ねられたら、私はこう答えるだろう。「持ち金すべてです。しかもできるだけ早く硬貨を投げてください。私はこの儲けでモーリシャスへ行きますから」と。しかし、この事例において、並列システムの平均値は直列システムの期待値について何も告げていない。

数学用語で言えば、アンサンブル分析は時系列分析と同じではないのだ。もしもこの賭けを繰り返して行なえば、最もあり得る結果は、あなたがすっからかんになるというものだ。100万人がこの賭けを何度も行なえば、全体としては利益が出る結果になるが、それはもっとも儲かった0・1％が超億万長者になるからだ。プレーヤーの大半は損をするだろう。私を信じないなら、4人が2回だけ硬貨を投げることを想像してみよう。可能な結果は4通りだ。表と表、表と裏、裏と表、裏と裏。そのどれもが同じ確率である。そこで4人がそれぞれ100ポンドの賭け金から始めて、投げた硬貨の表と裏が違う組み合わせになることを想像してほしい。

表と表
表と裏
裏と表

この4通りの組み合わせでそれぞれの手元に残った金は225ポンド、90ポンド、90ポンド、そして36ポンドだ。2通りの見方がある。ある人はこう言う。「なんてすばらしい利益だろう。我々全体の正味の儲けは400ポンドから441ポンドへと、およそ10％も増えている。だから全員が勝っているということに違いない」。もっと悲観的な視点の人はこう言うだろう。「そうだな、しかし、あなたたちのほとんどは賭けを始めたときよりも金が減っている。それに4人のうちの1人はものすごく損しているじゃないか。それどころか、36ポンドしか手元に残らなかった人は元の賭け金を回収するだけのために続けて3回、表を出さなければならない」

私はこの違いを知らなかったが、経済の専門家の大半も見逃してきたようだ。そしてこれは行動科学にとって大いに意味のある発見である。経済学者が正したいと思っているバイアスらしきものの多くが、全然バイアスではないという可能性を暗示しているからだ——つまり、アンサンブル分析で見た場合には非合理だと思われる決断が、正しい時系列分析、つまり実生活で本当に行われるやり方から見ると、合理的だという事実から、これらの「バイアス」は生じているだけかもしれないのだ。1000人が1度、何かを行なったときに平均して起こることは、ある1人が何かを1000回やるときに起こることの手がかりにはならない。この点で、進化した人間の本能のほうが、現代の経済学者よりも統計について優れているらしい(4)。極端なたとえを用いてこの区別を説明しよう。もし、10人にロシアンルーレットを1回やるようにと1000万ポンドを与えたら、2人か3人は関心を示すかもしれないが、それを10回続けてやるようにと1億ポンドを差し出されても、誰も受け入れようとしないだろうということだ。

オーレ・ピータースと話していて、私は問題の範囲がもっと広いことに気づいた――ほぼすべての価格決定モデルが、何かにお金を1回払った10人は、何かにお金を10回払った1人と同じだと考えている。しかし、これは明らかに間違っているのだ。毎年アマゾンに10の品物を注文している10人は、配送してもらうたびに何ドルか払うことを嫌がらないだろうが、毎年アマゾンから100の品物を買っている1人は年間の配送料を目にして、こう決心するだろう。「ふうむ、そろそろウォルマートを見直すころかな(5)」

オグルヴィの顧客の1つはある航空会社だ。私は絶えず彼らにこんなことを思い出させている。預け入れの荷物1つにつき26ポンドを払うようにと、4人のビジネスマンそれぞれに要求することは、子どもが2人いる父親に家族の荷物を預け入れるために104ポンド払えと要求(6)

(4) おそらく経済学者のような考え方をした人は、みな死に絶えたのだろう。
(5) これはアマゾン・プライムの存在が必要なことを説明している。それがなければ、アマゾンには常連客がいなくなる。

することと同じではない、と。26ポンドはサービス料として妥当だが、104ポンドはぼったくりだ。荷物の預け入れ料はこんなふうにすべきだろう。預け入れの荷物1個あたり26ポンドで、3つまでなら全部で35ポンド。結局、通勤者向けに定期券が提案されているのにはわけがある——通勤には交換法則〔訳注 計算式の項の順序を入れ替えても、計算結果が変わらないこと〕が働かないから、1人が100回列車に乗って払う金額よりも、100人が1回、列車に乗って払う金額のほうが多くなるだろう。同じように、高速鉄道路線ハイスピード2への英国政府の投資を正当化するために用いられた時間節約モデルではこのように考えられている。40人が1年に10回、1時間速く目的地に着けることは、1人の通勤者が1年に400回、1時間速く目的地に着けることと同じだと。これは明らかにナンセンスだ。最初の例は確かに便利だが、2つ目の例は人生を変えてしまうものである。

(6) いまいましいが、私のことだ！

1.9 実生活では10×1は1×10と同じではない

二流の数学者とともにビジネスをするくらいなら、いっそ数学者などいないほうがましだ。何かを平均したり足したり、掛けたりするたびに、情報が失われてしまうことを覚えていてほしい。また、たった1つの異常値が、現実を途方もなく歪めてしまうことも――ビル・ゲイツがどこかのフットボール・スタジアムに入っていくと、そこにいる全員の富のレベルの平均が100万ドルにまで上がってしまうのと同じだ。

私が働いている広告代理店が、かつて寄付を募る手紙を顧客に郵送したことがあった。すると、ある創造的な方法がほかよりもはるかに多くの金額を集めたことに気づいた。それぞれの方法にはさほど違いがなかったので、これほど金額の差が出たことに我々は驚いた。調べたところ、5万ポンドの小切手を送ってきた人が1人いたことがわかったのだった[1]。データの1つの異常値――1つの外れ値――が適切な状況で理解されないと、ばかげた結論

(1) 最近、宝くじが当たった人だろうか?

につながりそうなほかの例を見てみよう。私は車のガソリンを入れるためにあるカードを使っていて、満タンにするたび、毎月の明細記録に走行距離を記入することにしている。1年後、給油カードの会社が、ガソリン1ガロンあたりの走行距離を毎月の明細書に示してくれるサービスを始めた——よいアイデアだったが、そのせいで私は頭がおかしくなりだした。毎月、車の燃費が悪くなっていくからだ。しばらくの間、私は首をひねっていた。ガソリンが漏れているのではないかと悩んだり、タンクから誰かがガソリンを盗んでいるんじゃないかとさえ考えたりした。

しかし、やがて思い出した。カード会社から給油カードが送られてきて間もなく、それを使うのを忘れて普通のクレジットカードで払ったことがあったのだ。そのため、給油カード会社のデータによれば、私は1回の満タン分のガソリンで、2回の満タン分の距離を1度走ったことがあることになっていた。この異常値がしばらくデータベースに残っていたせいで、平均への回帰〔訳注　短期的には偏った数字が、長期的には平均に近づいていくこと〕をしていくときに、その後の燃費が次第に悪くなっていくように見えたわけである——1つの異常なデータポイントのせいで、残りのすべてが誤解を招くものになったのだ。

とにかく、先に指摘した点に戻ろう。数学では10×1は常に1×10と同じだが、実生活でそうなることは稀だ。10人を1回だますことはできても、1人を10回だますのははるかに難しい[2]。だが、そんな前提から考えられるものとして、ほかには何があるだろうか？　別世界をちょっと想像してほしい。そこでは店というものが発明されておらず、あらゆる商取引はオンラインで行なわれる。これは空想的な概念のように思わるかもしれないが、多かれ少なかれ、100年前のアメリカの田舎を描写したものだ。1919年、シアーズ・ローバック社とモンゴメリーワードが生み出したカタログはアメリカの地方の52%で、遠くで売られている変わった物を買うための主な手段だった。その年、アメリカ人が通信販売での商品購入に使った5億ドルのうち、半分は前述の2社からだった。

しかし、1925年、シアーズは最初の実店舗を開いた。1929年までに、同社はアメリカにさらに800店を開いた――おそらくアマゾンがホールフーズ・マーケットを買収したのは、歴史は繰り返すということなのだろう。[3] ここで働いている心理的な要因についてはいくらでも述べられるが、1×10は10×1と同じだといういいかげんな前提[4]に戻ろう。そう、この前提も無関係ではないのだ。オンラインでの買い物は1つの品物を買う10人にとっては非常によい方法だが、10の品物を買う1人にとってはあまりよくない方法だ。試しにオンラインで10の異なった商品を同時に買ってみるといい。[5] まさにカオスだろう。商品は4日間にわたって別々

（2） だから詐欺師は街中や競馬場、あるいはだまされやすい犠牲者がたっぷりいる場所で犯行に及ぶ傾向があるのだ。

（3） 確かに我々英国人はこのことにまんざらでもない気持ちになっているかもしれない。実店舗を持つ方向へ動いたアマゾンは、アルゴス〔訳注　英国の格安店〕が正しかったと気づいたらしい。実際の店はいまだに頼りになるのだ。

（4） 私はこれを「サザーランドの間違った数学の法則」と呼んでいる。

の日に届く。配送トラックがさまざまな時間に家の前にやってくるし、届かない品物が必ず1つはある。[6] 対照的に、投資家たちは見逃しがちなのだが、ウォルマートの優れた点は客が店にやってきて47品目の違う物を買い、自費で荷物を家まで運んでいけることだ。アマゾンは47人に1つの商品を売るための巨大なビジネスになれるが、1人に47の商品を売ることはできない。アマゾンがどれくらい大きくなれるかの限界がここにある。

人間に関わりがあるほかの数学モデルの多くも、10×1＝1×10と信じ込む間違いを犯している。たとえば税金システムは、1年間に7万ポンドを稼いでいる10人に、10年間続けて年間7万ポンドを稼いでいる1人と同じ税金を課すべきだと見なす。しかし、こんな質問を誰かがするのを私は聞いたことがない――これも間違った数学の例ではないのか？

最近、私は列車の混雑の問題[7]に関する議論に参加したことがあった。またしても、乗車時間の10％の間だけ立っていなければならない10人と、乗車している間ずっと立っていなければならない1人を区別する評価基準は存在しないのだが、この2つは全然違うものだ。私がたまにしか列車に乗らず、月に一度だけ立つことになるなら、それでかまわない。だが、定期券に3000ポンド払ったのに座れなかったら、金を盗まれたような気分になるだろう。このように考え直すと、列車で立つことについての問題はもっと簡単に解決できる。さまざまな路線に1日に2本、定期券を持つ人専用の列車を走らせたらどうだろうか。あるいは一般車両が満員の場合、定期券所有者には一等席に座る権利を与えるというのは[8]？　それとも、もっとよい方法だが、一等席を増やして、定期券を持つ人はみんなそこに座れるようにするのはどうだろう。列車の混雑の問題は解決できなくても、そのせいでもっとも嫌な影響を受ける人たちのための解決法はある。それが本当に重要なことだ。

(5) クリスマス前にやっているように。
(6) そうなると、クリスマスイブにダートフォードのアマゾンの倉庫まで運転していく羽目になり、予想していた時間の節約なんてものは消滅してしまう。
(7) ご推察どおり、これは私が熱中している課題だ。
(8) 私は定期券を使わないが、この方法はどちらも完全に公平だと思う――レストランの常連客がよりよいテーブルに案内されるのと同じだ。

1.10 社員の採用における間違った数学

結構。これで列車の問題はうまくいったかもしれない。しかし、同じ知恵を用いて従業員の多様性も促進できると私が言っても信じてもらえないだろう。だが、もう一度繰り返すが、10×1は1×10と同じではないのだ。10の職務があると想像してみよう。あなたは10人の同僚にそれぞれ1人ずつ採用するように頼む。各自が見つけられる中で最高の人間を採用しようとするのは明らかだ――それは見つけられる中で最高の10人を雇ってほしいと、1人に頼むのと同じである。そうかな？　いや、違う。10人の集団を選ぶ人は、1人だけを雇う人よりも多様な人間を本能的に選ぶ。というのも、人は1人を選ぶ場合には適合性を求めるのに対して、10人を選ぶ場合には相補性を求めるからだ。

もしも1つの食品しか食べることを許されないなら、じゃがいもを選ぶといい。いくつかのビタミンと微量元素を除いて、タンパク質を作ったり細胞を修復したり、病気と闘ったりするのに必要なあらゆるアミノ酸が含まれているからだ――1日にじゃがいもを5個食べるだけで、何週間も体を支えられる。しかし、残りの人生でわずか10の食品しか食べられないと言われたら、10種類のじゃがいもを選んだりはしないだろう。それどころか、そもそもじゃがいもなんか選ばないかもしれない――もっと変化に富んだ食べ物を選ぶはずだ。

人を採用する場合にも同じことが当てはまる――1人を採用するよりも、10人を採用するときのほうが、人ははるかに多くのリスクをとりがちである。もし、10人を雇ったら、そのうちの1人か2人はよい結果にならないだろう。雇ったうちの2人が2年後に辞めたり、ホチキスを盗むとかクリスマスパーティで自分の下半身をコピー機で写したものを見せたりすることになって、あなたの評判が損なわれる危険は冒したくないとしても。だが、1人だけしか採用しなかったのに、その人が面倒を起こしたら、あなたの失敗は明確にわかってしまう。そんなわけで、誰かを採用する個人は必要以上にリスクを回避しようとする。つまり、彼らはじゃがいもを選ぶのである。

人を採用するとき、無意識の動機と合理的な良識が重なることを理解すべきだが、それらは完全に一致するわけではない。採用の任務にあたる人は、その仕事に最適な人を雇うつもりだと思っているかもしれないが、彼らの無意識の動機は微妙に異なっているのだ。確かに、優秀な人材になりそうな候補者を雇いたいとは思っているが、面倒を起こしかねない候補者を雇うことを恐れてもいる――標準的な人間は、能力が高い人間と同じくらい魅力的だろう。標準的な社員を求めれば、型通りで体制に忠実な人を雇う結果になる。一方、何人もの社員をまとめて雇えば、常識に欠ける候補者もいるリスクが高くなるのだ。

家探しをするときに、多様性に関するこのメカニズムがはっきりとわかる。完璧な家を選びなさいと私が予算をあげたら、あなたはどんな家を買うかについて明確な考えを持つだろうが、たいていの場合、それは少し退屈なものだ。家を1軒しか持たないし、どの面でも劣悪すぎる部分があってはならないからである。小さすぎてはいけないし、職場から遠すぎてもだめだし、騒音がひどすぎても風変わりすぎてもいけない。というわけで、標準的な家を選ぶことになるだろう。一方、私が予算を2倍にして、家を2軒買いなさいと言ったとしたら、あなたの意思決定のパターンは変化するはずだ。今やあなたは互いに強みを補い合う、完全に異なった2つの物件を探しているだろう——たぶん、街中にあるアパートと、田舎にある家といったものを。

議員候補を選ぶ場合に無難な選択は、退屈ではあるが体裁はいい、政治学・経済学・哲学の学位を持った人だろう。しかし、10人の候補者を選ぶ場合は、そんな人間ばかり選ぶ人はいないに違いない——何人かは、どんな人物かわからない候補者に票を入れるだろう。[1] 保守党のフィンチリー・アンド・フライアン・バーネット支部長となったとき、〝バーティ〟ことセシル・ブラッチはそのことをはっきりと心得ていた。彼はマーガレット・サッチャーに最初の勝利を与えるため、より因習的な候補者の票をいくつか〝紛失する〟ことを決心した。彼は不正をしたのではなく、心理バイアスを正していたのだ〔訳注　バーティはフィンチリー地区での保守党候補者選びの投票で、サッチャーのライバル候補の票をわざと紛失した〕。こういうメカニズムをいったん理解すれば、ノルマを課さなくても、何人かをまとめて選ぶ場合、雇用や教育や政治における多様性のレベルは上がっていくだろう。(2)

社会的流動性が減少し、不平等や政治家のおぞましい均質性が高まることを誰もが案じているが、世界をもっと公平にしようという善意の試みからこうした傾向が生まれる場合もある。誰にでもチャンスがあるとはいえ運がかなりの役割を果たす、より公平で公正な社会を作るのか、それとも完全で偶然に左右されない公正さという幻想を抱きながら、チャンスはごく限られた者にしか与えられない社会を作るのかがジレンマだ——問題は、「誰にでも同じルール」の場合、毎回、同じ退屈なろくでなしが勝利してしまうことである。したがって、採用システムはもっと公平さに欠けるものにすべきなのだ。私がそう提案すると腹を立てる人はいるが、公平性と多様性との間には避けられない矛盾があることを覚えておくのは無駄ではない。公平性という名のもとに誰にとっても理想的な基準を採用すれば、似たような人材ばかり採用することになるのが落ちだ。(3)

今のオグルヴィは「ザ・パイプ」と呼ばれるインターンシップ制度を通じて、創造的な才能

(1) おそらくちゃんとした職業に就いていた人とか、より貧しい家の出の人とか、科学の学位を持った人だろう。

(2) 私は自分の経験からこのことを知っている。私が入社してから数年後、採用プロセスに関わった人がこんなことを暴露した。当時、1人しか採用しないことになっていたら、私は雇われないはずだったと。だが採用枠は4人だったので、採用担当者たちは「変わり者を一か八か採用しよう」と決めたのだった。

がある人間を採用している。応募者は大卒でなくてもいいし、若くなくてもかまわない。どんな資格も必要ないのだ――それどころか、面接の最初の数回は予備知識なしで行なっている。このプログラムが成功かどうかを最終的に判断するのは時期尚早だが、新入社員たちと話すのはオックスフォード大卒の社員の場合と同様に興味深い――オックスフォード出と話すよりもおもしろいときもある。[4]最初に採用した社員が加わってから何カ月も経たないうちに、彼らのうちの数名がカンヌライオンズ国際クリエイティビティ・フェスティバルで、ヘルマンズのマヨネーズの広告に対するアイデアで賞をもらった――この業界で生涯働いていても、もらえない人もいる賞だ。

覚えておいてほしい。巧妙に用いれば、1つの並外れた才能で誰でも容易にキャリアを築けるのだ。私がいつも若者に助言しているように。「きみたちの上司がけなしているものを1つか2つ見つけて、それが得意になるようにするんだ」。体制に順応する才能よりも、補完的な才能のほうがはるかに価値がある。

（3）たとえば英国の25歳以下のバックギャモン大会の現チャンピオンといった、役立たずの称号を持つ人に面接試験を受けさせるのはどうだろうか？「公平警察」なら反対するだろうが、私個人としては毎回、そういう人たちと面接したい。

（4）新入社員の1人は元バーテンダーで、もう1人は詩人だ。

1.11 「平均的な人間」に注目してはならない

1950年代の初頭、自然人類学者のギルバート・S・ダニエルズ中尉が高速の航空機のためにもっといいコックピットを設計するようにとアメリカ軍に雇われたとき、挑戦しなければならない前提があった。それはコックピットを「平均的な人間」向けに設計すべきだということだった。多くのパイロットの体の大きさの平均を測れば、それを基にしてコックピットを設計する型が手に入るだろうという考え方だ──大半の人にとって見やすい機器を備え、普通と違う体格の人間以外の誰にでも容易に手が届く操作装置をつけたものを。

しかし、ダニエルズは人間の手を測って早くも気づいていた。平均的な人間の手というものが、典型的な人間の手ではないことを。同様に、平均的な人間の体──さまざまな面で平均的なもの──は驚くほど稀なものだともわかったのだ。平均的な人間向けにコックピットを設計したら、万人向けではなく、信じられないほど稀な人間、またはまったく存在しない人間の体のタイプに合わせたものになっていた。測定された4000人のパイロットのうちの1人も、体を10カ所測定してすべてが平均値になる者はいなかったのだ。(1)

平均のために測定してはならない。

測定基準、とりわけ平均値は市場の中間部分に焦点を当てるようにと勧めているが、イノベーションは極端な値のもとで起こる。10人の平均的な利用者よりも、1人の異常値を示す人に注目したほうがよいアイデアが生まれる。我々が最近、会議でこのことを話し合っていたとき、全員分のサンドイッチが届いた。「これが私の要点をまさに証明している」と私はサンドイッチを指しながら言った。サンドイッチは普通に食事する人が思いついたものではなかった。サンドイッチ伯爵がギャンブルに熱中し、食べている間にカードテーブルを離れなくてもいい食べ物を作れと要求したから誕生したのだ。

風変わりな消費者は、普通の消費者よりもイノベーションを促してくれる。対照的に、過去50年にわたって、従来型の市場調査は優れたアイデアを生み出すよりも、だめにしてきたのだ。代表性という誤った考えに取りつかれていたせいで。

（1）同じように、その数年前、女性の体格の平均値によって完璧な女性の型を見つけようとした試みもやはり完全に失敗した。

1.12 計測できないものは管理できない

前のセクションで述べた発見は、測定基準にとって重要な意味を持っている。ビジネスは測定基準というものを好む。物事を比較したり管理したりするのを容易にしてくれるからだ。「計測できるものは管理できる」というのは本当だが、「計測できないものは管理できない」のも真実である。測定基準に伴う大きな問題の1つは、多様性が破壊されることだ。同じ限定的目標を皆に追及させるからである。同じやり方を強いたり、まさしく同じ基準を用いた選択をさせたりすることが多い。

大学での成功が職場での成功にピタリとつながるという証拠を私は目にしたことがない。[1] 著名な産科医で不妊治療の専門家であるロード・ウィンストン教授は、医学の分野でともに働く相手として大学での優等生を探そうとはしない。たとえ最高に優秀な人材を選べるとしても。

(1) 医学の分野ではよくこう言われていた――おもしろ半分にだが――2番目のレベルの学位を持った学生が最高の医師になり、3番目のレベルの学位を持った学生はもっとも裕福な医師になると。

しかし、今では英国の企業が2等級優等学位〔訳注　大学卒業時の学生の成績が上から2番目のレベル〕以上の人間しか面接をしないことは慣習となっている。何の根拠もないが、ロジカルに見えるからというだけの基準である。大卒の候補者リストから選ばなければならないなら、在学中の成績をフィルターとして用いるのは筋が通るように思われるのだろう。だが、それ以上の根拠はないし、ばかげている——そしてより大きな尺度で実施すると、才能の恥ずべき切り捨てとなる。

たとえばゴールドマン・サックスとか、一部の一流企業なら、こんな基準を設けてもかまわないが、ほかの企業も同じやり方を真似するのはばかげている。定義によれば、ほぼ半数の大学卒業生がこのハードルよりも下にいることになるからだ。何千人もの学生が大学での3年間を何のメリットもなく過ごしたという結果になるか、大学での成績のかさ上げをする結果になり、学位の等級は無意味になっていく。(2) これは人々がよりよい決定をするために道理を用いず、見かけ上は合理的であろうとする別の例だ。

ゲーム理論家なら誰でも知っているように、既存のルールに従わない、やや無作為な決定をすることには長所がある。採用といった競合が生じる場で、才能を見つけるためにほかの誰も使わない型破りのルールを試すのは、普通に使われる「ベター」なルールを用いるのよりもはるかによい結果をもたらすかもしれない。他の誰からも過小評価されてしまっている才能を発見できるからである。

人材採用のための論理的に一貫したシステムを用いることのもう1つの問題は、野心的な中流階級の人々がそれによって「制度の悪用」をすることだ。バイオリンのレッスンを受けている——チェックマーク、おじの銀行で働いていた——チェックマーク、経済的に恵まれない人々のために慈善活動をしていた——チェックマーク、高い成績評価値（GPA）——チェックマーク。しかし対照的に、非常に優れたバックギャモンのプレーヤーを採用すれば、1つのことは間違いなくわかっている。その人があるものについては天才的な才能を持っていること[3]だ——両親がバックギャモンの個人レッスンを受けさせるために大金を費やした可能性は低い。

真に優秀な人物が意外な外見をしている場合もある。ナシーム・ニコラス・タレブは医師を選ぶときにこのルールを適用している。映画会社の配役部門からまっすぐやってきたような、そつのない、白髪の洗練された感じの人を選んではいけない——選ぶべきなのはやや太り気味で、あまり洗練されていない、体に合わないスーツを着たやはり年配の人である。最初のタイプの医師は外見のおかげで少しは成功しているのかもしれないが、後者のタイプの医師はそんな外見にもかかわらず成功したということだ。

（2）最近、私が会った人はケンブリッジ大学の数学科で2等級優等学位の下位の成績を取ったのだが、就職の面接を受けにくいことに気づいたと言った。なぜ、こんなことがあり得るのか？　実にばかげている！

（3）私はときどき思う。ホームレス施設では、こうした意欲的なアイビーリーグやオックスブリッジの応募者をとにかく放り出してやりたいとひそかに願うときがあるのではないかと。

1.13 バイアスに対するバイアス

人種差別や性差別と考えられているものの中には、現状維持のためのバイアスにすぎないものがあるのだろうか？　確かに、あまり風変わりでない人を採用すれば、何か不都合があったとしても、採用者は責めを負わされにくい。現在の広告業界は性比と民族構成に取りつかれている。このような傾向は実に合理的だが、企業はもう1つのバイアスを完全に見落としているらしい。魅力的な肉体を備えた人のほうを好んで雇う行動には、はなはだしい偏見があるということだ。

ここでは潜在意識で何が起こっているかを理解することがとても重要である——もしも人種差別だけが無意識のバイアスだと推測するなら、間違った測定基準を採用することになるかもしれない。そして、多様性の欠如に関する問題の一部が現状維持のバイアスから生まれている可能性を考えれば、解決策は非常に違うものになるだろう。私は無意識の人種偏見の存在を少しも否定しないが、現実にはほかにも多くの力が作用しているであろうにもかかわらず、さまざまな民族グループ間の成果や機会のあらゆる不均衡の原因を人種偏見のせいにしてしまう不健全な傾向が、人々にあるかもしれないと推測している。その問題を解決したいなら、「真の理由」を理解しなければならない。

進化心理学者の何人か、特にロバート・クルツバンは、人間の心理の中で人種的偏見の力は比較的弱いと考えている。進化の過程の大半において、人間は異なった民族性の人間と出会わなかったからである。むしろ人は自分と違うアクセントで話す人々を「アウトサイダー的な立場」にしたいという傾向を強く持っている。そういった違いのほうをより頻繁に経験しているからだ。アクセントに取りつかれてきたという歴史的背景がある国の出身として、これは調査の価値があると私は思う。高等教育を受けたナイジェリア人は、強烈なリバプール訛りがあるリバプール出身の白人に比べて、ロンドンで職を探すのに不利だろうか？　私は不利だと思わない。クルツバンの研究は、偏見が背景次第であることを示している。[1]「アウトサイダー的な立場」は、異なった民族的背景を持つ人のものと見なされがちかもしれない。だからと言って、どんな民族的背景を持つ人も、状況が異なれば「仲間集団」に容易に入れられないわけではないのだ。

私は性別や民族に対する割り当て制度を、偏見への取り組みの方法として用いることにやや懐疑的である。それらは多様性を狭い意味で定義しているからだ。たとえば、10人のとても才

（1）程度は低くなったが、いまだに取りつかれている。

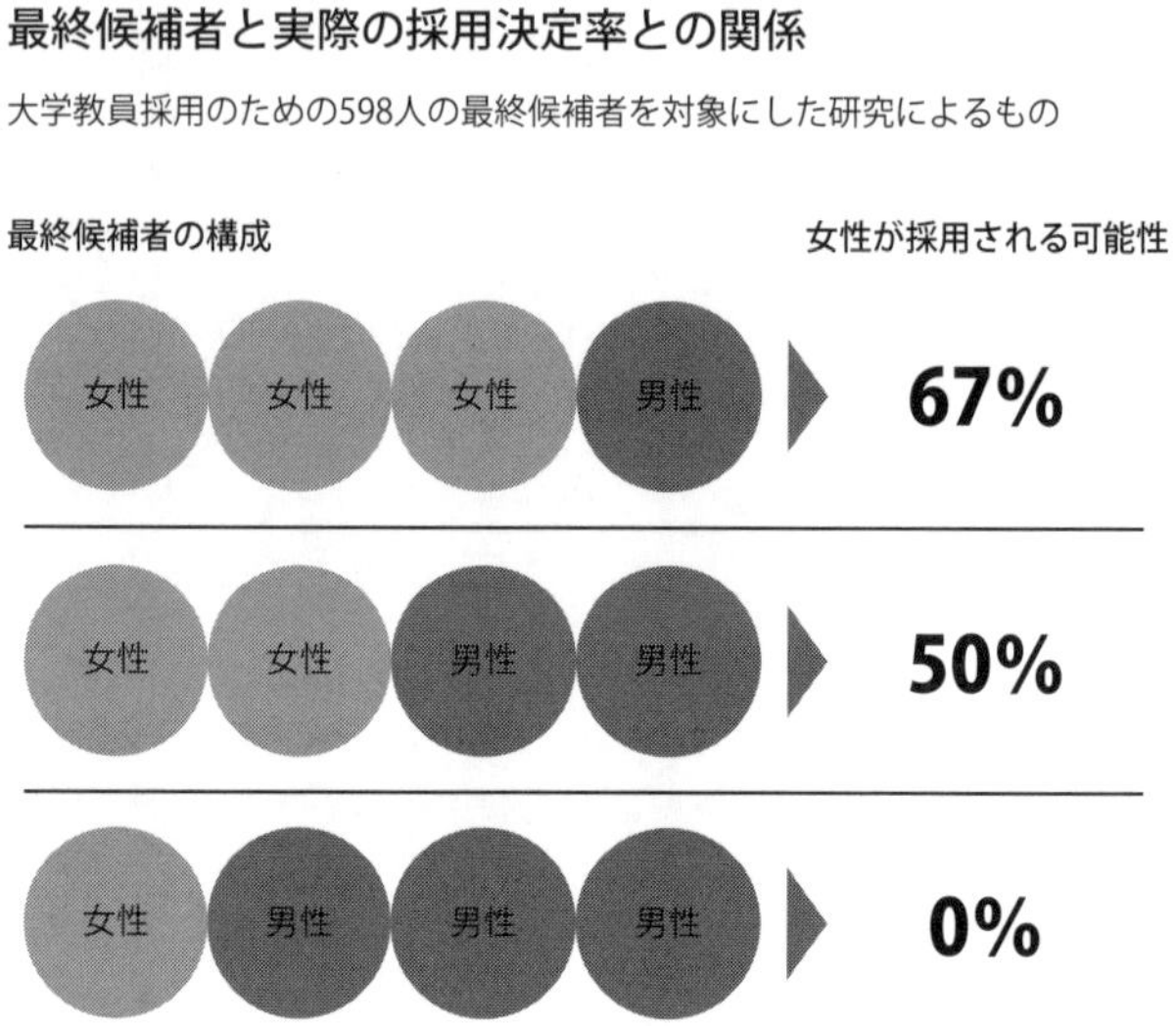

図4　人々は少数派に偏見を抱いているだろうか——それとも、1人という少数派であれば、誰にでも偏見を抱くのか？

能があるナイジェリア人を採用すれば、ある会社の人種的多様性の数字を向上させることは完全に可能だろう。あなたは自社が示した称賛すべき多様性を喜ぶかもしれない。だが、その10人全員がイボ族の出身で、同じくらい人口が多いヨルバ族からは1人も採用されなかったとわかったら、どうだろうか——あなたはこの事実を伏せて、多様性が増した職場に自己満足し続けるのか。それとも、多様性の定義が肌の色に重点を置きすぎていて、ほかの点はあまり重視されていないのではないかと疑問を持つだろうか？

『ハーバード・ビジネス・レビュー』誌に載ったある最近の記事は、性差別や人種差別が、これまで想定されていた理由のみから生じるのではないことを示した。状況に応じて、ほかにも無意識のメカニズムが関わっているのかもしれない。その記事では3つの研究例が報告された。採用試験の最終選考に残った人の構成を変えると何が起こるかを調べたものだ。調査からは以下のことが明らかになった。「最終選考に女性が1人しか残っていないとき、彼女が採用されるチャンスはないが、女性が2人以上のときは劇的に変化する。だが、候補者の女性の数が増えるごとに、女性の採用率が増えるわけではない――候補者の女性が1人の場合と2人の場合の違いが重要だと思われる。4人の候補者がいる場合、人種の違いによる採用率も同様の結果だった」

このことは、黒人の候補者が1人だけのときや、女性の候補者が1人だけのときに我々が持つ偏見が、「どんな」候補者でも1人しかいないときに当てはまる可能性を示している。[2]

(2) 次にあなたが採用面接に臨むときに試してみてほしい。いろいろと頑張ってほしいが、面接の間中、必ず帽子をかぶっていること。あなたが採用されないことに、私は賭けてもいい。言うまでもなく、あなたが説得に成功して、ほかの候補者にも帽子をかぶらせた場合は話が別だが。

1.14

人は自分で思うほど合理的に選択していない

選択の背景や慣例は、我々が意識していない方法で物事に影響を与えている——企業の意思決定や採用に対してだけでなく、個人の判断にも影響するのだ。心理学者で行動経済学者でもあるダン・アリエリーは、決定プロセスにおける有名な「decoy effect（おとり効果）」[1]に初めてハイライトを当てた1人である——これは2つの選択肢の間で迷っていた消費者の選択が、1つのものよりは好ましいが、もう1つのものよりは好ましくない第三の商品を提示されたとき、明確に変化する傾向があるという現象だ。

アリエリーによって研究された影響力の大きな例は『エコノミスト』誌の購読申込みである。真ん中の選択肢——印刷版の雑誌のみを125ドルで提供される——はおとりとして知られるものだ。誰もこれを選ばないだろう——たぶん、テクノロジーを心から嫌っている人以外は。なぜなら、同じ価格で印刷版とウェブ版の両方を購読できるからだ。しかし、このおとりは行動に大きな影響を与える。とても容易な「頭を使わない」決定を作り出すことによって、より価値がある印刷版とウェブ版両方の購読をさらに多くの人々に受け入れさせられるのだ。アリ

購読予約

『エコノミスト』誌の購読予約センターへようこそ

新規申し込みまたは更新したいタイプを選んでください

☐ **Economist.com購読**―59ドル
Economist.comの1年分の購読料。また、1997年以降の『エコノミスト』誌の全記事のウェブ版にアクセス可能

☐ **印刷版の購読**―125ドル
印刷版の『エコノミスト』誌の1年分の購読料

☐ **印刷版＋ウェブ版の購読**―125ドル
印刷版の『エコノミスト』誌の1年分の購読料
また、1997年以降の『エコノミスト』誌の全記事のウェブ版にアクセス可能

図5　状況がすべてである。不思議なことに、人々が選ぶものの魅力は自分が却下したものとの比較に影響される。私の友人がこう言ったように。「人は誰でも、自分よりも少し魅力に欠ける友人と連れ立ってナイトクラブに行くことを好む」

エリーによって行なわれたある実験では、この方法によって推定84％の人々が印刷版とウェブ版両方の購読を選んだという。しかし、ダミーとして提示した選択肢を取り除けば、2つの良識的な選択肢しかなく、優先順位は逆になる。68％の人がより価格の低い、ウェブ版だけの購読を選んだのである。

　不動産仲介業者はおとりの家を客に見せて、これと同じ効果を用いることがある。そうすると、2軒のうちで不動産仲介業者が本当に売りたいほうの家を客に選ばせるのがもっと容易になる。典型的な方法は、どうしようもなく不適切な家

（1）「asymmetric dominance effect（非対称支配効果）」としても知られている。

購読予約		
『エコノミスト』誌の購読予約センターへようこそ 新規申し込みまたは更新したいタイプを 選んでください		
□ **Economist.com購読**―59ドル Economist.comの1年分の購読料。また、1997年以降の『エコノミスト』誌の全記事のウェブ版にアクセス可能	**16%**	**68%**
□ **印刷版の購読**―125ドル 印刷版の『エコノミスト』誌の1年分の購読料		
□ **印刷版＋ウェブ版の購読**―125ドル 印刷版の『エコノミスト』誌の1年分の購読料 また、1997年以降の『エコノミスト』誌の全記事のウェブ版にアクセス可能	**84%**	**32%**

図6　ダミーの選択肢がある場合とない場合。

を見せてから、同じくらいの条件の2軒の家を見せることだ。そのうちの1軒は、明らかにもう1軒よりも価値がある。彼らが売りたいのは価値のあるほうの家だが、もう一方の家を見せるのは、最終的に選ぶ家をとてもいいものに見せるためだ。

　ここでもまた、あまり重要ではないレベルの小さな意思決定――休暇とか、雑誌の予約購読の選択――における同じ奇妙な行動が、もっと大きな決定に反映されている例がわかるだろう。雑誌や休暇を選ぶうえで、おとりが影響を与えている可能性は受け入れられるかもしれない。しかし、家を買うとか、社員を雇うといった重大な決断にも適用されるなんてことがあるだろうか？　残念ながら、適用されるというのが事実だ――人間の意思決定の奇妙さはあらゆるレベルに適用されるらしい。学者や政策立案者が消費者マーケティングにもっと注意を向ければ得るものがあるかもしれないと、私が信じている理由の1つがこれだ。チョコレートバーを売るときに発見される小さな事柄が、もっと重要な行動を促す方法と関係があるかもしれない。たいていは、誰かがすでに問題への答えを見つけている場合が多い——ただし、異なった領域で見つけているのだ。

1.15

同じ事実でも異なる価値を持ち得る

もしもあなたがシンプルな暮らしを送りたくて、さまざまな奇妙な決定などしたくないなら、広告代理店の制作部門で働く人間と結婚してはいけない。よきにつけ悪しきにつけ、この仕事は明らかなものに被害妄想的な不安を植えつけ、あらゆる正説に疑問を持ったり、一致した意見すべてを非難したりする衝動を大切にする。こういう行動はうんざりするものになる――とりわけ、毎日の家庭での決断に、同様の屈折した考え方を意図的に使う場合は。

数年前、我が家のトースターは危険な火花を散らしたり、たまに炎や煙をあげたりするだけでなく、パンを投入する細長い穴がかなり狭かった。つまり、スライスされた既成の食パンよりも厚いパンはトースト用の発熱体の間にはまりがちだった。(1)「もっと投入口が広い、新しいトースターを買いましょうよ」と妻は提案した。1時間ほど経って、私は大きな箱を持って帰宅し、中に入っているものを妻に見せた。それは新しいトースターではなく、パンスライサーだった。「状況を考え直したんだ」。私は鼻高々で言った。「うちに必要なのは、投入口が広いトースターではない。必要なのはもっと薄い食パンだよ！」

我々はこの解決策をしばらく試した。投入口が狭いトースターに合うように食パンを薄く切ったのだ。全然使えない方法でもなかったが、パンスライサーはキッチンの作業台の半分近くを占領し、盛大にパンくずを出した。そのうち子どもが生まれると、回転する殺人的な刃は彼らの小さな手が届かないところにしまわなければならなくなった。今やパンスライサーは戸棚の中にあり、その上の棚には頻繁に使われる、投入口が広いトースターがある。もともと妻が提案したようなトースターが。

しかし……。

パンスライサーを納めた戸棚があるキッチンは、寝室が4部屋のアパートメントにある。これは1784年ごろに建てられた建物の3階に位置している。この家はジョージ三世の主治医のために、建築家のロバート・アダムによって建てられたもので、アダムは18世紀の英国建築史の巨匠の1人だ。家は英国の景観設計家であるケイパビリティ・ブラウンによって設計された7エーカーの共有の敷地に建っている。ブラウンはブレナム宮殿やハイクレア・カースルの庭園の設計も手掛けた。[2] そして私はこういったものをすべてただで手に入れたのだ。もちろん、アパートメントを無料で獲得したわけではない。2001年に39万5000ポンドで購入

（1）　2つの問題には大いに関連がありそうだった――火花や炎は中にたまった全粒パンの塊から出ていたのだ。
（2）　後者の建物は今ではダウントン・アビーという名のほうが知られている。

した。おそらく今では、ここの市場価格は65万ポンドだろう。しかし、あなたがこのアパートメントを買えば、ここの建築様式や景観をただで手に入れることになる。[3] この建物はイングランドの指定建造物の1級に指定されている。イングランドの37万5000軒の指定建造物のうちの上位2・5%に入るわけだが、そのほぼ半分は教会で、ほかの多くは居住できない建物だ――たとえば、ネルソン記念柱とかロイヤル・オペラ・ハウスなど。

というわけで、イングランドには実際に住むことができる指定建造物の1級に指定された建物[4]がおそらく2500軒あるわけで、その特権に対して私は何も払っていないのである。ピカソの絵は私がベイズウォーターロードの日曜のアート展示会で買った絵の10万倍の値段がついているだろうが、ロバート・アダムによって設計された家は、同じ地域にある無名の建築家による同程度の広さの家の価格ほどだ。最近、ノッティングヒルにある、モダニズム建築家のマックスウェル・フライとヴァルター・グロピウスによるフラットが売りに出された。ノッティングヒルにあるため、それはとてつもなく高額だったが、隣のありふれたアパートメントほど高かったわけではなかった。

これほどの壮観な建築物を完全に無料で私が享受できる理由は、家を買ったときに、パンスライサーを買ったときに行なったのとまったく同じ、つむじ曲がりの理由づけをしたからだ。私は状況を考え直し、普通の想定を捨てて決断をくだそうとした。たいていの人が家を移るときに何をするかと考えてみたのだ。そして大半の人と同じように家を選べば、同じ家をめぐって大勢と競合することになると気づいた。一方、ほかの人とは大いに異なる基準を用いて家を購入すれば、割と低い価格の家を見つけられるとわかった。競争の激しい市場では風変わりなセンスを持つこと（そして育てること）が得になるのだ。

ほとんどの人が家を買う場合、家探しのための順番は次のようになるだろう。1．価格帯を設定する、2．場所を決める、3．部屋数を決める、4．ほかの特徴を設定する——たとえば、庭の広さを。建築学的な質はリストの下に来るはずだし、しかもかなり低く評価されるだろう。計測できないものだからだ。もし、ほかの人は価値を認めない何かの価値をあなたが認められたら、より少ない金額で信じられないほどすばらしい家を持てるだろう。(5)

私は引っ越す前に、どこか興味深いところで暮らしたいと決断した。明確な場所や部屋数よりも、建築物に重点を置いた。この風変わりな方法によって、ステータスへの羨望は最小限に抑えられることとなった。ときどき、私と妻は途方もなく高い家を買った友人を訪ねることがある。「あなたはどう思った？」我が家へ車で帰る途中、妻は私に尋ねるだろう。「まあ、確かに大きな家だったな」と私は答える。「だが、あそこの建築はちょっとばかりつまらなかった

（3）　前の住人が残していったパンスライサーも無料で手に入る。
（4）　バッキンガム宮殿も含めて。
（5）　アメリカの読者のみなさんはウェブサイトの「Wright On The Market」を見るといいかもしれない。そこにはフランク・ロイド・ライトが設計した、売出し中の最近の物件が載っている。

図7　本当に安い芸術品を買いたいなら、建築物を買うといい。

と思わずにはいられないよ」

前に言ったように、うちのアパートメントは3階にあり、エレベーターはついていない。[6] しかし、またしても、私はこれを異なった角度から見ようと決めた。エレベーターがないことは悪くない。1日に何度も運動することになるからだ。私の心の中で、もはやアパートメントはエレベーターがないので苦痛だというものではなくなっていた——無料のジムに恵まれたところとなったのだ。

ここでは学ぶべき教訓が2つある。第一に、もしもほかの誰もが同様にロジカルなら、ロジカルになっても得だとは限らないことだ。ロジックはある決断を弁護したり説明したりするのにいい方法かもしれないが、その決断にたどり着くための常にいい方法ではない。従来型のロジックは誰にでも平等に手に入るものであり、ほかの人と同じ場所にたどり着く羽目になる単純な心のプロセスだからだ。このことがいつも悪いわけではない——

トースターのように大量生産される製品を買う場合は、一般的に主流のものへのセンスを育てることが得になる。しかし、めったに供給されないもの(7)を選ぶ際には、風変わりになることがよい結果をもたらす。第二に興味深いのは、何が重要で何が重要でないかを測る統一された基準が実はないことだ――同じ特色(エレベーターがないことなど)が、不幸の元凶になったり恵みになったりする。あなたがそれをどう思うか次第なのだ。何に注意を払うか、どのようにそれをとらえるかが必ず意思決定に影響を与える。

意思決定では、数字上の基準に注意を払いすぎることにときどき用心すべきである。家を買う場合、数字(部屋数とか床面積、職場への通勤時間など)は比較しやすいものだし、我々の注意を独占しがちだ。建築学上の特色には点数による評価がなく、その結果、優先順位の下のほうに沈みがちである。だが、数字として表現できるもののほうが重要だと推測する理由はどこにもないのだ。

(6) 下の階のアパートメントは我が家よりも20万ポンド高い。エレベーターがないことが主な理由だ。
(7) たとえば、地所とかビーチとか、配偶者のように。

1.16

成功が科学的に導かれることは稀である

論理というものの力はしばしば誤用される。論理によって、解決策を評価するハードルは低くなりすぎるのだが、どのように解決策に行きつくかという条件についてはハードルが高くなりすぎてしまう。論理は評価のツールとしてはすばらしいが、問題解決の唯一のツールのように扱われがちだ——だが、そうではない。偉大な発明や発見の歴史を調べればわかるが、一連の演繹的な論理的思考はこれらにあまり貢献していない。ここ30年間でもっとも重要な発明の1つであるグラフェン〔訳注　炭素原子が互いに強固に共有結合した単原子シート〕は、マンチェスターの物理学者のアンドレ・ガイムによって発見されたが[1]、彼は鉛筆とセロテープをいじくりまわすことでこの物質を創造した。オフィス用品を売るステープルズの店で誰でも買えるものを使ったのだ。

ガイムは科学への自分のアプローチをこう述べている。「私は数年ごとに1つの研究対象から別の研究対象へと移っている。どこかの学者がやっているように、〝揺りかごから墓場まで〟同じものを研究したいとは思わない。これを可能にするために、我々は私が『一撃離脱の実験』と呼んでいるものを行なうことが多い。もちろん、うまくいきそうにないばかげた思いつきだし、たいていは失敗する。しかし、ときには真珠を発見することもあるのだ……この研究スタイルは魅力的に聞こえるかもしれないが、心理的にも精神的にも、肉体的にもとてもきつい。それに研究助成金に関しても厳しい。だが、おもしろいのだ」

誰もが科学的な方法にこだわるが、決定的な大発見を生むことが多いのは、運と実験と本能的な当て推量が一緒になったもののほうだとガイムは知っている。論理はあとからついてくるものである。しかし、ガイムが活動を正当化せねばならない相手である官僚は財政支援を正当とするために、始めから論理を要求するが、進歩に確実につながりそうな着実な科学的プロセスがあるという考えには何の根拠もないようだ。

聡明なアメリカの物理学者であるリチャード・ファインマンの1964年の講演を紹介しよう。彼は自分の方法を次のように表現している。「一般的に、我々は以下のプロセスに従って新しい法則を探す。まず推測する……それから、その推測の結論を計算する。推測していることの法則が正しいかどうかを見るため、それが何を暗示しているかを見るために。そして計算結果を経験と比較する。うまくいくかどうかを見るため、観察結果と直接比べる……そのシンプルな提示の中にあるものが科学への鍵だ。あなたの推測がどれほど整然としたものかとか、あ

(1) この発見で彼はノーベル賞を受賞した。

なたがどれほど賢いかといったことは何の影響ももたらさない。その推測をしたのが誰かとか、その人物の名前は何かということも……もし、推測が実験と異なれば、それは間違いである。ただそれだけのことだ」

観察結果に耐えうる推測は科学である。そして幸運な偶然もまた科学だ。

経営者や政治家はこの言葉をあまり理解せず、結論を評価する厳密さよりも、決断に至るまでのプロセスの厳密さで、意思決定を評価しがちである。彼らにとってはたとえ間違ったところで用いられても、論理を使用することが「科学的に見える」のだ。では、発明につながった科学的発見が幸運な偶然の産物だからといって、抗生物質やX線や電子レンジやペースメーカーの使用は拒まれるべきなのか？[2] こんな見方をするためには、気が触れた純粋主義者にならなければならない——そして抗生物質のような偶然の産物を拒むなら、空腹でうんざりする羽目になり、死に至る可能性も高い。ビジネスの進歩も科学の進歩と同様である。iPhoneはフォード・モデルT以来、もっとも成功した製品だろうが、消費者の要求に応じて開発されたわけではなく、フォーカスグループと繰り返し相談した結果、開発されたわけでもない。それは1人のやや精神が錯乱した男による偏執狂的な構想だったのだ。[3]

それにもかかわらず、社会秩序や課題解決を探るなかで、人は合理的な定量化という強迫観念に取りつかれてしまう。繊細で官僚的な文化は、解決策の可能値よりも方法論の純粋性を重視している。そして間違いだと証明されたからではなく、論理的思考という承認されたプロセスを通じたものではないからと、可能な解決策を無視してしまうのだ。

その結果、ビジネスや政治は必要以上に退屈で合理的なものとなる。スティーブ・ジョブズが学生たちへのスピーチの終わりに命じた「ハングリーであれ、愚かであれ」には一見してわかる以上に貴重な助言が込められていただろう。結局のところ、それは起業家の特徴的な性質なのである。彼らは意思決定をするたびに、論理を用いる必要はないからだ。起業家は、企業や組織という環境にいる人には許されない解決策を携えて自由に実験できる。[4]

合理的なものはあまりにもすぐに承認されてしまう。直感に反したアイデアはしばしば疑念を持って扱われるのに。業績が悪化した製品の値下げを提案してみるといい。うんざりするほ

---

(2) これについてさらに知りたいなら、ポール・ファイヤアーベントの傑作である『*Against Method*』（1975）（『方法への挑戦——科学的創造と知のアナーキズム』ポール・ファイヤアーベント著、村上陽一郎／渡辺博訳、新曜社、1981年）を参照。またはサー・ピーター・メダワーによる書を参照のこと。

(3) また、かなり異様な恐怖症も持っていた男だ。スティーブ・ジョブズはボタン恐怖症だったのである。309ページを参照。

(4) IBMがパソコン部門を作ったとき、その拠点はニューヨークにある本社から遠く離れたフロリダ州に置かれた。新しいアイデアが生まれたときに管理主義者が抑えつけないようにするためであり、T・J・ワトソン〔訳注 IBMの初代社長〕が「野ガモたち」と呼んだ社員のために実験的なスペースを与えるためでもあった。

ど合理的な提案は何の疑問も持たれずに承認されるだろう。だが、その製品の名前を変えて売ることを提案すれば、あなたは骨の折れるパワーポイントでのプレゼンテーションだの、リサーチグループだの、多変量解析〔訳注　複数の変数に関するデータをもとに、変数間の相互関連を分析する統計的技法〕だの、ほかにも何やかんやをやる羽目になる――それもこれも、あなたのアイデアが従来型のロジカルなものでないからだ。しかし、もっとも貴重な発見は最初、筋の通らないものなのである。筋の通ったものなら、ほかの人間がとっくに発見していただろう。そして人々から嫌われるアイデアは、好かれるアイデアよりも強力かもしれない。人気があって明らかなアイデアはどれもすでに試されているのだ。

直感に反したものを試みるべきだ――誰もそうしようとしないからである。

1.17 ポスト合理化の弊害

これまで登ったことがない高い山に登ると想像してほしい。麓から見ると、山の地形の大半はもっと低い丘に隠れているから、どの斜面を通行できるのかわからない。かなり試行錯誤しながら登ることになるだろう。いくつものルートを試してはあきらめ、しばしば引き返したり横断したりしながら。あなたの決断の多くは本能や幸運だけに基づくものかもしれない。しかし、やがてあなたはどうにか頂上へ着く。いったん山頂へ到着したら、理想のルートは明確にわかるだろう。上から見下ろせば、どの道を歩くのが最善だったかが判明し、今やそれは「標準的なルート」となっている。そのルートを山友達に描写してみせるとき、あなたはそれを通ったというふりをする。今となっては、よい判断でそのルートを選んだだけだと断言するだろう。

これは嘘と言えるだろうか？　そう、イエスでもありノーでもある。[1]登る途中で、あなたは

(1)　まあ、だいたいにおいてはイエスだ。

最善のルートのほとんどを、またはすべてを何度も歩いたのかもしれない。[2]頂上まで通れる道があることを確かめたというかぎりにおいて、あなたの話は真実だ。最初に登ろうとしたときは、その道があることを確実には知らなかったのだが。そして描写したルートは確かに存在しているから、その意味で登山についてのあなたの説明は完全に正確だ。しかし、ある点に関して、それは途方もない嘘である。なぜなら、あなたが頂上まで登ったプロセスは完全に事実と異なったものとして伝えられているからだ。それは合理的な意思決定や最適化や一連のロジックに不必要な賛辞を送っている――本当は試行錯誤や優れた本能や幸運という祭壇に並べられるべき賛辞なのに。[3]

私がこの本を書いている今、テレビでは探偵ドラマをやっている。そこでは殺人犯の不安を描写するのに、まさしく同じ「選択的エディティング」の手法が使われている。探偵ドラマでは犯罪と関係がある情報しか与えないことが慣習だが、探偵小説では1つか2つ、気をそらせる手がかりを入れることも許されている。しかし、無駄な聞き込みに長い時間をかけたり、調査で報いられない線を追うことに時間を費やしたりはしない。かつてアルフレッド・ヒッチコックが言ったように。「ドラマとは、退屈なあれこれを削除した現実の生活にすぎない」

人は絶えず過去を書き直し、重要性の低い点を削除した物語を作っている――運や無作為による実験を、意識的な意図と差し替えているのだ。例をあげると、私の友人がかつてこんなことを言った。彼が現在の家を買う気になったのは、すばらしいレストランが近所にあることが理由の1つだと。彼は引っ越したあとにその店がオープンしたことを忘れていたのだ。現実では、我々が認める以上にほぼすべてが漸進的なものである。長い間、広告業界で働いてきた私は、我々が出す企画案のすべてに対して、まるでそれが最初から合理的なものであるとでもいうように、ポスト合理化してしまうことを意識していた。

私はどこに進みたいかという計画もなしに、どの問題も無作為に解決することを試すべきだと提案しているのではない。また、データや合理的な判断が、熟考に何の役割も果たさないと言っているわけでもない。しかし、まったく新しい何かを思いつくうえで、無意識の本能や運、シンプルな無作為の実験は認められているよりもはるかに大きな役割を、問題解決のプロセスで演じているのだ。かつての私は、純粋な帰納論理学の産物だとでもいうようにアイデアを提案することが心苦しかったが、現実では人生のあらゆるものがそんなふうに働くと気づくまでの話だった。ビジネスでも。自然淘汰による進化でも。科学でさえもそのように働くのだ。

---

(2) 実際に登ったルートと最善のルートが一切交わらなかった可能性もあるが。

(3) 幸運をもたらすさまざまな神や女神――ガネーシャ〔訳注　ヒンドゥー教の成功や富の神〕、テュケー〔訳注　ギリシャ神話の繁栄の女神〕、フォルトゥーナ〔訳注　ローマ神話の運命の女神〕――がいた古代の宗教は、おそらく現代の合理主義者よりも客観的だろう。あらゆる結果を、人間個人の合理的な主体性によるものと考えない傾向にあったからだ。

どうやら数学者たちすら、発見のプロセスが正当化のプロセスと同じでないと認めているらしい。セドリック・ヴィラニはフィールズ賞を受賞し、数学者が得られる最高の栄誉を得ている人物としばしば言われている。彼がフィールズ賞を受賞したのは『非線形ランダウ減衰とボルツマン方程式の平衡状態への収束に関する証明』に対して」である。ヴィラニはこう言っている。「数学者が用いるカギとなる2つのステップがある。数学者は正しい問題を推測するのに本能を使い、そして、それを証明するためにロジックを使う」

このプロセスの2番目の部分は、1つ目の部分と一緒にされてきた。進歩が生まれたときも、あとから振り返ったときと同じように整然として見えるはずだと推測されている。また、アイデアというものは、それを分析する場合と同じように、その形成においても明快であるべきだと思われている——本能や運など、解決策を見つけるうえでは少しも機能しないと思われているのだ。しかし、このような取り組み方の正しさを、発見という経験が裏づけることはない。もし、このことが物理学や数学において真実であるなら、人間行動に関する問題ではより真実に近いだろう。

広告代理店のWPPの年次報告書の序文で、ジェレミー・ブルモアは風呂の中でのアルキメデスの伝説的な発見を例として取り上げている——この話が事実かどうかは不確かだと彼も認めているが、それでもこれは重要な真実を示している。話はこうだ。シラクサの専制君主であるヒエロン2世は住み込みの金細工職人に金塊を渡し、神殿に奉納するための王冠を作らせることにした。しかし、王冠が届けられると、ヒエロン王は金細工職人が金に銀を混ぜて、残りの黄金を自分のものにしたのではないかと疑った。ヒエロン王はアルキメデスに真実を証明するようにと命じた——もちろん、アルキメデスは金の重さを知っていたが、王冠が黄金だけで純粋に作られたかどうかを決めるためには、その体積を確かめなければならなかった。

純粋にロジカルな方法を取るなら、王冠を溶かして立方体にすればいい——その形なら体積を容易に測定できるが、王冠を壊すという望ましくない結果を伴う。アルキメデスが問題の解決策を探っているうちに、ヒエロン王は我慢できなくなり始めた。この問題が頭から離れることがなかったアルキメデスは、風呂に入ったときも考えていた。彼は浴槽に体を沈めると水面が高くなり、浴槽から上がると水面が低くなることに気づいた。ブルモアがこう言ったとおりである。「アルキメデスが見たり出会ったりしたすべてが、頭から離れないその問題に関係していた」のだ。やり方が正確にはわからなくても、複雑な固体の体積の測定方法をアルキメデスは本能的に知っていたかのようだった。

ブルモアは、慎重に計画された実験ではなく、本能を頼りにしていると認める人に我々が不快感を示す傾向があることを指摘した。アルキメデスがあとで自分の発見をどんなふうに表現したのだろうかと、ブルモアは想像している。もし、そのことをアルキメデスが科学雑誌に書いたとしたらこうなるだろう。

「私はこの問題に合理的に取り組んだ。定義によると、体積はある空間を占めるものだから、ある液体の中に固体を浸す前と後の液体の体積を測定できれば、その固体が占める空間がわかるだろうと私は理由づけた。さらに私が『排水量』と呼ぶその2者間の差は、固体の体積と正確に釣り合うに違いない。その後に必要となったのは、従来の計測法を使うために不可欠な大きさと形の器を選ぶことだけだった」

言うまでもなくブルモアの要点は、あるアイデアや発見の正当性を立証するのにこのタイプの説明が役立つということだ。しかし、そもそもアイデアがどうやって生まれたかという説明はきわめて誤ったものである。さらに彼は、人々が成功を計画的で科学的な方法によるものと考えがちだと強く主張している。そして成功における偶発的な要素や計画外の要素の一部を軽視することは誤解を招き、革新的な業績が実現する可能性を狭めさえすると、ブルモアは主張する。

そろそろ、また愚かな質問をするころだろう。実際、理性とは何のためにあるのか？　ばかばかしく思われるかもしれないが、進化という観点からすると、これは少しも些末なことではないのだ。結局のところ、我々が知るかぎり、地球上の人間以外のあらゆる生命体は理性などなくても完全に生き残っている。確かに、理性があることによって、人間はほかの動物よりもはるかに多くの利益を得てきたようだ――それに理性がなければ、技術的な成功や文化的な成功の多くは成し遂げられなかっただろう。しかし、進化論的に言えば、そういったものは副産物に違いない。進化は長期的な計画など立てていないからだ。(4)

というわけで、人間がこれほどの強みを持っている理由をほかに探さなければならない。また、理性は大半の決断をするのを助けるために作られたのか、それとも別の目的で現れたのかについても考えるべきだ。理性によって自分の行動が導かれていると人が意識的に信じているのは事実だが、だからといってそれが正しいわけではない――そう信じるほうが進化の上では好都合だというだけかもしれないのだ。

理性の機能についてありそうな驚くべき説明の1つは、10年ほど前に生まれた。議論を招く仮説[5]によると、人間の脳に理性が生じるのは自分の行動や信念を伝えるためではなく、行動や信念を他人に説明し、他人からそれを守るためだという。言い換えると、人間が非常に社会的な種であることに必然的に伴う適応なのだ。人は他人の嘘を見破るために理性を用いるかもしれない。あるいは議論を解決するために用いるかもしれないし、他人に影響を与えるためや、あとづけで自分の行動を説明するために用いる場合もあるだろう。しかし、個人的な意思決定において、理性は明白な役割を果たしているようには見えない。

私の考えでは、この理論には称賛すべき点がかなりある。1つ目は、人間が理性を慎重にま

---

(4) たとえば、進化はこんなことを考えない。おい、脳にちょっとした機能を付け加えようぜ。そうすれば100万年後、アポロ計画が生まれるだろうから。

(5) 最初はダン・スペルベルとヒューゴ・メルシエによって提示され、それから『*The Enigma of Reason*』(2017)(『理性の謎』、未邦訳)にまとめられた。

た選択的に、そしてとりわけ利己的に用いるわけを説明していることだ。我々がすでに就いている地位に理由づけをしたり、すでに行なった決断について理由を述べたりすることが得意なわけを説明している。さらに、確証バイアスについても説明している。確証バイアスは前からあった信念の支えとなる情報だけを探したり、それを受け入れたりすることにつながるものだ。また、この理論は「適応的選好形成」も説明している。人は自分自身をより有利な状態に見せるために、現実の認識を変える。このモデルでの理性は、デカルト的な思考――脳の科学研究部門であり、開発機能――ではなく、脳の法務部門かつ広報部門なのだ。

この理論を理解することは重要だろう。第一に、人間の理性には何がうまくできて、何がうまくできないかを考えるのに役立つからだ(6)。さらに間違って理性を用いたり、使いすぎたりすると裏目に出かねないことを理解するのにも役立つだろう。集団的で自己充足的な議論がうまくいくのは、関連するあらゆる事実が揃っているときである。だから、この議論は物理科学でうまく働くのだろう。適正な変数がすべて知られていて、数字として表されるからだ。しかし、社会科学ではうまく適用されない――人々が関心を持っている心理的な重要な要素の多くを測ることは不可能なのだ。それに、本当に大事なことを測る国際単位など存在しない。

物理科学では、原因と結果は整然と描かれている。行動科学では、原因と結果ははるかに複雑なものなのだ。

原因、背景、意味、感情、影響は複雑なのである。

（6）たとえば、感情的になって相手と衝突するときや、議論をする相手を嫌いだったり信用しなかったりするとき、人は健全な議論をすることができない。

1.18 ロジカルな主張が力を持たない理由

明らかにロジカルな主張が人の心を変えるのに効果がなかったり、疑念を持って扱われたりする理由を説明するなら、実世界ではそういう主張があまりにも容易になされるせいだろう。「GPSのロジック」と同様に、どんな行動についても、もっともらしい理由をつけることはできる。あなたのモデルにとって好都合なデータだけを入念に選び出したり、不都合な事実は無視したりして。私が前に述べたように、英国でのブレグジットの国民投票で負けた人々やアメリカでドナルド・トランプに負けた民主党のどちらも、自分たちのキャンペーンのほうがよい主張を持っていたと感じている。しかし、かなり献身的なEU残留派か民主党員でないかぎり、どちらのケースでも自分たちが論じようとしている分野が非常に狭いことに気づかずにはいられないだろう。

所有するデータの量が増えれば増えるほど、偽りの、ご都合主義の物語を後押しするものをいっそう見つけやすくなる。今後、データが大量になるおかげで議論が収まるわけではない。さらに議論が悪化することになるだろう。

1.19 なぜ、効率性が常によい結果をもたらすわけではないのか

この数十年間、ビジネスやテクノロジー、そして大体においては政府も、より効率的になろうと絶えず努力してきた。しかし、彼らが決して尋ねなかったのは、経済理論の信奉者と同じくらい、人々が効率性を好んでいるのだろうかということだ。私が「ドアマンの誤謬」と呼ぶのは、戦略とは経費削減や効率性のことであると考えたときに起きることである。まず、あなたはホテルのドアマンの役割を「ドアを開けること」と定義し、それから彼の役目を廃止して、代わりに自動ドアを取りつける。

すると問題が発生する。ドアを開けることはドアマンの名目上の役割にすぎなかったからだ。定義しにくいドアマンのほかの価値はドアを開けることだけでなく、その他の多様な機能にある。ホテルのステータスを示すことはもちろん、タクシーを拾うこと、保安、路上生活者を入りにくくさせること、客を認識することといった役目があるのだ。事実上ドアマンは、客がホテルに一夜の宿泊代として払う料金を増額させるための存在なのかもしれない。

このような狭く経済的な視点で物事を見ると、ビジネスのあらゆる機能に、こういった効率

化をいくらでも当てはめることができるだろう。物事を狭い意味で定義し、自動化し、あるいは合理化してみよう——または、それをすっかり取り除いてみてほしい——そして節約できたものを利益であると考えてみよう。これも、人は正しいかどうかよりも議論に勝つことを求めるという理論で説明できるだろうか？

先日、私がある会社に電話をかけたところ、模範的な対応をしてもらった。電話のオペレーターは頼りになり、知識があって感じがよかった。その会社は我が社のクライアントだったので、電話のオペレーターをあれほど優秀にするために何をしたのかと尋ねてみた。予想外の答えが返ってきた。「隠さずに言いますと、おそらく我が社は彼らに過剰なほどの賃金を払っているのです」

そのコールセンターは大都市から30キロくらい離れたところにあった。コールセンターで働く地元の人たちは、まあまあの報酬がもらえる仕事のために毎日1時間かけて通勤などせずに、何十年もその地にとどまり、かなり仕事に熟練した。研修費用や採用費用はわずかで、顧客の満足度は驚くほど高かった。社員は「費用」であると見なされていなかった——彼らは会社の成功のための重要な要因だと考えられていたのだ。

しかし、現代の資本主義では、欲望で目をビーズのようにきらめかせたコンサルタントが役員会にやってくるのは時間の問題にすぎない。「海外に拠点を移し、資源管理をすることによって顧客サービスのコストを適正化する」とか、それと似たようなタイトルのパワーポイントを引っ提げてやってくるコンサルタントが。何カ月も経たないうちに業務全体が海外に移されるか、かつては幸せだったコールセンターの従業員がゼロ時間契約〔訳注　雇用者の呼びかけに応じて従業員が勤務する労働契約〕に否応なく切り替えさせられる。間もなく、商品を注文しようと電話をかける客はいなくなるだろう。電話に出る従業員が何を言っているのか、客にはわからないからだ。だが、そんなことは会社がアナリストに四半期収益を提示するときは問題とならない。または、こんなことを箇条書きにしている表にとっても。「コールセンターの移転と人員整理を通じた人件費削減」

今日では、株式公開した企業の主な活動が、市場の要求を満足させる商品の製造であることは稀だ。経営者が注意を向けるのは、主に金融アナリストを満足させるための、もっともらしく聞こえる効率的な話を生み出すことである。そういう金融アナリストの多くはスプレッドシートから読み取れるもの以外、彼らが分析していると主張するビジネスについては何も知らないのに。標準的な経済理論と一致しているかぎり、費用削減が本当にうまくいくことを証明する必要はないのだ。判断がどれほどまずいことになっても、あなたが経済学に従っているかぎりはクビにならないというのがビジネスの単純な原則である。たとえ、その的中率は水脈占いや手相占い程度であっても。

「クアッドプレー」と呼ばれるものを取り上げてみよう。近頃の正統派の経済学では、すべてのモバイル電話のネットワークが、ブロードバンドや固定電話回線、有料テレビ放送の機能を提供しなければならないとされている。そして売り出されている有料テレビは同様に、ブロードバンドやモバイル電話や固定電話回線などを提供しなければならないと。これについての「経済的な」[1]論拠は、4つの機能がすべて提供されることによって、事務管理部門の効率性や規模の経済《スケールメリット》や価格指導制《プライス・リーダーシップ》を享受できるというものだ。経済モデルでは、4つの全機能を最安価格で提供できたものが市場を支配することになる。だが実世界では、クアッドプレーはまずいサンドイッチ並みに人気がない。人間の脳は経済的最適化を追求しないように、また、組織的な惨事を招くリスクを冒したりしないようにと、進化によって修正されてきた。クアッドプレーは1つのバスケットに4個の卵を入れるようなもので、不安定な気分にさせられる。たとえば、あなたがスペインのテネリフェ島へ小旅行するときに250ポンドのデータローミング料金を払わなければ、1つの会社がモバイルもテレビもブロードバンドも固定電話回線も切断してしまうのだ。さらに、誰もが何よりも望まないのは、そういうすべてのコストを集計した金額を毎月思い出させられることだろう[2]。

ビジネスは伝統的で社会的に有益な役割を断念してしまったのだろうか？　かつては競合するビジネス同士が、彼らの努力を評価する市場において、顧客の要求をどうやって満たすのが最善かについて互いに異なる理論を試していたのだが。ビジネスは効率性という、一種の一神教のようなものとなってしまったかのように思えるときがある。スケールメリットだの、財政面の過剰な負担のための経費削減だのに関する、広く受け入れられた経営上のマントラを暗唱するだけの存在に。そして、誰もがこのことを疑問に思っていない。

何年か前、私は英国で最大の企業の1つの最高経営責任者と朝食をとったことがあった。彼は金融街の経済アナリストたちの厳しい尋問を終えたばかりだった。現代のビジネスに馴染みがない人なら、経済アナリストたちがこの最高経営責任者になぜ不満なのかと不思議に思うかもしれない。彼の会社は市場でもっとも高額で最大の市場シェアを占める製品を売っていたのだ。それのどこが悪いというのか？　アナリストたちは彼に礼を言いそうなものだろう。しかし、アナリストたちはあるカテゴリーでもっとも高額な製品が市場でもっとも売れていることなどあり得ないと主張し、製品の値段を下げるか、市場シェアの減少を受け入れるかのどちらかだと提案したのだった。あれから7年後の今日、私が調べてみると、その製品は相変わらず異常に高い値段で売られ、しかも当時よりもさらに多くの市場シェアを占めている。

経済の正説なんてそんなものだ――実を言えば、異常な高値がついた製品が、高い市場シェアを占めることは珍しくもない。そういったアナリストたちもポケットに手を突っ込んでiPhone[3]を探り当てたりアウディの鍵に触れたりしたら、気がついたはずだ。しかし、彼らに

（1）　つまり、ばかげているということだ。

（2）　私はかつて自分が毎月、ブロードバンドと固定電話回線とモバイル電話と有料テレビにいくら使っているかを調べたことがあった。妻は動揺する私を落ち着かせなければならなかったものだ。

とっては企業が優れた製品を多くの人に供給して成功を収めることよりも、経済理論に一致した行動をとるほうが重要なのである。

1年前、私の雇い主は何の相談もなしで世界中の従業員――合計で7万人以上――を一度の週末中という期間だけで、新しいEメールのプラットフォームに移行させた。多くのユーザーは前のプラットフォームよりも新しいもののほうが明らかに劣ると感じていたが、「少なくとも今は中央で管理することができている」という。私がぞっとしたのは、新しいプラットフォームが生産性にどう影響するかに関するテストが全然行なわれなかったことだ。我が社の7万人の従業員はそれぞれが毎日3時間以上をEメールやメッセージのやり取りやスケジュール管理に費やしている。だから、以前のものよりもたった5％しか遅くないプラットフォームでも、生産時間に途方もない損失を与える結果になるだろう。

しかし、テストは何一つ行なわれなかった。移行の目的は、生産性を向上させるためというよりも、アナリストたちにもっともらしい話を聞かせることだったからだ。我が社が「事務管理部門の統合を通じたITコストの節約」をしているのだと。結局、そのプラットフォームは我々が採用してからよくなった。だが、費用削減の判断が、効率性への隠れたリスクを考慮せずになされたことは警戒しなければならなかった。なぜ、大きな商業組織はビジネスにこのように机上の空論のような方法を取り入れるのだろう？　それは共産主義の弱点だと思われるのに。

当惑させられることだが、理屈など考慮しないのが自由市場資本主義の重要な面であるとは決して口にされない――実を言えば、自由市場資本主義では幸運な間抜けが見返りを与えられる場合が多い。賢い人でなくても、充分なサービスを提供されていなかった市場のニッチにいタイミングで偶然に出くわせば、莫大な報酬を得られる。同様に、金でかき集められるだけ多くのＭＢＡ取得者を採用しても、独創的なアイデアを実行するのが1年遅かったら（または早かったら）、失敗してしまう。

知性を最高の長所だと見なす人々にとって、この状況はどうしようもないほど実力主義に反したものに思えるだろう。しかし、そのおかげで市場は実に輝かしいものになっているのだ。市場は理由づけの質などおかまいなしに嬉々として利益を得て、必要なものに資金を提供する。幸運な人々は報酬を受ける「価値がある」わけではないかもしれないが、幸運な偶然を適切に生かさなかったシステムはその値打ちをほとんど失う。結局、進化的発達は幸運な偶然の産物なのだ。同様に、たとえば、客の来ないレストランの営業を補助金で続けさせていたビジ

（3）金融アナリストたちに駆り立てられて、不幸な末路をたどったiPhone 5c――標準的なiPhoneのプラスチック版のような変わり種――の開発にアップル社を乗り出させたのも、これと同じ経済学の正説だった。低コストのモデルがなければ、アップル社は適切な市場シェアを占められなくなるという主張がなされたのだ。その製品は失敗した。新しいiPhoneを買う余裕がない人は、古い型のiPhoneを買ったり譲り受けたりすることで、すでに問題を解決していた。どう見ても劣ったバージョンのiPhoneを使うことはなかったのだ。

ネスのシステムは、店を存続させるよい理由がありそうだからそうしていたのだろうが、幸せな結果にはならないだろう。

理論としては、自由市場は主に効率性を最大化するものということになる。しかし実際には、自由市場は少しも効率的ではない。資本主義をその効率性ゆえに称賛するのは、ボブ・ディランをその歌声ゆえに称賛するのに等しい。実にばかげた理由により、健全な見解を持っているということである。市場のメカニズムは大体において効率が悪くはないが、効率性が主な長所だという考えは絶対に間違っている。なぜなら、競争というものはひどく効率が悪いからだ。私が住んでいる地域では、8つの異なった店から食料品を買うことができる。もし、ウェイトローズとマークス・アンド・スペンサーとリドルと残りの店が合併し、1つの巨大な食料品店になったら、もっと「効率的に」なると私は確信している[4]。

しかし、このような合併では、店で売られる商品の多様性が失われてしまう。真の自由市場は、かなり運頼みの、市場で試されたイノベーションと引き換えに、効率性を手に入れている。この非効率的なプロセスが必要な理由は、消費資本主義の成果の大半は計画されたものでなく、たとえ説明できたとしても、その説明は後付けでしかないからだ。たとえば、自社のコールセンターを、人件費が高くない田舎に移すことの影響を試したことがある企業は少ない――経費削減への熱意が高まったから、田舎に移転させることが流行しただけだ。

以下にあげるのは、たとえそうではないとしても、経済学は正しいものであるというふりをする現代のビジネスの傾向を完璧に表した例である。ロンドンのウエストエンドの劇場は過去に劇を見に来た人にEメールを送り、チケットの予約を勧めることが多い。そんなEメールを送るのが、私の知り合いで、ある劇団のマーケティング部門の重役を務める女性の仕事だった。そのうちに、彼女は従来の経済ルールに反するものがあることに気づいた。芝居やミュージカルを宣伝するメールを送って、そのメールで割引価格を提示するほうが、チケットの売り上げが少ない、と。逆に、正規の価格でチケットを提示すると、売り上げが多くなるようだった。

経済理論からすれば、これは少しも筋が通らないが、実世界では完全に妥当である。結局、ディスカウント価格でチケットを売る劇場には席の余裕がたっぷりあるということで、勧められた演目があまりおもしろくないのかもしれないと推測するのは合理的だろう。チケット代や食事代や駐車料金やベビーシッター代に100ポンドから200ポンドも出したのに、家でテレビを見ていたほうがはるかにおもしろかったと思う羽目には誰も陥りたくない。割引価格の演劇のチケットを避ける人々は愚かではないのだ——彼らは高度の二次的な社会的知性を示している。

私の知人の発見にもかかわらず、彼女の同僚たちは割引価格のチケットを売り続けるように

（4）同様に、その店が最悪のものになることも確信している。

要求した。ディスカウントによって客の購買欲を減らしてしまうから、低価格で売るチケットを減らすほうがいいと彼女は忍耐強く説明したが、同僚たちはとにかくディスカウントで売るべきだと言い張った。彼らがその方法に固執したのは、実験的には間違っていても、経済学的な観点からすればロジカルな行動だからだった。もし、座席の30％が割引価格で売れ残ったら、もっと高い価格で売れたはずはないと推測される。逆に、もしも割引価格で売らないで、座席の20％が売れ残ったら、私の知人は非難されただろう。人々のモチベーションはビジネスの利益と常にピッタリ一致するわけではない。人々にとって最善の決断は利益ではなく、合理的な自己正当化を追求することなのだ。経済学が正しいふりをしていれば、誰もクビにはならない。

私は本書の始めで、合理的でロジカルな改善策が失敗し、非合理的、または心理《サイコ》ロジカルなものが成功した慈善活動について検討した。脳のほかの部分を無視し、前頭前皮質の満足のためにすべてを解決しようとするのをやめたら、どれほど多くの解決策が見つかるだろうか？次の章ではそのことを明らかにしたい。

第2章

心理《サイコ》ロジックの応用

2.1 心理学の魔法

科学は中世後期に間違った方向へ進み、錬金術は不可能だという誤った結論にたどりついた。人々は卑金属を黄金に変えようとして何年も努力した。予測したようにはできないとわかると、彼らは錬金術をあきらめた。

のちの世になると、ニュートンが熱力学とエネルギー保存の法則で人々の頭をいっぱいにすることで、錬金術の理念を大いに邪魔した——無から何かを作り出すことはできないという考えを科学に植えつけられたため、人々は絶望的なほど誤った方向へ導かれた。科学が教えたのは、安価な金属から、貴重な金属を作り出せないことだった。また、エネルギーは1つの場所で作り出すことはできないとか、ほかの形のエネルギーに変換しないかぎり、得られないと教えたのだ。こういったことは物理学の狭い領域ではどれも完全に真実だが、心理学というまるで異なった世界では救いがたいほど間違いである。

心理学ではこうした法則が当てはまらない——1＋1は3になり得る。

その後、経済学者たちが物理学と同様に意気消沈させる考え方をもたらした。どんなものも創造されたり破壊されたりしないという考えだ。「ただでもらえるものなどない」と経済学者は言った。悲しい帰結は、もはや誰も魔法を信じていないことである。しかし、魔法はちゃんと存在している――それは物理学や化学にではなく、心理学や生物学、認知科学の分野に見ることができる。しかも、魔法は作り出せるのだ。

広告代理店のJ・ウォルター・トンプソンは意欲的なコピーライターたちにあるテストを行なったことがあった。質問の1つは単純だった。「ここに見た目は同じ25セントのコインが2枚あります。右側のコインを私に売りつけてください」ある候補者は錬金術の考え方をよく理解していた。「私は右側のコインを持っていって、マリリン・モンローのバッグ[1]にちょっと突っ込んできます。それから、マリリン・モンローが持っていた正真正銘の25セント硬貨として、あなたに売りつけます[2]」

（1）おそらく当時、彼女は生きていたのだろう。

（2）もっと気味の悪い手段で、左側のコインの価値を下げることもできる。コインをジェフリー・ダーマー〔訳注　アメリカの連続殺人犯〕やフレッド・ウエスト〔訳注　英国の連続殺人犯〕に触れさせることによって。そうすれば、大半の人はそれを欲しがらないだろう――もっとも、イーベイに出品すれば、買い手が見つかるだろうが。

数学では、2＋2＝4が法則である。心理学では、2＋2は4以上か4以下である。どちらになるかはあなた次第だ。

人はものの価値を評価するのではない。ものの意味を評価するのだ。あるものが何かを決定するのは物理学の法則だが、それが何を意味するかを決定するのは心理学の法則である。

アップルやディズニーのように魔法を作り出す機会を探している企業は、世界でもっとも貴重で利益の出るブランドのリストに絶えず登場している。経済学者はこのことにもう気づいているだろう。

ワインは重い瓶から注いだときのほうが味がよくなる。痛み止めの薬は、高価なものだと信じられているときのほうが効果が出る。ほぼすべてのものは、それがめったに手に入らないものだと信じられているときのほうがいっそう価値を持つ。そして有名なブランド名がついているときのほうが、所有している楽しみが増す。

悲しいことに、魔法を信じていると公言する人はいないし、魔法を提供するという人を信用する人もいない。もしあなたが、知覚価値〔訳注　消費者が製品に抱く、品質や費用に対する総合的な価値判断〕における利益が、金や時間や努力や資源といったそれに伴う出費を上回る解決策を誰かに提供したとしても、信じてもらえないだろう。悪くすると、なんとか自分たちをだまそうとしているのだろうと思われてしまうかもしれない。だから、マーケティングはビジネスの世界でその功績を認められていないのである——マーケティングが魔法を生み出しても、もたらされた成功はロジスティクスや原価管理のおかげだと社会に受け取られるのだ。

それは倫理にかなっていると思われるかもしれないが、魔法への嫌悪から大きな問題がいくつも生まれる。魔法的な解決策を享受することへの根深いためらいにより、人々が思いつくはずのアイデアの数が制限される。そのせいで政府はもっと費用対効果がいいとか、あまり強制的でないといった解決策を無視し、法的な強制と経済的なインセンティブという、よく似た2つのレバーを引くだけにとどまることが多い。たとえば、ロンドンとバーミンガム、マンチェスターを結ぶ高速鉄道に600億ポンドを投資するという、英国政府の最近の決定はちょうどいい例だ。この出費の事例には2つの目的がある。1つは、新しくてより速い列車という手段で走行時間を短縮すること、そしてもう1つは輸送容量をさらに増やすことだ(3)。

しかし、問題は費用である。600億ポンドは明らかに多額だし、新しい鉄道を作るには時間もかかる。新しい列車に乗れば、約1時間は乗車時間が短くなるのは本当だろう。マンチェスターまで普通に行くのに現在は2時間10分かかるが、70分ほどに短縮される。だが、この利点を享受するには2020年代の終わりまで待たなければならない(4)。時間を60分短縮するため

(3) アメリカの読者には驚きかもしれないが、英国での鉄道の利用はここ数年の間、増えているのだ——実際、最近は1920年代以来でいちばん英国人の鉄道利用率が高まっている。

に、10年間待たなければならないのはあまり魅力的な提案ではない。というわけで、私は魔法のような代替案を出した。この案を使えば、マンチェスターまで行く時間を40分ほど短縮できるうえに、既存の列車の乗車人数を増やせる。すべては半年間という時間と、約25万ポンドという、取るに足りない費用でできるのだ。

私が使ったトリックは簡単なものである。問題のロジスティクスな面を見ずに、乗客の視点から問題を見るのだ。目的地までかかる時間を40分間減らすために、列車に乗っている時間を減らす必要はない——どんな場合でも、列車での時間は旅でもっとも楽しい部分だ——ただ、列車を待っている無駄な時間を減らせばいい。もし、目的地へ着くのがこれまでよりも40分早くなれば、40分間、時間を短縮したことになる。

これは簡単に実行できるだろう。現在、たいていの人はロンドンからマンチェスター、またはバーミンガムへ行くために前売りの乗車券を買っている。そうすればかなりの旅費が節約できるが、特定の列車に乗ることが求められる——その列車を逃せば、乗車券は役に立たなくなる。結果として、人々は予定の列車に遅れないように、乗るまでの時間の余裕を充分に見るのが普通だ。そこで指定された列車の出発時間よりも45分ほど早くユーストン駅に着く。この45分の間に、自分が乗る列車よりも早い列車が2本は駅から出ていき、たいていの場合、そういう列車には空席がある。

旅にかかる時間を40分短縮するために必要なのは、こんなモバイルアプリを作ることだと私は説明した。つまり、指定された列車よりも早く出発する2本の列車に空席があれば、わずかな追加料金を任意に払うだけで、それに乗れるようにするアプリだ。言うまでもなく、これはいつも可能なわけではない。先発の列車が満席のこともあるだろう。しかし、たいていの場合、この方法をとることによって人々が駅で待つ時間を20分から40分短縮できる。さらに、鉄道網の乗車人数を増やすという長所も追加される。こんな方法をとらなければ空いていた席に今や乗客がいるわけだし、その結果として空いた後発の列車の座席を再販売することもできるのだ。

私が知るかぎり、この提案を真剣に受け取った人はいない――好ましく見えるのはどんな進歩かという、交通機関のアナリストの狭量で測定基準に支配された考え方に一致しないのだ。目的地までの時間を短縮するための彼らの唯一の考え方は、移動にかかる時間に適用されるだけである――物事を進歩させるための手段は、あまりにも狭く定義されてしまっている。(5)

---

(4) 列車が通るよりもはるか前に私は引退しているだろう。

(5) 同様に、飛行機の旅を向上させる最善の方法は、空港の業務をもっと迅速に行なわせることだろう。もっと速い航空機を作ることではない。

2.2

ものの価値はもの自体ではなく、人の心の中にある

中世の錬金術師たちがあきらめてしまった理由は、問題を間違った方向から見ていたからだ——彼らは鉛を黄金に変えようとする不可能な仕事をしていたが、価値とはそのもの自体だけに存在すると思い込んでいた。これは間違った想定だ。鉛を黄金と同じくらい価値あるものにするために、原子構造をいじくりまわす必要はないからだ——やるべきなのは人間の心理を操作することである。鉛を黄金と同様に貴重だと感じられるように。そう感じられるなら、鉛が本当に黄金でなくても、誰も気にしないだろう？

そんなことは不可能だと思うなら、財布の中の紙幣を見てほしい。その価値はもっぱら心理的なものだ。ものの価値とはもの自体にあるのではなく、それを査定する人の心の中にある。したがって、ものの価値は2通りの方法で創造できる（または破壊できる）——物事を変えることか、それが何なのかについての考え方を変えることのどちらかで。

本書の主張の1つは、真に成功しているビジネスのほぼすべては、合理的な理由から人気があるのだというふりをしていても、成功の大半は心理的な魔法のトリックを偶然に発見したこ

とによるというものだ。まったく無意識に発見したケースもあるだろう。グーグル、ダイソン、ウーバー、レッドブル、コカ・コーラ、マクドナルド、ジャスト・イート、アップル、スターバックス、アマゾン。こういった企業はどれも意図的に、あるいは偶然に心の錬金術というものに出くわしたのだ。これらのすばらしい成功とともに思い出すべきなのは、名前を聞いたこともない多くの企業である。彼らは失敗した。彼らのビジネスのアイデアは申し分なくロジカルな場合が多かっただろうが、錬金術がなかったため、うまくいかなかったのだ。

錬金術師たちは「変換」——ある元素から別の元素への変化——という考えに没頭していたせいで、鉛のブランドを再構築する試みに失敗したのである。もしかしたら彼らは謎めいた材料を加えるとか、鉛をもう少し輝かせるために磨く技術を用いて、生まれた製品を「黒い黄金」とでも名づけられたかもしれない。あるいは、地質学と原産地を利用して人工的な希少性を作り出すというフランス人のテクニック(1)を用いて、特別の鉛を「オー・ド・セーブル・ド・リヨン」といった名前で呼べばなおよかっただろう。この地域にしかないものということになれば、製品の珍しさが続くし、ありふれた昔からの黄金よりも高値がついたはずだ。当時に必要だったのは大規模な宣伝イベントだけだった。たとえば、どこかの王様が説得されて、その鉛で作られた王冠を依頼したかもしれない。そうなれば、仕事は半分終わったようなものだ。

(1) 悪名高い例はシャンパンやブルゴーニュワインだ。

当時の職人たちが技術と希少性とブランディングを混ぜ合わせて、仕事を完成させただろう。たとえば、大半が銅のリモージュの琺瑯鉄器は同じ量で比較すると、当時は黄金よりもはるかに価値があったのだ。(2)

(2) 現代のプリンターのインクは1オンスあたりで比較すると、同じ量の黄金よりも値が張る。

2.3 鉄とじゃがいもを黄金に変える——プロイセン王国からの教訓

19世紀のプロイセン王国では、錬金術の優れた技巧が国家の資産を救った。王室が、黄金の装飾品よりも鉄製の装飾品のほうに価値を持たせることに成功したのだ。フランスとの戦いの費用を調達しようとして、1813年にマリアンネ王女は戦争の資金にするため、裕福な家の女性や貴族の女性に、所有している黄金の宝飾品を卑金属と交換してほしいと訴えた。彼らは見返りに、寄付した黄金の宝飾品の鉄製のレプリカを与えられた。レプリカには「ゴルト・ガプ・イッヒ・フュア・アイゼン」すなわち「私は黄金を差し出して鉄を得た」という言葉が刻印してあった。それ以後、社交的な催しの場では、鉄製のレプリカの宝飾品や装飾品を身につけて誇示することが、黄金そのものを身につけるよりもさらに優れたステータスを示すことになった。黄金の装飾品は一族が裕福であるという証明にしかならないが、鉄製の装飾品は一族が裕福なばかりか、寛大で愛国的でもあることを証明したからだ。当時の人々がこう述べたように。「鉄製の宝飾品はあらゆる愛国的な女性の流行となった。こうして彼女たちは解放のための戦いへの支援に寄与したことを示しているのだ」

図8 「ゴルト・ガブ・イッヒ・フュア・アイゼン」錬金術はどうやって、鉄製の装飾品を黄金よりも高いステータスを持つ装飾品に変えたか。

そう、確かに貴金属には価値があるが、意味づけにも価値があるのだ。意味づけはたいていはあまり高価ではなく、あまり環境に害を与えることもない。結局、黄金の宝飾品とは何かを考えてみると、ステータスを示すための途方もなく無駄な方法だとわかるだろう。しかし、正しい心理的な材料を用いれば、鉄にも同様にステータスを誇示させることが完全に可能なのだ。心理学の勝利で、化学の敗北である。

18世紀の領主の1人であるフリードリヒ2世は同じような魔法を用いて、じゃがいもを自国の作物として促進させた。価値がなくて顧みられなかったものを、心理学の基本原則を通じて貴重なものに変えたのだ。彼が18世紀のプロイセンの農夫たちにじゃがいもを育てて食べさせたかった理由は、パンが足りな

図9　フリードリヒ2世の墓に置かれたじゃがいも。

くなったときに炭水化物の代用品があれば、飢える恐れが減ると考えたからだった。さらに、そうすれば食糧価格の変動ももっと少なくなる。問題は、農夫たちがじゃがいもを食べたがらなかったことだった。フリードリヒが無理強いしようとして罰金を科したとき、彼らは食べることに何の関心も示さなかった。じゃがいもは聖書に載っていないからと異議を唱える者もいれば、犬も食わないものをなぜ人間が食べなければならないのかと抗議する者もいた。

そんなわけで、強制することをあきらめたフリードリヒは遠まわしな説得を試みた。宮殿の敷地内に王室のじゃがいも畑を作り、これは王室用の野菜だと宣言した。王室の一員か、王室が許可を与えた者しか食べられないのだと。[1] 何かをとても排他的で手が届かないものだと宣言すれば、人々はそれをいっそう欲しくなる――これを「希少性の基本原則」と呼ぼう。フリードリヒはこの原則を心得ていたので、作物を守るためにじゃがいも畑のまわりに衛兵を配備した。しかし、あまり厳しく畑を守りすぎないようにと秘密の指令を与えていたのだ。好奇心を抱いたプロイセンの人々は王室のじゃがいも畑に忍び込んで盗めることに気づいた。それを食べられたし、この信じられないほど排他的な野菜を自分たちで育てることもできた。今日では、じゃがいもは――栄養素とエネルギーの源として、これを超えられるものはない――ドイツだけでなくほかの地域でも人気の野菜である。(2)

(1) 17世紀のイングランドのチェダーチーズと似た話だ。または現代の英国での白鳥の肉と。
(2) 私はさまざまなヒップホップ用の服のブランドが、フリードリヒと同じ戦略を展開したという噂を聞いたことがある。そういう服を簡単に万引きできるようにしたことにより、盗まれた服はちゃんとお金を払って買った人よりもはるかにカッコいい人々によって着られることになったのだ。同様に、ビール会社の中にはグラスが盗まれることを願ってデザインしているところもある。あるクライアントからこんな話を聞いた。「人々はたぶん30ペンスぐらいのグラスをただで手に入れている。我々は彼らのキッチンで無料で宣伝させてもらえるわけだよ」

2.4 名前を変えただけで売り上げが伸びる

とはいえ、前述したような錬金術は現代ではもはや通用しないはずでは？ そうだな、チリアンシーバスという魚を食べたことがあるだろうか？[1] それは言ってみれば、錬金術の産物だ。つまり「意味論の錬金術」である。最高級のレストランで「チリアンシーバス」という名で皿を優美に飾る1切れ20ドルの魚は実を言えば、長年の間、パタゴニアントゥースフィッシュとして知られていた魚だ。パタゴニアントゥースフィッシュの皿に20ドルも払おうという人はいないだろう――しかし、それをチリアンシーバスと呼べば、ルールは変わるのだ。リー・レンツという名のアメリカの魚の卸売業者がそのアイデアを思いついた。厳密に言えば、魚の大半はチリ産じゃないし、トゥースフィッシュはバスの仲間ですらないのだが[2]。

不正直に思われるかもしれないが、レンツの行動は実のところ、海産物の再ブランド化という長年の伝統と合うものだった。モンクフィッシュはもともとグースフィッシュと呼ばれてい

（1） 魚が心の底から嫌いだという方はこのあとの数ページを飛ばしてほしい。

たし、オレンジラフィーはスライムヘッドと呼ばれたことがあり、ウニはかつて売春婦の卵と呼ばれていた。もっと最近ではイワシに同様のことが起こった。コーンウォール沖で獲れるイワシは塩漬けにされてヨーロッパ中に送られていた。何世紀もの間、珍味とされていたが、それも家庭での冷凍庫と冷凍技術の出現により――少なくともポルトガル以外では――塩漬けの魚の需要が減るまでの話だった。「塩漬けのイワシを売っていた小規模の店が廃業するにつれて市場は衰えていった」と、ニューリンのピルチャード・ワークス魚卸売業者のニック・ハウエルは言う。「これをどうにかしなくてはと思ったんだ」幸運にも、ニックは創造的に考えた。コーンウォールの人々が、地中海で英国の旅行者にレモンとオリーブオイルを添えておしゃれなサーディンとして供される魚(3)と関連付けてイワシを呼ぶことが多いと発見したのだ。そこでニックは配給用の食料を思い出させるイワシという名を、「コーニッシュ・サーディン」に変えた。次に、フランスのサーディンを求めたスーパーマーケットのバイヤーに、「コーンウォールのイワシ」を買わせたのだ。数年前、ニックはEUに願い出てコーニッシュ・サーディンに原産地名称保護制度（PDO）のステータスを授けてもらうことに成功し、その結果は目を見張るほどだった。『デイリー・テレグラフ』紙の2012年の記事によると、スーパーマーケットのテスコでの生のサーディンの売り上げはこの1年で180％も急上昇したという。その理由の一部は「コーニッシュ・サーディン」の売り上げの大幅な増加によって説明された。このように再ブランド化を行なったことにより、コーンウォールの漁業産業全体が再活性化されたのである。

コーニッシュ・サーディンもまた地理的な錬金術が作用している例だ。[(4)]　食べ物に地理的な形容詞をつけ加えるだけで——レストランのメニューでも、スーパーマーケットのパッケージでも——その商品の代金をもっと請求できるようになり、もっと売れるようになる。イリノイ大学アーバナ・シャンペーン校の調査によれば、レストランでは何の説明もない料理に比べて、メニューに詳しい説明が書かれた料理のほうが27％売り上げがいいという。

メニューに名詞で載せられた料理よりも、形容詞がついた料理のほうがよく売れるようだ。「ジューシーな」のように正確な定義もない形容詞でさえ、料理の人気を上げられる。オックスフォード大学の実験心理学者のチャールズ・スペンスは、食堂における料理の名前の効果に関する論文を発表した。彼はこう述べている。「イタリア語のように民族的な料理名にすれば、

(2) 命名の重要性は大学にまで広がっている。1999年5月／6月号の『*American Heritage*』誌に載った、ジョン・スティール・ゴードンの記事「Overrated & Underrated」（「過大評価と過小評価」、未邦訳）では、エライヒュー・イエールをアメリカ史において「もっとも過大評価された慈善家」だと評価した。その名に因んだ大学がイエール大学となって成功したのは、主としてジェレミア・ダマーという名の男性の寛大さのおかげだと。なぜか、大学の理事たちは学校が「ダマー大学」という名で知られることを望まなかったのだ。

(3) 学名では *Sardina pilchardus*（サルディナ・ピルチャードゥス）である。

(4) 英国以外の読者のためにお話しすると、コーンウォールはイングランドの南西部の外れにある地方の美しい州だ。強力な食品協会がいくつもある。

人々はその料理をより本物だと評価するだろう」[5]料理が刺激的な記述で飾られていると、その魅力や味によりポジティブなコメントがつくのだ。「料理名は人間の注意を料理の特徴へと引きつける。それが、ある種の味や食感を生むのに役立つ」

忘れてはならない――人の注意の質は経験の質に影響を与えることを。

広告[6]もしばしばこのように機能する。広告の有効性のかなりの部分は、ある経験をよりよいものに変えるため、その経験の好ましい面に注意を向けさせる力から導き出される。奇妙なことに、メニューには災いの元になりかねない改良点が1つある。料理の写真をメニューにつけ加えると、客が払おうとする金額にかなり制限がかかるようなのだ。その理由についての意見はさまざまである。料理の写真を載せるという慣習が、大衆向けレストランと強く結びつくからだと考える人もいる。一方、魅力的な写真を載せると客の期待が高まりすぎて、本物の料理が届いたときに必ず失望感を味わうせいだと信じ込んでいる人もいる。ファイブ・ガイズとかイン・アンド・アウト・バーガーといった、崇拝者がいる多くのバーガー店がシンプルな言葉だけのメニューで写真も載せていないのに対して、マクドナルドが液晶ディスプレー(LCD)のスクリーンに大々的に写真を載せていることが私には非常に興味深い。こういう方法を取っているから、マクドナルドでは高価格の商品を出そうとする力が制限されるのだろうか?[7]

（5）アイスクリーム・パーラーよりもジェラート専門店のほうが高い金額を請求できる。

（6）「広告（advertising）」という言葉は、ラテン語の「*anima advertere*」すなわち「注意を向けさせる」に由来している。

（7）日本はこのルールの例外である。日本では、高級レストランで料理の高品質な写真が提示されているだけではない。レストランのウインドウに飾るために寿司やほかの料理の見本を作る、高報酬を得ている職人技の特殊な仕事があるのだ。ロンドンやパリやニューヨークのレストランがこの方法を取ることを、私はお勧めしない。

2.5

人々の行動を操作するテクニック

錬金術をでたらめだと見くびることは簡単だ。率直なところ、私が言っていることの中には、あとででたらめだとわかるものもあるだろう。しかし、私の話の多く――魚の名前を変えること、メニューの料理に原産地を書くなどの手を加えること、鉄を再ブランド化すること――は「悪意なきでたらめ」の部類に入る。魚の場合に役立ったのと同じテクニックで、さらに重要な問題も解決するからだ。たとえば、どうすればもっと多くの女性に技術職でのキャリアを目指せと勧められるだろうか？　質問の仕方を変えよう。技術職のキャリアが女性にとって魅力的でない状況をどう改善すればいいのか？　ある大学がその答えを見つけた。２００６年、コンピュータ科学者で数学者でもあるマリア・クローはカリフォルニアのハーベイ・マッド大学の学長に任命された。当時、同大学のコンピュータ科学専攻の学生のうち、女子は10％しかいなかった。学科はある計画を立てた。女子学生を引きつけ、コンピュータ科学を本当に楽しく学び始められるようにして、彼女たちが専攻を変えることを願ったのだ。

以前は「Ｊａｖａのプログラミング入門」という名だったコースは、「パイソンを用いて科学とエンジニアリングで問題解決するための創造的アプローチ」と名前を変えられた。[1] 教授たちはさらにクラスをいくつかのグループに分けた――コーディングの未経験者を「ゴールドクラス」に、コーディングの経験者を「ブラッククラス」にした。[2] さらに彼らは「男性的な影響を取り除く活動」を行なった。クラスで目立とうとした男子は脇へ追いやられ、注意を受けるのだ。ほぼ一夜のうちにハーベイ・マッドのコンピュータ科学入門コースはもっとも嫌われた必須科目から、文句なしの人気科目へと変わった。

そんなことはまだ序の口だった。入門コースを向上させたことは明らかに有益だったが、女子学生を別のクラスにも登録させることも重要だったのだ。女性の教授たちは学生を年に1度の「グレース・ホッパー会議」、つまり「テクノロジーにおける女性の祝典」に連れていった。それはテクノロジー業界で働く女性に風変わりな点や非社交的な点などまったくないことを示す重要なステップだった。最後に大学は、新たに見つけた自分の才能を有益で社会に恩恵をもたらす何かに適用させるための、夏休みの課題を女子学生に出した。「学生は教育的なゲームや高齢者向けの〝ダンスダンスレボリューション〟〔訳注　コナミのアーケード音楽ゲーム〕といったものに取り組みました。彼女たちは実際に役立つ重要なものにコンピュータ技術を利用でき

---

(1)「創造的」や「問題解決」という言葉はあまりオタクっぽく聞こえない。

(2) この巧妙な色の用い方に注目してほしい。

たのです」とクローは言う。

こうしたきっかけによく見られることだが、この効果は増大し、コンピュータ科学への関心は急激に高まっていった。最初の４年間の実験後、ハーベイ・マッド大学のコンピュータ科学専攻の女子学生は短期間のうちに、10％から40％へと４倍になった。女子学生を強制的にその専攻に割り当てたのではないことに注目してほしい——すべて自発的なもので、専攻を選ぶ自由が損なわれたと思った者はいなかった。これは優れたマーケティングを、問題解決に適用しただけのことなのだ。

「指名運転手（ＤＤ）」の発明は、社会にとって有益なものをもたらすための意味論と命名法を、さらに賢く利用したものだった。この言葉は、友人を無事に家へ送り届けるためにしらふでいるようにと任命された人を意味する。人気があるシットコムやドラマの中で使うことに同意した、ハリウッドの積極的な支援によって広まった、意図的に作られた言葉だ。最初はスカンジナビアで生まれ、カナダのハイラム・ウォーカー蒸留酒製造所が、もっと責任を持って酒を飲むようにと、この言葉を採用した。それからハーバード・アルコール・プロジェクトの指示によって、アメリカに計画的に持ち込まれた。

「金曜日には誰がＤＤをやるの？」とさりげなく尋ねられるようになれば、この行動を取り入れることははるかに簡単になるだろう。そして酒を勧められたとき、しらふの人間が今日は酒を飲まないわけをもっと説明しやすくもなる。ベルギーやオランダでは彼（または彼女）が、今夜は酒を飲めない理由を簡単に説明する。私は「Bob《ボブ》」だからと——これは「Bewust Onbeschonken Bestuurder」、つまり「わざとしらふでいる運転手」を意味するオランダ語の頭字語《アクロニム》だ。(3) どちらのケースでも、行動のために作られた言葉が、それについての規範を暗黙のうちに生み出したのである。

意味論的な発明を通じて、さらにどれほどの良識ある行動が可能になるかを考えてみるのは興味深い。たとえば「ダウンサイジング」という言葉は、過剰性に対する婉曲表現として使われるだけではない。「子どもが巣立った親」が、もっと小さくてもっと管理しやすい家に引っ越す決断を自発的にする場合にも使われる。私は常々、これはとても役に立つ造語だと思っている。必要もないほど広い家にいる高齢者が、自分の優先順位から生じた選択として狭い家へ引っ越すことを、この言葉で表現できる。経済的必要性から生まれた妥協——そんなふうに推測されかねないが——として引っ越すのではないと表せるのだ。名前を創造しよう。そうすれば、何らかの規範を創造したことになる。(4)

(3) 厳密に言えば、「逆アクロニム」〔訳注　まず短縮形ありきで作られた頭字語〕だ。Bobのほうが、その長い言葉よりも先に生まれたのである。

(4) 英国では、非常に嫌悪されている学生ローンもかなり違った目で見てもらえるようになるだろう。もしも、それを単純に「卒業生の税金」としてとらえ直すようになればだが。

2.6
外来種を美味しい食材に変えたすばらしいアイデア

1992年にアメリカ南東部を襲ったハリケーン・アンドリューは、アメリカの歴史上で最悪のハリケーンと言われた。それは家屋や環境に計り知れないほどの損害を与えたが、環境への最大の影響は何かの種《しゅ》を失わせたことではなく、その逆である現象だろう。フロリダ南部でハリケーンによって海岸沿いの水族館のタンクが破裂したため、ありがたくもない種の魚がメキシコ湾とカリブ海に流出したのだ。

ミノカサゴはアジアの海に生息している。見た目は美しいが、ほかの魚を貪欲に食う略奪者で30分間に30匹も食べてしまう。さらに、1匹のメスのミノカサゴは1年あたり200万個以上もの卵を産む。このことは捕食性の魚が生息していなかったカリブ海では特に問題だった。地元の種が大量に捕食されたため、経済の大半を漁業に頼っていたコロンビアの環境と経済が脅かされたのだ。ミノカサゴはさらにサンゴ礁の生態系も破壊していた。そんな状態のとき、私の同僚たちはフリードリヒ2世のアイデアをちょっと拝借したのだった。コロンビアの首都のボゴタにあるオグルヴィ・アンド・メイザーは、ミノカサゴに対する捕食者を作り出すことが解決策だと判断した――捕食者とは、つまり人間である。コロンビアの海からミノカサゴを駆除するもっとも簡単でもっとも費用効率のいい方法は、その魚を食べるようにと人々に勧めることだった。そうすれば漁師はミノカサゴを獲ろうという気になる。広告代理店はコロンビアで最高のシェフたちを採用し、最上級のレストラン向けのミノカサゴのレシピを考えるように働きかけた。代理店が説明したように、ミノカサゴは外側に毒があるが、中身は美味なのだ。そこで彼らは「恐ろしく美味」と銘打った広告キャンペーンを作成した。コロンビア環境省と協力し、侵入者を日々の食物へと変えることによって文化的改革を行なったのだ。間もなくミノカサゴはスーパーマーケットに姿を現した。コロンビア人の約84％はカトリック教徒なので、金曜日と四旬節の期間にミノカサゴを食べるようにと信徒に勧めてほしいと、代理店はカトリック教会に頼んだ。その付加的な要素――カトリック教会に依頼したこと――が錬金術の真の部分だった。今日では原産の魚の数が復活し、ミノカサゴの数は減少している(1)。

(1) この行動だけでミノカサゴを退治するには充分だろうか？　おそらく違うだろう。しかし、問題を解決するためにミノカサゴを絶滅させる必要はない――一定の基準値以下にミノカサゴの数を保つだけでいいのだ。オレゴン州立大学が明らかにしたある研究でわかったのだが、数が「閾値密度」以下に保たれたサンゴ礁では、原産の魚の数は50％から70％増加した。一方、侵略的な種と戦う努力をしなかった海域では、地元の魚が消滅し続けていた。

2.7
人間の脳に適したデザイン

ものを人間の手にとてもうまく合った形にデザインする方法はよく知られている。あなたが小さな子どもか、調度品の何もかもが「やあ、我々は普通とは全然違うのだ」と合図することを目的として選ばれたような、これ見よがしのブティックホテル[1]に滞在しているのでないかぎり、ドアの取っ手はたいていの場合、人の体に合った高さについていて、形も人間に向いているだろう。優れたデザイナーは、人間の体によく合うものを作り出すことの大切さを理解している。たとえ人間の体のさまざまな部分が、もとは全然異なった目的のために進化したのだとしても。人の手は車のハンドルを握るために進化したのではないし、眼鏡が落ちないようにするために耳が突き出したわけでもない。しかし、優秀なデザイナーは人間のそういう特徴が、元の目的以外の目的にも役立つことを知っているのだ。

一般に、ものはなかなかよくデザインされている。けしからぬ例外はあるが[2]、大部分は合理的な目的を果たしている。人体は奇妙な形であるが、ものをそれに合わせてデザインすることが受け入れられているからだ。さらにすばらしいことに、より裕福な国では、ものは今や平均的な人間ほどは従来の製品に合わない人、または四肢を充分に使えない人にも合うようにデザインされている。この活動は、身体に障害のある人々のためのキャンペーンを行なっているグループによって促進されてきた。いくつかのケースではやや過剰な機能を持たせているだろう。とはいえ、当初の対象となった人以外にも予想外の利益を多くもたらしている——現実には、誰もが不自由を感じるときがあるからだ。重い荷物を持っていたら、階段はたいていの場合、利用しにくい。コーヒーのカップを運んでいたら、事実上、片手は使えないわけだ。いつもは眼鏡をかけている人が外していたら、あまりよく見えない。

たとえ、体が不自由でない人のためにデザインしても、それを使う人が何らかの制約のもとにあると推測するのが優れた原則だろう。だからこそ、ドアハンドルのほうがドアノブよりも

(1) あるニューヨークのホテル(たぶん、タイムズスクエアのW何とかいうホテルだろう)には、違いを知らせるしゃれた点として、エレベーターの表示にイギリス英語の「リフト(Lift)」と書いてある。もちろん、あなたが英国人なら、こんな表示は少しも効果がない——私が思うに、これは英国の不動産会社の広告が今や「フラット(flat)」よりも「アパートメント(apartment)」を用いるのと同じだろう。国際性を表しているつもりなのだ。

(2) なぜ、大理石はホテルの浴室の床の素材として実用的だと思われているのか? この答えはまたしても「それが示すもののため」だろう。大理石は希少物質なので高額だ。だからホテルが費用を出し惜しみしていないことを伝えている。だが、こんなふうに誇示するせいで客の安全性が犠牲になっているのは残念だ。もし、ホテル経営者が不必要に豪華なバスルームを設置しなければならないなら、せめて滑らない高価な素材を使うべきである。ホテルのバスルームでの事故に関するデータを充分に集めている人はいないようだ。しかし、私はバスルームでの転倒が原因で入院した同僚を4人は知っている。そのうちの数名は酒も飲んでいなかったのに。

いい。ドアハンドルなら、肘を使ってでもドアを開けられる――手がない人も、紅茶のカップで手がふさがっている人も。空港の車椅子用の傾斜路は、車椅子の利用者と同様に、車輪付きのスーツケースを持っている人々にも役立つかもしれない。聴覚障害者のためのテレビの字幕はバーや空港で、あるいは子どもたちが寝ている間にテレビを見たい人にも同様に役立つだろう。[3]

このようなデザインはビジネスの上でも有益となりうる。数年前、ブリティッシュ・テレコムは視覚障害者のために大きなボタンがついた電話を導入した。同社が驚いたことに、このモデルは彼らのもっとも売れた製品となった。健常者がベッドで横になったまま眼鏡をかけていないときでも、簡単に操作できる電話だったのだ。オクソーは、この原理をもっと広く適用したキッチンツールで大成功しているメーカーである。サム・ファーバーが同社を始めたのは、関節炎を患う妻がキッチン用品の扱いに苦労していたことがきっかけだった――使うのが楽で、快適にデザインされた製品はあっという間に健常者の間でも大人気となっていった。握るのに支障がある人のためにデザインされた製品は、手が濡れている人にも役立つことは覚えておく価値がある――料理中に手が濡れるのは当たり前の話だ。[4]

自然淘汰のようなプロセスによって、大部分のものには進化がもたらした人間の好みや本能に合った形や機能が備わる。2、30年経ってから、この原則はソフトウェアのインターフェースのデザインにまで拡大された。[5] ポインタを合わせることやクリックすること、ピンチズーム

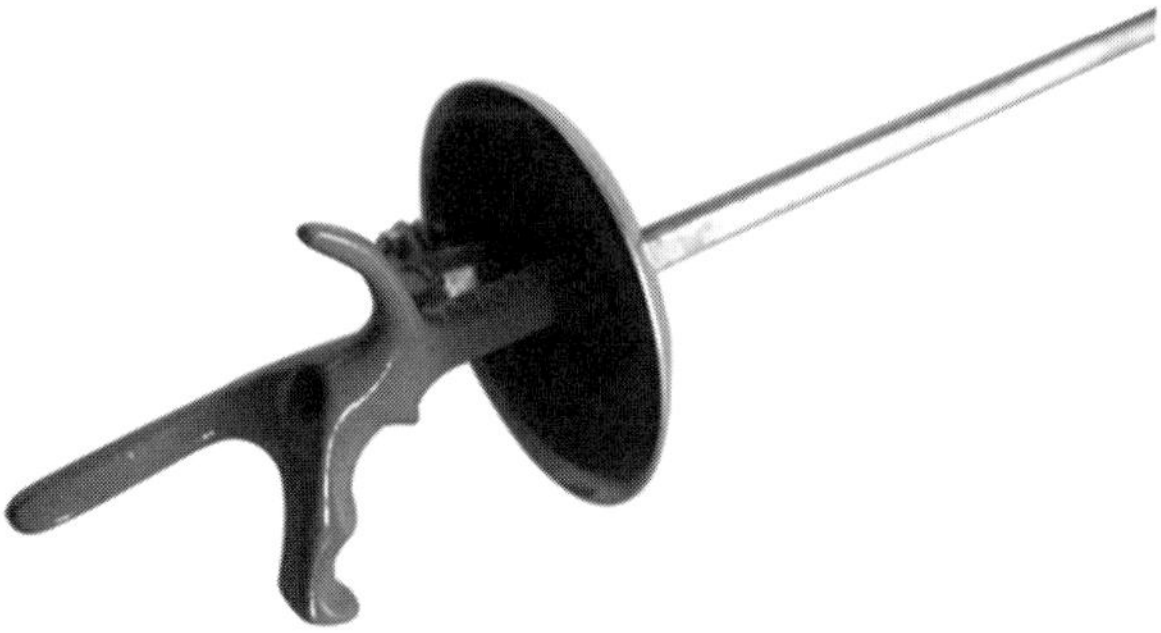

図10　このフェンシング用の剣は指を失った剣士のためにデザインされたものだ。もっとも、やがてこの握りのデザインは指が完全にあるプロの剣士にも採用された。

といった指での操作はハイテク機器で一般的な手段となっている。人間が数十万年以上もやってきた本能的な動作と似ているという単純な理由で。(6)

　メディア消費用装置の現代の3つの主要な形式であるノートパソコン／デスクトップパソコン、タブレット、スマートフォンも人間の形に合った製品だ。何百

(3)　またはハリウッドで、つぶやくような声の俳優たちにオスカーが授与されるのを見るときにも。

(4)　『*Eating the Big Fish*』(『大魚を食べる』、未邦訳)と『*Beautiful Constraint*』(『逆転の生み出し方』アダム・モーガン／マーク・バーデン著、文響社編集部訳、文響社、2018年)の著者であるアダム・モーガンに感謝を。

(5)　この考え方の第一人者はドナルド・ノーマンだ。彼は優れた内容の書物である『*The Design of Everyday Things*』(『誰のためのデザイン？——認知科学者のデザイン原論』D・A・ノーマン著、野島久雄訳、新曜社、1990年)の著者である。「内容の」と言うのは、私が持っている同書のペーパーバック版はばかばかしいほど小さな文字で印刷されているせいで、一度に数ページ以上は読めないからだ。これはドナルドの選択によるものではないだろう。

万もの仮定上の可能性がある中で[7]、人間の体にとって快適で効果的な3つの姿勢がある。1. 立っていること、2. 横たわること、3. まっすぐに座ることである。デジタル・コンテンツにアクセスする方法である3つの装置はこういった姿勢をよく反映している。動き回っているときにはモバイル装置を使い、くつろいでいるときはタブレット、そして机に向かって座っているときはノートパソコンかデスクトップパソコンを使う[8]。

しかし、進化した人間の形に沿ってものが設計されることが受け入れられている一方で、進化した人間の脳とうまく働くように世界が形作られることは一般に受け入れられていない。数学的に整然とした状態を目的とする主流派経済学は、人間の脳が時計仕掛けの装置のように働くと推測している。経済学者が設計した世界は、座る人の体重を安定して支えられるという目的だけのために椅子がデザインされるような世界だろう。座る人の快適さとか、椅子の詰め物といったことには注意を払われないのだ。これは「アスペルガー症候群的なデザイン」と呼べるかもしれない――システムのあらゆる部分の働きについては考慮するが、生物学的な部分は考慮しないデザインである[9]。しかし、人間の脳も進化してきたし、形のほうも体と同様に変わってきたのだ。

椅子のデザインでは人間の体格についての知識を考慮することが大事だが、人間の心理についての知識は求められるどころか、めったに有益だとは思われていない。年金制度やポータブル・ミュージックプレーヤーや鉄道の設計を頼まれたときに、人間の心理を考慮する人はいない。年金制度をハーマンミラー〔訳注　アメリカの家具メーカー〕並みに考える人や、納税申告書のデザインをスティーブ・ジョブズふうに考える人はいるのか？　確かにそういう人々は現れ始めている——とはいえ、こうなるまでにはずいぶんと長い時間がかかっている。本書の核となる謎があるとすれば、心理学がビジネスや政策策定に奇妙なほど影響を与えていないのはなぜかということだろう。うまくいくにせよ、いかないにせよ、心理学は目を見張らせるほどの違いを生むはずなのに。

---

(6) 指差しの動作は人間独自のものだ。もっとも、飼い犬は人間が指差す動作を生まれつき理解するまでに進化したように見える。飼い犬は幼いころから人間が腕を伸ばして指差す方向を見るだろう。スティーブ・ジョブズより数十万年も早く、犬は彼らなりのグラフィカル・ユーザー・インターフェース〔訳注　コンピュータの情報の表示にグラフィックを使用し、マウスのような入力装置で操作する方式〕を進化させたのだ——ポインタを合わせてクリックするのではなく、指差し《ポイント》して口笛を吹く人間というものを。

(7) たとえば、足の指で何かから逆さまにぶら下がるとか。

(8) スターバックスはコーヒーを売るという見せかけの裏で、ノートパソコンの使用者に水平な表面（つまりテーブルだ）を貸すことによって利益の大部分を得ている。

(9) この極端な例は、駐車場の設計によく見られる。必要なコンクリートの量を最小限にするため、車が進行方向に対して直角に曲がることになる、上ったり下ったりする傾斜路があるものだ。そんな設計のせいで、運転している人は車を傷つけそうになってばかりで、難しい操作を繰り返さなければならない。対照的に、スティーブ・ジョブズ並みの仕事ぶりで設計された駐車場を見たいなら、ロンドンのブルームズベリー・スクエアを訪ねるといい。そこの地下の駐車場は二重らせん構造である。ハンドルを一定の位置に据えたままで下の階へ行くことも、またバックすることも可能だ。

2.8

イノベーションの多くは何かを取り除くことで生まれる

経済学のロジックは、より多いことがよりよいと提案する。心理《サイコ》ロジックは、より少ないことがより多いことになると信じている場合がしばしばである。盛田昭夫は、日本で17世紀の半ばから酒の製造と販売を、そして19世紀の半ばごろから醤油や味噌の製造と販売も行なってきた家の出身だった。盛田はビジネスパートナーの井深大とともに、1946年にソニーを（東京通信工業株式会社という名称で）創業した。同社が最初に焦点を当てた製品はテープレコーダーで、その後は日本初のトランジスタのポケットラジオを発売した[1]。だが、盛田が天才ぶりをいかんなく発揮したのはおそらくソニー・ウォークマンを製造したことだろう。これはいわば iPod の祖先である。

1975年以降に生まれた人にとって、人々がヘッドフォンをつけて歩き回ったり、電車の中で座ったりしている光景は少しも奇妙ではないだろう。だが、1970年代の後半にはこんな行動はとてもおかしなものだった。1980年代後半の、人前で利用することがばかげていると思われかねない、初期の携帯電話を使っている光景に匹敵するものだっただろう[2]。市場調査では、ウォークマンに関心を持つ人は非常に少なく、かなり反感を持たれていると判明した。「頭の中で音楽を鳴らしながら歩き回りたいと思うはずがない」というのが典型的な反応だったが、盛田はそれを無視した。ウォークマンが生まれたのは70歳の井深がきっかけだった。東京とアメリカを結ぶ飛行機の中でオペラをまるまる聴けるような小型の装置が欲しいと言ったのだ。(3)

開発したエンジニアたちはとりわけ誇らしさを感じていた。盛田から作れと簡潔に指示されたもの——小型のステレオカセットプレーヤー——の製造に成功したばかりか、録音機能までもどうにかつけられたからだ。その余分な機能を取り外せと盛田に命じられたとき、エンジニアたちは意気消沈しただろう。大量生産の経済を考えると、録音機能がついても、(4) 製品の最終価格に数ポンドほど上乗せするだけにすぎない。だったら、この意義ある機能をつけ足さない

---

(1) 厳密に言うと、このラジオはポケットサイズではなかった。しかし、天才ぶりを早くも発揮して、盛田は従業員用にとても大きなポケットがついたシャツを注文したのだ。ラジオを小さくできないなら、ポケットを大きくすればいい。

(2) 私は1970年代にジョギングする人を初めて見たときのことも思い出す——つかの間、目に見えない襲撃者に彼が追いかけられているのだろうと思ったものだ。

(3) あるいはもしかしたら、盛田自身のアイデアだったかもしれない——人によって話は違う。

(4) ウォークマンの内部の一部の原型になったのは、ジャーナリストに多く用いられていた小型のカセットテープレコーダー、ソニー・プレスマンだった。

理由などあるだろうか？[5]「合理的な」人なら、エンジニアの助言に同意したらどうかと盛田にアドバイスしただろう。しかし、複数の人の話によれば、盛田は録音ボタンを禁じたという。

これはあらゆる一般的な経済ロジックに逆らっているが、心理《サイコ》ロジックには従っている。盛田は録音機能があると、新しい装置の目的は何なのかと人々が混乱すると思ったのだ。これは口述録音のための装置だろうか？　レコードをカセットに録音すべきなのか？　それとも、生の音楽を録音すべきなのだろうか？　マクドナルドが店からナイフやフォークを排除したことで、ハンバーガーをどう食べるべきかを明らかにしたように、ソニーはウォークマンから録音機能を排除したことにより、機能の幅は狭いが人間の行動を大いに変える可能性を持った製品を生み出したのだ。可能な利用方法を減らして1つに絞ったことによって、この装置が何を目指しているかを明確にしたのである。これを技術的なデザイン用語では「アフォーダンス」と呼ぶ。もっと知られてもいい言葉である。ドナルド・ノーマンがこう述べているように。

「〝アフォーダンス〟という言葉は、ものの認識された性質と実際の性質を指している。主として、あるものがどのように使われる可能性があるかを決定する基本的な性質のことだ。［……］アフォーダンスはものがどのように使われるかに強力な手掛かりを与えている。板は押すためのものだ。ノブは回すためのもの。スロットは何かをその中に挿入するためのもの。ボールは投げたり弾ませたりするためのものだ。アフォーダンスがうまく働くとき、一目見ただけでそのものの使用法がわかる。写真もラベルもいらないし、指示書きも不要である」
この概念がわかれば、盛田が正しかった理由を理解できるだろう。(6) 何かに機能を付け加えることはいつでも可能だが、それによって新しいものが多用途になるとはいえ、そのアフォーダンスの明確性は減る。使用する楽しさが少なくなり、購入を正当化することがより難しくなるだろう。

世界にはこの手の目に見えない知性が満ちている。伝統的な建築物について私がいつも用いる弁護の言葉は、それが利用しやすいというものだ。数年前、私はロンドンのサウスバンクにある、1960年代のひどく殺伐とした建物で開かれた会議で発表予定の人々と一緒だった。我々はみなその建物のまわりをうろうろし、どこから入ったらいいのかわからずにガラスのドアをあちこち試していた。あなたが大英博物館についてどう言おうとかまわないが、150年後にその古典的な屋根つき玄関に近づいてこんなことを思う人はいないだろう。「うーん、ド

（5）最初のウォークマンにはとにかくマイクはついていた——だが、これはヘッドフォンをつけていても、連れの言葉が聞こえるようにするためのものだった。

（6）ソニーのウォークマンのアイデアへの特許権（それと1000万ドル）は最終的にソニーからアンドレアス・パヴェルに譲渡された。パヴェルはブラジルに住んでいた間に「ステレオベルト」としてこの製品を特許登録していたのだ。とはいえ盛田か井深が、この装置から録音機能を取り除くという重要なアイデアに対して特許を申し立てるべきだったと、私はかなり自信を持って言える。

アはどこにあるんだろう？」

ちょっと想像してほしい。取っ手と「押し板（push plate）」がついていて、押し板の上には「PULSH」〔訳注　push（押す）とpull（引く）の合成語〕と書かれたドアを。録音機能の付いたウォークマンをソニーが製造していたら、このドアと同じことになっていただろう。「PULSH」――つまり、機能が少しも明確ではないものだ。ウォークマンは明確な心理的発見、あるいは経験則――「多芸は無芸の法則」――というものも応用している。すなわち、1つの働きしかないものは、多くのことができると主張するものよりも優れていると、人間は自然に推測するのである。同様に、「ソファベッド」という言葉を聞いたときは本能的に、ソファほど優れていないが、ベッドとしてもあまり快適でない家具が思い浮かぶ。スポークというものを見たことがある人もいるだろう。スプーンとしては不出来で、フォークとして使うにはあまり役に立たない道具だ。

科学的な傾向の持ち主は――かなりと言っていいほど――ウォークマンから録音機能を取り除いたことがよいアイデアだった証拠はないと主張するだろう。多機能モデルが発売されて大失敗したという並行世界は存在しないのだ。さらに、ウォークマンの後のバージョンには録音機能がつけ加えられたことも事実である。もっとも、これはウォークマンという装置の機能が広く認められて理解されたあとに起こったことだが[7]。しかし、ここで私が証拠として当てにできるのは、ある出来事が同じパターンで繰り返して現れることである――あるものに何かをつ

図11　どこにドアがあるか、わかるだろうか？

け加えるよりも、何かを取り除いたことによって重要なイノベーションが生まれる話は驚くほど多い。あけすけに言えば、グーグルは検索ページに散らばっている無関係なたわごとがないヤフーである。そしてヤフーは当時、作りつけのインターネットへのアクセス機能がないAOLだった。どちらのケースも、競争相手が提供しているものに何かをつけ加えるよりは、何かを取り除くことによって、優勢になることに成功したものだ。

　同様にツイッターの存在理由は、投稿の文字数を理不尽に制限することから生まれた。ウーバーは最初、事前に車を予約できなかった。『ザ・ウィーク』誌のように大成功している刊行物は世界の新聞を効果的に取り上げ、多くの無関係な中身を取り除くことによっ

（7）　同様に、最初のiPhoneはかなりわかりやすかった。人々がすでにiPodに馴染んでいたからだ。

て読みやすくしている。マクドナルドは伝統的なアメリカの食堂のレパートリーから99%の商品を取り除いてしまった。スターバックスは創業した最初の10年間は食べ物をほとんど重視せず、コーヒーだけに専念していた。格安航空会社は機内では必要ない快適さが何なのかに基づいて競争した。使い勝手のよさ——そして購入しやすさ——を提供したいなら、多くの機能があると主張しているスイス・アーミーナイフのようなものを勧めないほうがいい場合が多い。[8]携帯電話という注目すべき例外はあるが、たいていの場合、人々は1つの目的にしか使えないものを買うほうがよいことに気づく。

しかし、エンジニアの考え方は——ソニーの場合のように——これに逆行している。機能を取り除くというアイデアは実に非論理的に思えるし、どんなビジネスや政府でも、従来型のロジックを無視せよと主張するのは非常に困難である。あなたが取締役会長か最高経営責任者か、責任のある大臣でもないかぎり。人間は本能的に可能な範囲で最善の決定をしたがるものだと思われるかもしれないが、ビジネスの意思決定を動かすもっと強力な力が存在している。責められたくないとか、解雇されたくないという思いだ。非難されないようにするための最高の保険は、あらゆる決定の場面で従来型のロジックを用いることである。

「IBMを買ったことでクビになった者はいない」はIBMの公式なスローガンではなかった——だが、ITシステムの企業のバイヤーたちの間で広く認められるようになると、その言葉は何人もの評論家が「存在する中でもっとも価値があるマーケティングのスローガンだ」と呼ぶものとなった。企業間取引で最強のマーケティング方法は、自社製品が優秀だと説明することではない。手に入る代替品で間に合わせた人に恐怖心を植えつけたり、不確かさや疑念を覚えさせたりすることだ（恐怖〔fear〕と不確かさ〔uncertainty〕と疑念〔doubt〕は今やFUDと略すのが普通である）。いい決断をしたいという願いと、解雇や非難をされたくないという欲求は一見すると、似たような動機だと思われるかもしれないが、実を言えば、決して同じものではなく、ときにはまったく異なっているのである。

（8）あなたもスイス・アーミーナイフを持っているかもしれない。そうだとしたら、それを使うのはほかのものがないときだけだろうと私は推測している。

第3章

シグナリングの驚くべき魔力

3.1

黒塗りタクシーはなぜ信頼できるのか

私は本書の最初のほうで、従来の合理性と考えられているものから人間の行動がしばしば外れる4つの主な理由について述べた。その最初はシグナリングである。これは責任感や意図を信頼されるように伝えるためのもので、信頼や信用を呼び起こすことができる。ごまかしやだましを避けるためのメカニズムが整うまでは、誰かと協力し合うことは不可能なものだ。信頼性を伝えたりよい評判を築いたりするためには、ある程度の効率性を犠牲にしなければならない場合が多い。

たとえば、私はロンドンで全然知らない人が運転する車に2人の娘を乗り込ませて、目的地まで安全に運んでもらえることを期待できる。その見知らぬ人間が運転しているのは黒塗りタクシーだからだ。黒塗りタクシーを運転できるようになるまでには、「ナレッジ試験」として知られる4年間の過酷な入門プログラムを誰もが耐えなければならない。彼らにはチャリングクロス駅から半径約10キロ以内のあらゆる通りや主な建物や店舗を記憶することが求められる。2万5000の通りと2万の目標物がある地域だ。そのために、運転手を目指す人は夜の空き時間や週末の大半を使って、試験に出そうなルートを原付で走り回らなければならない。そして任意の2地点を結ぶ最速ルートや最短ルートに関する知識をテストされるため、定期的な試験で面接官の前に出ることになる。このプロセスはあまりにも過酷なので、参加者の海馬〔訳注　記憶に関わる脳の部位〕が肥大するんじゃないかと思われるほどだ。タクシー運転手の言い伝えによれば、「ナレッジ試験」のモデルは最初、アルバート公によって提案されたらしい(1)。この試験の厳しさはまぎれもなくドイツ的だ。応募者の70％以上が試験に落ちるか、脱落してしまう(2)。

かつては有益だったものの、衛星ナビゲーションやグーグル・マップの登場により、「ナレッジ試験」が不要だと感じている人は多い。「市場の効率性」にこだわる従来の経済的な考え方では、「ナレッジ試験」がタクシー運転手の希少性を維持するために築かれた「参入障壁」に思われると主張されるだろう。私はそれに同意したい気持ちに駆られた――だが、「ナレッジ試験」がナビゲーションの技術よりも、シグナルとしてははるかに多くの価値を持っていることに気づくまでの話だった。

---

(1) この話が真実かどうかはともかく、あらゆる商売人に資格が必要だという概念にはどことなくドイツ人らしいところがある〔訳注　アルバート公はドイツ系である〕。
(2) アメリカ人は、番号づけされた碁盤目状のシステムがロンドンにないことを覚えておくべきだ――どの通りにもそれぞれ名前がつけられ、さらに混乱させられることに、街の別の地域に同じ名前の通りが存在する。

同じ人と何度も交流することはほぼ皆無のロンドンのタクシー業界のような市場では、働くためにかなりの信用を得なければならない。この信頼を築くための方法の1つは商売に従事するのを認められる前に、努力の成果を充分に証明することだ。信頼の基準を維持することが、あらゆる正直なタクシー運転手の利益になる。タクシーに乗った客のわずか0・5％でも、法外な料金を要求されたり強盗に遭ったりしたら、システム全体の信頼が消滅し、ビジネスすべてが崩壊するだろう。

中世のギルドが存在していたのはこれと同じ理由からだった。町では匿名性が高いせいで、信用を得るのがより難しい。この問題を補う助けとなったのがギルドだった。もし、ギルドに加入するには金も時間もかかるなら、加入できた人々はこの同業組合に真剣に関与していることになる。ギルドは自己管理する集団でもあり、入会を許可されるのに先立って払う費用は、ギルドから追放されることへの恐怖心を増大させた。

責任を持った関与を確約するこの種の仕組みは、いったんあることに大変な資源を投入したら——時間でも金でも労力でも——それを無にしようとすることはあり得ないという事実を利用している。別の言い方をしよう。黒塗りタクシーを運転する資格が、3晩か4晩の講習を受けて中古のトムトム〔訳注　アメリカ先住民族のドラム〕を買うくらいの金を払えば取得できるなら、私が娘たちの安全を任せられるほど運転手を信じられるだろうか？

信用を支える3つの大きなメカニズムは、互恵性〔訳注　互いに相手に利益や恩恵を与え合うこと」と評判、それにプリコミットメント〔訳注　成し遂げたいことを宣言すること〕のシグナリングだ。あなたの忠誠心を必要としている地元の会社を何度も利用してもかまわないし、アディソン・リーとかグリーン・トマト・カーズといった、評判のブランドのもっと大きな会社を利用してもいい。または資格を得るために多大な努力をし、不正行為を働いたらすべてを失う立場にある人を信用するのもかまわない。こういう仕組みを信じないなら、アテネへ行ってみてほしい。そこでタクシーを利用する外国人は、アテネ市民の場合よりも平均して目的地まで10％長い距離を乗る羽目になる。またはスペインのセビリアへ行ってみるといい。そこで私は不当な20ユーロの「空港発着追加料金《スプレメント・アエロプエルト》」を払わされたのだった。またはローマに行ってほしい。私の同僚はそこでタクシーの運転手に金品を奪われた(3)。

ウーバーは信用を宣伝するための異なるメカニズムを持つタクシー会社である。タクシーに客が乗るたびにデジタル記録が行なわれ、評価システムがあり、運転手の経歴のチェックは次第に厳しくなっている。私はタクシーに関する問題の唯一の解決策が「ナレッジ試験」だと主張するつもりはない。だが、ナビゲーションの価値は「ナレッジ試験」の一部にすぎないと

（3）ロンドンのシステムも完璧ではない。ジョン・ウォーボーイズという名のタクシー運転手は、２００９年に12件のレイプ事件と性的暴行の罪で起訴された――さらに多くの余罪があったと推測されたが、そんな例はごく稀である。２０１６年、ロンドンでは資格を持ったタクシー運転手の31人が性犯罪で起訴されたが、その中に黒塗りタクシーの運転手は１人もいなかった。

言っているのだ。この試験の価値の大半は、シグナリングとして利用できることである。さらに、黒塗りタクシーの運転手が経験豊富である可能性が高いことも示している。一時しのぎの仕事としてタクシー運転手をやるだけのつもりなら、試験を受けるための4年間を耐える意味がないからだ。その点を考えると、ナレッジ試験は長期にわたる努力を証明する、いわば前払いの費用なのである。

3.2 ゲーム理論が実生活では通用しない理由

ロジカルな文脈では筋が通らないものでも、突然、完全に筋が通ることがある。そういったもの自体について考えるのではなく、それがどんな意味を持つのかを考えた場合だ。たとえば、婚約指輪はものとしては少しも実用的な役割を果たさない。しかし、婚約指輪は——そしてその価格は——それが持つ意味を大いに暗示している。つまり高価な指輪は自分の結婚が長続きすると信じている——その意図がある——男性による、高額な賭け金なのだ。

さて、読者のみなさんは「最後通牒ゲーム」[1]だとか、信用や互恵性という性質についてのさまざまな実験的でゲーム理論的な研究に関する章を本書に期待しているかもしれない。しかし、本書にはそのような章がない。理由は、「最後通牒ゲーム」がばかげていて、「囚人のジレンマ」もやはりばかばかしいからだ。こういったゲームは実生活ではあり得ない、状況に左右

(1)「最後通牒ゲーム」も「囚人のジレンマ」も、協力がどのようになされるかを考えるための、理論的な演習である。もちろん、グーグル検索してみるといい。だが、それらが人為的なものであることをお忘れなく。

されない理論的な世界にしか存在しないものだ。どちらも1回限りのやり取りという考えを想定し、相手のアイデンティティについて何の知識もない見知らぬ2人が関わる取引を仮定しているのだ。実際の世界では、そういった取引はほとんど行なわれない――我々は店から物を買うことを選ぶのであって、道端の見知らぬ人から無作為に買うわけではないのだ。[2]

取引をするとき、たいていは相手のアイデンティティがわかっているから、彼らが責任を持って関与するだろうという手がかりをつかめる。たとえば、初めて訪れる町で私がある店に入っていったとしよう。店主が金だけ取って商品を渡そうとしない可能性もわずかにある――店主は詐欺師かもしれないのだ。しかし、今度はその店が〈H・ジェンキンズ・&・サンズ〉という名で、ドアの上には「1958年創業」と読める看板が出ていたと仮定してみよう。店主が敷地や仕入れに投資したのは明らかだし、彼のビジネスモデルが地元の人間から搾取することで成り立っていたら、過去何十年も商売が続いてきたはずはないだろう。[3] 自分の評判が落ちれば、店主は誠実さに欠けた取引でどんなものを得たとしても、はるかに損をする立場にある。だから、このように正直な取引が行なわれる場所なら、信用しても大丈夫だと思えるのだ。先行投資は長期間、責任を持って何かに取り組むという証明、正直な行動のいわば保証人である。評判は自分の行動に責任を持っていることの証だ。評判は失うよりも、獲得するほうがはるかに時間がかかる。

「最後通牒ゲーム」がうまくいくようにして、誰もが協力し合うようにしたいなら、私に簡単なメカニズムの提案をさせてほしい。参加者にただこんな要求をすればいいのだ。ゲームに参加する前に、みなさんはロンドンの2万5000の通りと2万の建物を記憶してください、そしてこれには4年かかります、と。その時点であなたに必要なのは、確実に詐欺師がゲームから追放される簡単なメカニズムだ。そのような状況なら、誰も詐欺を働きたいと思わないだろう。そんなことをすれば、そもそも参加するために注ぎ込んだ労力を回収する前に、ゲームから放り出される危険があるからだ。(4)

問題が1つ残る。人々がゲームから去る直前に詐欺を働く可能性があることだ。(5) 理論からす

(2) 私が会った中で、アイデンティティをまったく知らない相手と一度かぎりの高価な取引をした者が1人だけいた。予想がつくと思うが、それは災難となった。私の友人がイングランドからオーストラリアへ引っ越して、中古車を欲しいと思った。車を売っていたある男がスーパーマーケットの駐車場で会おうと私の友人に言った。友人はこのように説明してくれた。「奇妙だと思われそうだが、ぼくはオーストラリアに着いたばかりで、単純にこの地ではそんなふうに取引が行なわれるんだろうと思ったんだ」友人は愚かにも購入の取引を終えた。そのあと、車が盗難車だとわかったのだった。

(3) その店が主に観光客を相手にしていたら、話はすっかり変わってくる——少なくとも、旅行関連サイトの「トリップアドバイザー」の出現まで、店は何の罰も受けずに無事に観光客をだませていただろう。

(4) 企業が大学の卒業生の採用に熱心な理由はこれかもしれない。いい仕事を獲得するために金や時間を投資した人なら、オフィスを歩き回ってノートパソコンを盗んで、投資分のすべてを無駄にする真似をしそうにないからだ。

(5) 職場での最終日にものをくすねる人はかなりいるだろう——もっとも、彼らはそういった品物を「記念品」と呼ぶことが多いのだが。職場での初日に何かを盗むことははるかにリスクの大きい行動だ。

れば、ロンドンのタクシー運転手が仕事の最終日に乗せた最後の客を、ぞっとするほど遠回りのルートで運ぶことを止めるものはない。そのときに職を失っても、運転手が将来の収入を犠牲にすることにはならないのだ。失うべき将来の収入などそもそもないのだから。意図したのかどうかはさておき、ロンドンのタクシー運転手はこれについての解決策を見つけたようだ。数年前、私がロンドン中心部でタクシーに乗ったとき、料金は15ポンドだった。私は目的地で若い運転手に20ポンド紙幣を差し出した。「受け取れませんよ、お客さん、あなたは私が初めて乗せた客なんでね」運転手は言った。「え？　本当かい？　なぜなんだ？」「それが伝統なんです――初めての乗客からは料金を受け取らないというのがね」当時、私はその伝統が気に入ったものだが、今になって思い当った。この伝統は驚くほどしゃれたものではないかと――もし、一生の間にロンドンで、仕事の最終日だという運転手のタクシーに乗ることになって、少しばかりぼったくられても、私とロンドンのタクシーはうまいこと引き分けになるというわけなのだ。

3.3

常連客に向けたシグナル

常連客を想定することによってビジネスが正直な態度を保つと私は述べたが、もう1つ引き出せる結論がある——自社のビジネスモデルは常連客を頼りにしていると示すことが、そのビジネスの正直さのシグナルになるのだ。

以下の事項の共通点は何だろうか?

1. 大型の肉食性魚類は、自分の体から寄生虫を掃除してくれるベラのように役に立つ魚を食べないという事実。
2. かなりの金額を服や化粧品に使うときにもらう、持ち手がロープのおしゃれな手提げ袋。
3. ハンバーガーチェーンのファイブ・ガイズで、無料でお代わりをもらえるフライドポテト。
4. 結婚式で使う大金。

5. あるホテルでは無料となる、ささやかなミニバーの使用料。
6. 銀行の支店で惜しげもなく用いられている大理石とオーク材。
7. 会社が社員を送り込んだ高額の研修コース。
8. 贅沢な宣伝キャンペーン。
9. あるレストランで食後に出してくれる無料のリモンチェッロ〔訳注 レモンを用いたリキュール〕。
10. あるブランドへの投資。

単純で短期的な経済の合理性の観点から見ると、ここにあげた行動はどれも意味を成さないように思われる。銀行はポータキャビン社製のプレハブ式の建物でも完全に事業を行なうことができるだろう。持ち手がロープの手提げ袋は高価だが、防水でさえない。リモンチェッロは安くないし、嫌いだと言う人も多い。それに、その研修コースには本当に5000ポンドの価値があったのだろうか?

こういったすべての行動は、あるシグナリングが働いていると考えたときにしか意味を成さない――これらは短期的には犠牲が大きく、利益をもたらすとしても長い目で見た場合だけという行動の例である。それは――少なくとも――そういう行動をとる人間や動物やビジネスが、短期的な利益よりも長期的な利益のために行動していることの確実なシグナルなのだ。

この2つの違いはとても重要である。進化生物学者のロバート・トリヴァースが示したように、長期的な利益は短期的な利益と違って、相互に有益な協力と見分けがつかない行動に通じることが多い。大きな魚が体を掃除してくれる魚を食べない理由は利他主義ではなく、長期的に見れば、掃除魚は殺すよりも生かしておいたほうが自分にとって価値があるからだ。一方、掃除魚は外部寄生虫を無視し、自分を宿らせてくれる魚のえらを食べるというイカサマをすることもできる。だが、大きな魚が常連客となってくれるほうが、掃除魚にとっての長期的な未来はより好ましいものになる。[1] 正直で互いにとって有益な関係を保つ理由は、常連になってくれる見込みがあるからにほかならない。

ゲーム理論では、常連になってくれる見込みは「継続確率」として知られている。アメリカの政治学者のロバート・アクセルロッドはこれを詩的に「未来の影」と呼んだ。一度きりの取引よりも、取引が繰り返し行なわれることがかなり期待されるときのほうが、協力し合う見込みははるかに大きいことに、ゲーム理論家も進化生物学者も同意している。クレイ・シャーキー〔訳注 ソーシャルメディアの専門家〕は社会資本を、「社会的規模の未来の影」とさえ表現した。我々は長期的で相互に利益がある行動にコミットすることを伝える手段として、継続確率

(1) そのとおりの行動を魚はとっている。魚は自分の掃除魚に対して、驚くほどのブランド・ロイヤリティ〔訳注 特定ブランドに対する消費者の忠誠心〕を示しているようだ。

を得ようとするが、これをまったく考慮しないビジネスもある——取引先との契約期間が短くなればなるほど、知らず知らずのうちにお互いの協力関係が失われるかもしれない。

とはいえ、継続確率について考えてみると、ビジネスには2つの対照的なアプローチがある。「旅行者のレストラン」というアプローチは、一度しか自分の店へ来ない客からできるだけ多くの金を取ろうとするものだ。また、「地元のパブ」というアプローチもある。これは客がやってくるごとに店が取る金は少ないが、また来てくれるように仕向けることにより、時間が経てばより多くの利益をあげられるというアプローチだ。2番目のビジネスのタイプは、1番目のものよりもはるかに多くの信用を生むと思われる。

2番目のタイプのビジネスを、1番目のものからどうやって区別すればいいのか？　そう、ファイブ・ガイズでの無料でお代わりをもらえるフライドポテトはそんな仕掛けの1つだろう——あとで利益をもたらしてくれる人への直接的な出費（額は少なくても）、常連となってもらうために投資しているという信頼できる手がかり、そして1つの取引のみから金を搾り取ろうとはしていないことを伝えているのだ。同様に、ある会社が毎月、報酬を払ってくれるとしたら、あなたには今のところ、その金額に見合う価値があると会社が考えているということだ。会社が高額な研修コースに送り込んでくれたら、少なくとも数年は会社があなたにコミットするしるしである。(2)

もしも魚が（そして共生植物のいくつかさえも）進化してこのような区別ができるように

なったのだとしたら、人間が本能的に同じ行動をとれても不思議じゃないし、長期にわたって関係を築いているブランドとビジネスをしたがるはずだ。この理論が真実なら、顧客の行動に直感と相容れないものがあることも説明されるだろう。長年、観察してきて驚いたことだが、顧客が抱えている問題を、あるブランドが満足のいくやり方で解決した場合、そもそもブランドに何の過失もなかったときよりも顧客の忠誠度が高くなる。奇妙に思えても、このように理解すれば納得がいくだろう。費用をかけて顧客のために問題を解決することは、将来の関係性に力を注いでいるというシグナリングの優れた方法だと。「継続確率」の理論は、あるビジネスが短期的な利益の最大化だけに焦点を当てていると、顧客からあまり信頼されなくなるらしいとも予測している。実に説得力がある。

あらゆる人間の交流には、口にされないこんな疑念がつきまとっていることを覚えておいてほしい。「この取引から自分が得たいものはわかっている。しかし、このやり取りでのあなたの利益は何か？　あなたが約束を果たすと信じていいのか？」相手が正直かどうかを知る必要はない。その取引で相手が正直な人間として行動することがわかればいいのである。狭いコミュニティでは、誰に対しても正直だという評判を得られるかもしれない。それはそれでい

（2）社員研修のコミュニティでは広く知られている話だが、ある会社が研修に投資して得られる最大の利益は社員の忠誠心だという。

い。1950年代には、1人の顧客さえだます危険を冒す銀行経営者はいなかっただろう。顧客の1人がだまされていることに気づけば、銀行経営者の評判は町のいたるところで落ちてしまっただろうから。

ある人間関係においては意味を成すが、一度だけの取引では意味を成さない支出——金銭にしろ努力にしろ——には、さまざまな形のものがある。乗客が間違った乗車券を買ったときに払い戻しの手数料を課さないとか、食事の最後に無料のチョコレートを提供するといったちょっとした心くばりを示す行動は、信頼性を再確認できるものだと顧客から思われる。同様に、そのようなシグナルがない場合は顧客の不安の原因になる。

カスタマーサービスが企業を評価する非常に強力な指標となる理由の1つは、金も時間もかけて提供されるサービスであることを客が認識しているからだ。客が製品を購入して支払いを終えたあとも、その品に失望していないことを確かめるために時間を惜しまない会社は、小切手が決済されたとたん、客にすっかり興味を失う会社よりも信頼できて、まともである可能性が高い。同じことが人間関係にも当てはまる。無礼な態度と丁寧な態度との違いはちょっとしたものかもしれないが、無礼な態度は努力を必要としない。丁寧な態度には、人にドアを開けてやることから、部屋に誰かが入ってきたら立ち上がることまで、数多くのちょっとしたお決まりの行動が求められる。そういう行動のすべてが、それをしない場合よりも努力を要する。人は相手の意見を大切にしていることを、そのような遠まわしな方法で伝えているのだ——また、自分の評判を大事にしていることも。

3.4 シグナリングが費用のかかるものであるべき理由

20年前、私と同僚は小規模だが重要な宣伝広告に取り組んでいた。任務は数千人のＩＴ部門の上級職に手紙を出し、一般公開されるのに先立って、マイクロソフト・ウィンドウズＮＴ32ビットのサーバソフトウェアを試しに使ってみてほしいと依頼することだった。単に手紙を普通郵便で送り、その製品がどんなもので、何を提供する予定かを伝えることもできた——その方法でも情報は伝わっただろうが、それではたいした意味を持たない。そうする代わりに、我々は無料のマウスパッド(1)やペンといった細々した物を詰め合わせた、過剰なほど高価な包みを苦心して用意した。

そんなことをしたのは、そのソフトウェアの存在を伝えるだけでなく、非常に意味のある新製品で、マイクロソフト社が多額の費用をかけたと伝えるためでもあった。さらに、そんなソフトウェアを無料で試せる特権的な地位にいる人がごく少ないことも伝える必要があったのだ。手紙で述べてもよかったが、それだと何の意味もないだろう。いわゆる「チープトーク」〔訳注　コストをかけないが、相手の行動にも影響を与えない情報伝達のこと〕と呼ばれる、何かを売ろうとしている誰もが話すことのできるものにすぎない——ただの主張であって、何かを証明するものではないのだ。実際、普通郵便で（さらに悪い場合は大口郵便で）「限定された方への招待状」を送ることは自己矛盾しているだろう——「限定された方へのこの招待状を数多くの人に送っています」と伝えていることになる（だから、真に排他的なクラブはマスメディアで宣伝しないのだ）。

そういうわけで、我々が作成した包みは手の込んだものだったし、大量に作るには不経済だった——そして、それは賞も獲得した。だが、私がこのことを思い出すのは、アメリカ中西部出身で経理部長だったスティーブ・バートンとこのプロジェクトに取り組んだからだった。彼はプロジェクトの概要を伝えるにあたり、こんなことを言った。「いいかな」彼は言った。「きみたちにはひときわ目立つ創造的な仕事をしてほしい。だが、できないというなら、便箋1枚分の本当にすばらしい手紙を書いてくれ——そうしたら、それをフェデックスで送ろう」スティーブは生物学者が「コストリー・シグナリング理論」と呼ぶものを効果的に表現してみせたのだった。あるものが伝える意味や意義は、それを伝えるものの費用に正比例するという事実だ。

あなたが何かを受け取ると想像してほしい——フェデックスで送られた封筒を開けずに捨て

（1）これは1990年代のことだ。

られるだろうか？　そんなことができるはずはないと言ってもいいだろう。我々が受け取り手に求めたのは情報を知ってもらうことだけではなかった。注目してもらい、納得してもらい、重要だという感覚を持ってもらいたかった。経済的に合理的な50ペンスの切手を貼った封書では得られないが、料金が10ポンドのフェデックスの封書でなら得られるものだ。

結局、そのキャンペーンは大成功だった。ほぼ全員が包みを開けて中身に目を通した——そして10％以上の人が、かなりの努力を要するにもかかわらず、この製品を試したのだ。2018年なら、デジタルを用いる合理主義者がこう提案しただろう。数百人のＩＴ部門の上級職に連絡を取るには、フェイスブックを通じてか電子メールを送ればいい、と——幸いにも、この2つの選択肢は1990年代半ばの我々には使えないものだった。こういう選択肢を提案する人は論理的には正しいが、感情的には完全に間違っているだろう。(2)

ビットは情報を運ぶものだが、値の張るものは意味を伝えてくれる。Ｅメールを送って結婚式に客を招待する人はいない。結婚式の情報（そのすべては1通の電子メールで事足りるはずだ——携帯のショートメッセージ1通でも充分かもしれない）を金箔が型押しされたカードで送ると、多額の費用がかかる。同じ日に行なわれる2件の結婚式の招待状を受け取ったと想像してほしい。1通は金縁で型押し加工された高級そうな封筒で来て、もう1通（これもまたそっくり同じ内容だ）はＥメールで来たとする。正直になってみよう——あなたは最初の招待状のほうの結婚式に行くのではないだろうか？(3)

（2）　かつて、ある広告主がコストリー・シグナリングの原理を用いてテレビ広告を放映したことがあった。ターゲットとなった視聴者はわずか2、300人で、アメリカの大手多国籍企業の英国の子会社の重役たちだった。当時、彼らの大半はアメリカ人だったので、1980年代後半に、その広告主の会社は英国の公共テレビ局であるチャンネル4がスーパーボウルを放映している間に、自社を売り込むコマーシャルを流した。当時の英国でアメリカン・フットボールはほぼ知られていなかったから、放映枠は途方もなく安かった。もちろん、こういうアメリカ人たちは、英国のテレビでこの番組を毎年必ず見ていた。アメリカ人にとって、これは「スーパーボウルでのコマーシャル」だった。我々英国人にとっては、なんだかよくわからないスポーツの途中で入る、空いてしまった広告枠を埋めてくれる歓迎すべきコマーシャルだったのだ。

（3）　新郎新婦には悪いが、そのとおりに違いない。2番目の招待状だと、結婚式にキャッシュバー〔訳注　パーティでアルコール飲料を売る仮設バー〕があるんじゃないかという不安な疑念を生んでしまう――つまり、切手代も払えないなら、新郎新婦が大量の高級なジンに金を使う可能性などなさそうじゃないか？

3.5

合理性を追求すると水のように無味無臭なものとなる

「クレド・クィア・アブスルドゥム・エスト（不条理なるがゆえにわれ信ず）」と聖アウグスティヌスは言った。たぶん、こんな意味だろう――「私がそれを信じるのは、ばかばかしいものだからだ」聖アウグスティヌスはキリスト教について話しているのだが、人生のほかの多くの面についてもこの言葉は真実である。人が物事に意味づけをするのは、まさしくそれが理にかなったものから逸脱しているように見えるからだ。ありふれた日常の「騒音《ノイズ》」よりも、普通とは違う意外な、または予想外の刺激やシグナルのほうに注目するように人が進化したことは驚きではない。その結果、他のどの社会的な生物種とも同じように、自分の種の仲間に確実に意味を伝えたいと思ったら、表面上は「ばかげた」行動をとる必要が生じたのだ。

理論神経科学者のマーク・チャンギージーは、水が「何の味もしない」理由について単純な進化論的な説明をしている。彼の考えによれば、人間の味覚のメカニズムは水の味に気づかないように修正され、水を汚染しているかもしれない物質の味を感じるのに最適なように調整されてきたのだという。もしも水がドクター・ペッパーのような味なら、味覚に負荷がかかりすぎて、「羊の死体」のような味がしても、かき消されてしまうだろう。その味がわかれば、500メートル上流の水たまりに腐敗した羊の死骸があるという事実が警告されるのに。水は「何の味もしない」から、普段とは違うごく些細なことにでも人は気づけるのだ。幼い子どもについても同じような実験を試せるだろう。小さな子たちに大好きな食べ物を与えてみよう。ただし、ごくわずかのハーブかスパイスを加えてほしい。彼らはそれが嫌なものだと気づくはずだ。期待していた味とわずかな違いがあったせいで、なぜか子どもはそれが安全ではないと思い込む(1)。

人間の知覚はこれと同じ方法でもっと広く修正されていると、私は主張したい。我々は狭い、経済的な常識から外れたものに気づき、意義や意味をそこにつける。まさしくそれらが常識から外れているという理由で。もし狭くて経済的な合理性を追求すると、モノに溢れているが、意味というものが欠けた世界が生まれることになる。その結果、建築ではモダニズムが生まれた。装飾や「不要な」ディテールが著しく欠けていて、それに伴って「意味」が失われたスタイルだ(2)。私のひそかな望みは3Dプリンターで建物が作れるようになり、21世紀にも、い

(1) 幼い子どもはハイハイを覚えるくらいの年齢になると、食べ物に対する保守的な味覚が発達する。おかげで非常に危険なものを食べずに済むのだ。
(2) 私の友人である経済学者のニコラス・グルーエンは最近バルセロナを訪れ、ガウディのサグラダ・ファミリアを見てこう言ったそうだ。「やれやれ、モダニズムがなかったら、20世紀の建築物は全部こんなふうだっただろうな！」

くらかガウディ的な建物がまた現れることだ。(3)

(3) ところで、モダニズムは建築様式としては特に効率的でもない。重さを支えるにはアーチのほうが梁よりも優れているし、平らな屋根は工学の世界ではぞっとするものとされている。しかし、モダニズム建築は経済学や経営コンサルタントと同様に、効率性という見かけを作ることが得意なのだ。

3.6
コストリー・シグナリングとしての創造性

結婚式の招待状の紙代や印刷代に金を注ぎ込む余裕がないなら、私が「創造性」と呼ぶ、もう1つの稀だが便利なものを使うといい。もっとも、創造性にはさまざまな才能が含まれる。デザイン、芸術性、職人技、美、撮影の才能、ユーモア、音楽的才能、いたずら好きな大胆さすらも。手作りのバースデーカードは高価な市販製品より安っぽくなりがちだが、より心を動かすものになるだろう——しかし、それにはある程度の努力が必要だ。[1] 結婚式の招待状として、自作の歌を吹き込んだビデオもあり得るし、充分に才能があり、まあまあの価値がある作品ならメールで送ってもいいだろう。だが、簡潔で事実に基づいたおもしろくもないメールで招待してはいけない——それには何の創造性もないし、事実が述べられただけのものだからだ。

このような招待状の意味は、コストがかかる資源を消費することから生まれる——つまり、

(1) 4歳を過ぎたら、ただ紙に殴り書きしたものではいけない。

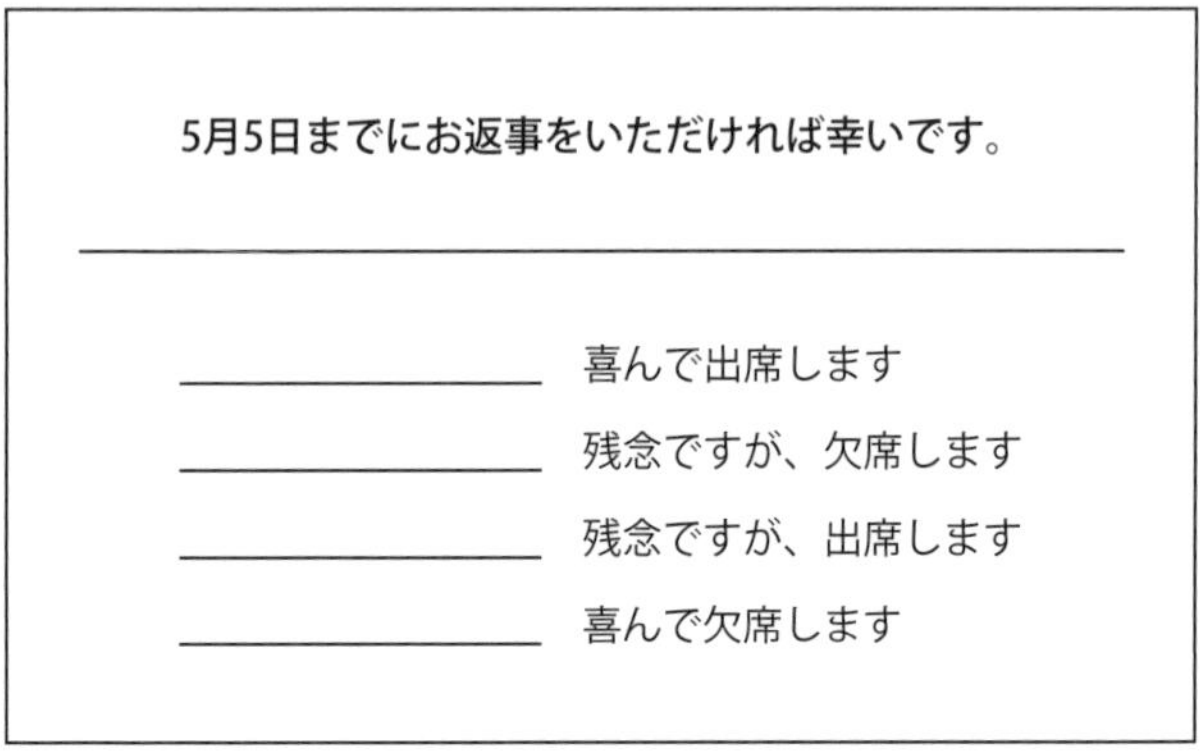
5月5日までにお返事をいただければ幸いです。
喜んで出席します
残念ですが、欠席します
残念ですが、出席します
喜んで欠席します

図12　大胆さや機知は、コストリー・シグナリングの1つの形になり得るだろう。

金銭でないならば、才能や努力、あるいは時間やスキルやユーモアや、場合によってはきわどいユーモアや大胆さといった資源だ(2)。しかし、何かコストのかかるものがなければ、それはただの騒音《ノイズ》にすぎない。

効果的なコミュニケーションをとる場合、いつもある程度の不合理さが必要になるだろう。完全に合理的になれば、水と同じように何の味もしないものになるからだ。このことから、広告代理店との仕事がいらだたしいものになる理由が説明できる。優れた広告を生むことは難しいが、優れた広告が優れているのは、生むのが難しいからなのだ。コミュニケーションの有効性や有意性は、それを創造するコスト――それを創造・分配するためにどれほどの苦痛や努力や才能（あるいは才能がない場合は、出演料がかかる有名人や値の張るテレビ放映枠）を費やしたのか――に正比例している。これは効率が悪いかもしれない――だが、そのおかげでうまくいっているのだ。

ごく単純に言えば、力のあるすべてのメッセージにはばかばかしさ、不合理さ、犠牲の大きさ、不均衡、効率の悪さ、希少性、困難さ、浪費といった要素が含まれていなければならない——なぜなら、あらゆる強みにもかかわらず、合理的な行動や会話は何の意味も伝えないからである。ナイキは2018年のキャンペーンの象徴としてコリン・キャパニックを選んだ。キャパニックは試合前のアメリカ国歌斉唱時に立たないでひざまずくという慣習をもたらしたアメリカン・フットボール選手だが、ナイキが彼を選んだのは勇敢さを通じてコストを伝える1つの例である。キャパニックは出演料が高い人材ではなかった——彼のキャリアは不安定だった——が、勇敢だった。彼は警察の残虐行為に対するNFLの抗議とほぼ同一視された人間だったからだ。このナイキのキャンペーンが示すように、短期的な自己利益と無関係な行動をとることによって、意味が伝えられる——我々は自分たちが払うコストや負うリスクによって意味を伝えられるのである。

本書でもっとも重要な考え方の1つは、チープトークよりも価値があるものを生み出せるのは、狭量で短期的な自己利益という姿勢から外れた場合だけだということだ。したがって、合理的で経済的な理論の指示に従っているのみでは、信頼や愛情や敬意やよい評判やステータスや誠意や寛大さ、あるいは性的なチャンスは生まれない。もし、進化にとって合理性が価値あ

（2）　マルセル・デュシャンによる作品、「泉」（1917）は大胆さから、芸術であると見なされたのだろう。

るものなら、会計士がセクシーということもあり得るだろう。だが、男性のストリッパーは会計士の格好ではなく、消防士の服装をしている。大胆さはセクシーだが、合理性はセクシーではないのだ。この理論をさらに拡大できるだろうか？　たとえば、韻文が散文よりも感動的なのは、書くことがいっそう難しいからだろうか？(3)　また、話すよりも歌うほうが難しいから、音楽は普通のスピーチよりも感情に訴える力が強いのだろうか？(4)

（3）申し訳ないが、こう書くべきだった。「散文は韻文よりも書くことが易しい。したがって、説得力がより少ない」詩は衰退していると推測されるが、最近、ウェイン・ルーニー〔訳注　イングランドのサッカー選手〕が妻のコリーンに捧げる愛の詩を書いていると知って私は喜んだ。電子メールではなかなか献身的な愛情が伝わらない。

（4）申し訳ないが、こう書くべきだった。「何かにメロディーをつけたら、すばらしい結果になる。少しも筋が通らなくても、その言葉にはなぜか意味がつくだろう」たとえば、この言葉をベートーベンの『歓喜の歌』のメロディーで歌ってみよう。

3.7 効率の悪い行動によって伝えられること

数年前、私の家から1キロちょっと離れた、かなりにぎやかな通りにカフェがオープンした。店内には20ほどの席があり、外の舗道にはいくつかベンチが置いてあった。悪くないカフェだったが、やがてつぶれてしまった。新しい人が店を買い取り、前と似たような方法で経営していたが、それもまた閉店してしまった。

そんなわけで、店舗を引き継いだ3番目の店主が同じ経営方法に頼るのは自信の持ちすぎじゃないかと思われたが、彼らは奇跡的にも成功するビジネスを生み出したのだ。料理や価格は前の店のものとあまり変わらないように見えた。それどころか、以前の店との唯一の変更点はごく些細なことに思われた。今度の店は前よりも魅力的な椅子とテーブルを購入し、一日の始まりにそれを店の外に置いた。そして椅子やテーブルのまわりに人の腰あたりの高さの金網フェンスをめぐらせ、そこを一種のテラスにしたのだ。これは前の店のようにベンチを据えるよりは効率が悪かった。この移動式（したがって盗まれやすい）の家具は毎日閉店後にしまわなければならず、毎朝また並べなければならなかったからだ。

しかし、新しい店が成功した理由はまさにこの変化にあると私は考えている。前にも言ったように、カフェはにぎやかな通りにあった――実際、運転に集中している人なら、店があることがすぐにはわからないだろう。「コーヒー」と書いてある看板を見つけたとしても、店の外に誰も座っていなければ、開店しているのかどうかはっきりしない――5分もかけて駐車スペースを見つけたあげく、店が閉まっていると気づくかもしれないのだ。(1) 以前のいつも店外にあったベンチは、店が開いているかどうかを示すものとしては意味がなかった。対照的に、新しい椅子やフェンスはそのまま放置されれば盗まれるか、風に飛ばされるかもしれないので、それがあれば店が開いている保証になった――椅子やテーブルを通りに残したまま、店を閉めて帰ってしまう店主はいない。

「いや、ちょっと待ってくれ」とあなたが言う声が聞こえそうだ。「確かに理論的には正しそうだが、店外の家具が持ち運べるかどうかをもとにして、あるカフェが開いているかどうかを意識的に考えながら、幹線道路を運転している者などいないよ」ある意味ではあなたの言うとおりだが、人はそんなことを意識的にやっているのではない――本能的にやっているのだ。そういう判断をするために思考プロセスを用いている。それは自覚している意識の範囲外で行なわれているのだ。人はどこへ行くときでも、自分がそうしているとは少しも気づかずに、環境を手がかりとして無意識に推論を導き出している――それは自分が考えているとも思わない思考なのである。

このような思考プロセスは、従来のロジカルなものというよりは心理《サイコ》ロジカルなもので、人が意識的な理由づけをするときに適用するのとは違うルールに頼っている。だが、脳が進化してきた状況を考えると、必ずしも不合理でもない。人の脳は数学的な正確さを用いながら完璧な決定をするように進化したのではないのだ――アフリカのサバンナでそんなものはあまり必要ではなかった。数字ではなく、偽物もあるかもしれない限られた情報に基づいて、破滅的ではない、かなりよい決断にたどり着く能力が発達したのだ。不合理どころか、我々がカフェの外にある椅子を見ただけで引き出せる推測は驚くほど賢いものである。いったん、そういった推論の裏にある論理的思考を理解したら、そのすごさがわかるだろう。

「営業中」と書かれた看板は無意味かもしれない。「休業中」と書かれた面にひっくり返すのを忘れただけかもしれないのだから。どっちにしろ、車からは看板が読みにくいだろう。「営業中」と書かれたネオンサインのほうが信頼できそうだ。電気を節約するため、店を閉めて帰る人は電源を切るだろうから。[(2)] しかし、風よけのフェンスの向こうにある、軽くて積み重ねられる椅子は――信用してもいいシグナルだろう。言い換えると、椅子は効果的な宣伝の役目を

(1) 英国の地方にある紅茶やコーヒーの店に馴染みの人なら、そういう店の営業時間がとにかく風変わりなのを知っているだろう。

(2) とはいえ、ネオンサインは英国のカフェよりもアメリカの食堂のほうがふさわしい。

果たしている。椅子を買う費用と、店の外にそれらを並べて一日の終わりにはまた積み重ねるという日々の労力は、まともな営業をしているカフェだという信頼できるシグナルだ。理性によって意識的に理解されるものではなく、それとなく理解されるシグナルである。私は30年以上にわたって広告業界で働いてきて、多額の予算を備えた大企業と働くことが多かったが、小規模なビジネスの運命を左右する無意識のシグナリングが持つ力の大きさに今でも魅せられている。それだけではない。いくつかの些細なシグナルを実行すれば、そんな結果にならなかったかもしれない、申し分なく価値があるビジネスの多くが失敗することを思うと怖さも感じる。(3)

従来のような宣伝に費用をかける余裕がないかもしれない比較的小さなビジネスも、心理《サイコ》ロジックの働きにちょっと注意を払うだけで運命を変えられるだろう。そのトリックとは、ビジネスが行なわれる場でのもっと広い行動システムを理解することだ。カフェはメニューのデザインを向上させることで売り上げを増やせるだろう。小さな店の多くは照明が不充分なため、通りすがりの人は閉店中なのかと思ってしまう——その結果はどれほどビジネスにとって損失だろうか？(4) 窓が擦りガラスのせいで、不必要に客をおじけづかせているパブも多い。入る前に中を覗けないからだ。ピザ配達業者はピザと一緒に紅茶やコーヒー、牛乳、そしてトイレットペーパーの配達も引き受ければ、競合が多い市場で差別化を図れるだろう。レストランはテイクアウトの料理を道路脇で受け取れるようにすることで、売り上げを増やせるかもしれない

——または、「裏に駐車場あり」という看板を増やすことによって。(5)

あり得そうにないことだが、失敗した2軒のカフェのどちらかがビジネスの悩みを解決するために経営コンサルタントに相談したとしても、家具を変えろと提案する者はいなかっただろうと私は思っている。店主はビジネスにおける左脳的な面をすべてカバーするさまざまな提案の長いリストを受け取ったに違いない——価格、在庫コントロール、従業員のレベルといったもののリストだ。スプレッドシートに載ったものはどれも、効率性を上げるために分析され、数値化され、最適化されたものだろう。しかし、椅子について述べた人はいなかったはずだ。(6)

さて、私の考えをもう一歩進めよう。椅子とテーブルの存在から、そのカフェが営業中だと確実に推測できるだけではない。さらに深い点まで考えてもいいだろう——人は無意識に推測

(3) 私が思うに、ジョン・ルイス〔訳注　英国の百貨店チェーン〕のある支店の売り上げは、入り口の看板を駐車場に移すだけで倍になるはずだ。

(4) セインズベリーズ・チェーンの創業者であるJ・セインズベリーの臨終の言葉はこうだった。「店の照明は必ず明るくしてくれ」

(5) 地元のレストランの裏に隠れていたわかりにくい公共駐車場を見つけてから、私がその店を利用する頻度は2倍になった。

(6) 私はマッキンゼーやベインやボストン・コンサルティング・グループのために働いたことはないし、彼らに多大な損失を与えているかもしれないが、こう言っても差し支えないだろう。家具のことを話しても、そういう技術官僚《テクノクラート》的な組織ではあまり称賛を受けないはずだと。

しているはずだ。手間をかけて通りに椅子を置く店なら、少なくともまずいコーヒーを出す可能性はなさそうだと。それは精神的な能力の賢明な使い方ではないように思われる――コーヒーがおいしいかどうかを知る方法は、買って確かめるのが本当ではないのか？

「ここのコーヒーがおいしいだろうと思ったよ。椅子を見たからね」と言ったら、とてもばかげた言葉に聞こえるだろう。しかし、ちょっと待ってほしい――もしかしたら、心理《サイコ》ロジックとささやかな社会的知性を用いれば、あるつながりが見つかるかもしれない。まず、新しい椅子に投資して毎日わざわざそれを舗道に置く人なら怠惰ではないはずだし、自分のビジネスに金をかけている。さらに、彼らは自分たちのビジネスが成功すると考えているようだ――成功を期待しなければ、費用をかけなかっただろう。椅子はコーヒーの完璧さを約束するわけではないが、少なくともまあまあの品質だろうという頼れる指針である。風よけのフェンスや椅子を買う事業主なら、たぶんまともなメーカーのエスプレッソマシンやちゃんとしたミルクやコーヒー豆にも投資しているだろう――従業員の訓練もしているに違いない。店主はすぐさま利益を最大にする短期のゲームではなく、よい評判や忠実な顧客基盤を築いて長期のゲームをする人だろう――そうなると最低でも、カプチーノはおいしいはずだ。

もちろん、この手のシグナリングをやりすぎないように気をつけなければならない。高そうな肘掛け椅子を店外に置けば、人々は――不合理でもなんでもなく――店自体も高級店だという結論を出すだろう。この問題はスーパーマーケットを設計するうえで重要なジレンマだ。店での価格がどう感じられるかに影響する主な要素は、奇妙なことに実際の価格ではなく、その店が備えている贅沢さの程度なのである。

もし、このように宣伝を重視することが行きすぎで我田引水に見えるとしたら、私はあなたに共感する――実際、私自身もそう思うのだ。しかし、すべては宣伝をどう定義するか次第なのである。実際に、説得力のあるメッセージを提供することが必要な場合は多いし、ある意味でそれはごまかしがきかない。情報は無料だが、誠意はただで得られないのだ。そして自分の創造物や伝えることにかけたコストに応じて、メッセージに意味をつけるのは人間だけではない。蜂もやっているのである。(7)

(7) コール・ポーター〔訳注　アメリカの作曲家、作詞家。代表曲の『Let' Do It』の歌詞には「蜂もやっている」というフレーズがある〕がかつて言ったように。

3.8 蜂も花という「広告」を活用している

巣になりそうなよい場所が見つかったことをシグナリングするとき、蜂はその場所のよさを体を揺することで表現する。巣の候補地をシグナリングするのに蜂が費やすエネルギーの量は、その場所に対する蜂の熱意に比例するのだ。しかし、蜂たちはどの地に時間を費やし、注意を向けようかと決めるために、高価な「広告」も活用している。

蜂が活用している広告は花である――考えてみれば、花は広告予算がある雑草にすぎない。

花は、自分たちには訪れる価値があると顧客を説得するのに相当な資源を費やしている。花が狙いとする客は蜂である。または受粉するのを助けてくれるほかの昆虫や鳥や動物だ――少なくとも恐竜の時代までさかのぼるプロセスである。(1) 受粉のプロセスを効率的にするため、花は自身の価値を顧客に納得させねばならない。『ミシュランガイド』から言葉を借りれば、花は「vaut l'étape（ヴォ・レタプ）」「vaut le détour（ヴォ・ル・デトール）」「vaut le voyage（ヴォ・

ル・ヴォヤージュ）」であるべきだ。つまり「近くを訪れたら行く価値がある」「遠回りしてでも行く価値がある」または「旅をしてでも行く価値がある」ということである。そのために花は値の張る賭けをしている。訪れてくれた蜂に報いるために花蜜を差し出し、あらゆるところに花粉をまき散らしてもらうため、花粉を集めて体につけられるほど長くとどまってもらおうとする。しかし、この花の蜜は蜂の目に見えない場所にある——花はご褒美があることを、遠くから蜂にどうやってわからせているのだろうか？　以前にも時間と努力を費やしたことがなければ、蜜があることを蜂は確かめられないはずなのに。(2)

答えは、花が「広告とブランディング」を用いているということだ——花は独特で真似をしにくい香りや、大きくて明るい色の花びらを生み出している。こういう特徴は目立つが、リスクもある。花を食べる草食動物の注意を引きつける可能性もあるのだ。独特の香りと花びらは、花蜜があるという信頼できる（絶対に確実でもないが）しるしとして働く。蜂はそれを、訪れる価値がある花かそうでない花かを判断する材料として用いることができる。

花びらや香りを作るのに充分な資源を持つ植物が、蜜を作り出せるほど健康であることは明

（1）　花と蜂の関係は専門用語では共生と呼ばれる。本書で蜂について語りすぎだとしたら謝らなければならない。ともかく共生は、誠実な企業が事業を持続するのに役立つメカニズムとされている。

（2）　考えてみれば、料理が途方もなくすばらしいと確信できなければ、私は80キロもの距離を運転するつもりはない。

らかだ。しかし、目立つ外見のためにそういう資源を用いても、蜂が何度かやってくるか、ほかの蜂にも来るようにと促してくれた場合しか、元は充分に取れない——一度しか売り上げを伸ばせないなら、大量に広告を打っても意味がないのだ。花はこんなことを言っているわけである。あなたがまた来てくれることに賭けているわ。さもないと、私の努力はすべて無駄になってしまうもの。

2つの種の間で情報を共有するシステムも信頼できるものである——花びらの大きさと蜜の供給との間には相関関係がある場合が多い。おかげで蜂は無駄に花を訪れることがかなり減る。蜂は離れたところからでも、ある植物が「旅をしてでも行く価値がある」のかどうかがわかることになるからだ。さらに、植物は目立つだけでなく、他の植物と見分けてもらえるようになるためにも資源を用いなければならない。もし、あるタイプの花がほかの花よりも上質の蜜を持っていたら、その気前のよさは「顧客ロイヤリティー」によってのみ報われるだろう。つまり、蜂が蜜のよさに気づき、何度もその花を訪ねようと決めた場合だ。仮にどの花も同じように見え、においも同じだったら、花が蜂に提供する報奨——たぶん、もっと多くの蜜——は効果がないだろう。なぜなら、蜂はより多くの蜜を提供する花と、あまり提供しない花を区別できないかもしれないからだ。ある花がその価値を向上させ、リピーターを獲得するチャンスを増やせるのは、明確なアイデンティティを持つ場合だけである。(3)

ここで私がマーケティングの専門用語を使っている理由は、蜂の心理に花が築かなければならないものは実質的に、1つのブランドだからだ。大きな花弁という魅力的な広告を工夫し、あまり高価でない花蜜を提供するというイカサマを花がやらないのはなぜか？　まあ、ときには花もだますことはあるが——ラン科の花では偽りの広告が珍しくない。ランは植物王国での詐欺師扱いをされることが多いようだ。少なくとも、ランの1つの種はメスの昆虫の陰部の外見（においも）を模倣している。食料源のにおいを模倣するランは多いし、ほかの植物の模倣をするランもある。しかし、こういう方法がうまくいくことは限定的だ(4)——そういうトリックを頻繁に用いると、虫たちはそんな花を避けるようになるだろう。

言い換えると、ある植物のところに蜂が二度と来ない可能性があるとか、仲間の蜂にも来るなと勧めるかもしれないとしたら、においや着色といった広告に費やされた資源は、無駄なコストとなって終わるだろうということだ。しかし、ランは花の世界でのいわば旅行者向けレストランなのである——ランの目当ては一度しか訪れない旅行者だから、彼らからぼったくること

（3）目立つことについてだが、私は視覚的な要素だけを述べているのではない。においのほうがより重要かもしれないのだ——においはほかの植物がいっそう真似しにくいものでもあるらしい。しかし、明らかに「蜂は色とにおいだけで花を見分けているのではない。彼らは花の微小な電気信号にも気づくことができる」これは最近、発見されたばかりのメカニズムだ。

（4）だからそのようなランは珍しいいし、花盛りを迎えるのはシーズンの始めで、蜂がまだ真実に気づく前なのかもしれない。

とをあまり気にしていない。どっちみちそんな旅行者は二度と自分のところへ来ないとわかっているからだ。だが、再訪を期待できそうだったり、常連候補の客の間で好意的な評判が増えそうだったりしたら、(5)客をだまさないほうが報われる。このメカニズムは完璧ではない。人間の場合と同じように、これは定期的に取引が何度も行なわれるか、ほかと評判を共有するメカニズムが働いた場合だけうまくいく。稀にしか買わない商品や、(6)自分の満足度について他者に話されることのない分野では、このメカニズムは破綻するだろう。

経済学者はブランディングという考え方を嫌う傾向があり、効率の悪いものだと見なしがちだが、となると彼らは花を雑草の非効率的な形だと考えているのかもしれない。においや色を生み出すことに資源を無駄遣いする花の浪費を、経済学者たちが理解しないかもしれない理由は、花が何をしようとしているかとか、花が行なおうとしている意思決定や情報伝達の背景を充分にはわかっていないからだ。

大いに〝宣伝された〟花を訪れるほうを蜂が好むのが不合理でないのと同様に、大いに宣伝された製品のほうに人間の消費者が高い値段を払うのは不合理ではない。悪いものであると信じている製品の宣伝に、ある会社が希少な資源を費やすはずはないだろう――そんなことをすれば、悪い製品の悪い評判がより速く広まるだけだ。さらに、高品質の製品で長期にわたって評判を獲得している会社は、何の評判も広まっていない会社よりも顧客の失望によって失うものが多い。カリブ人のことわざを引用するとこんなことだ。「信用はココナッツの木のような速

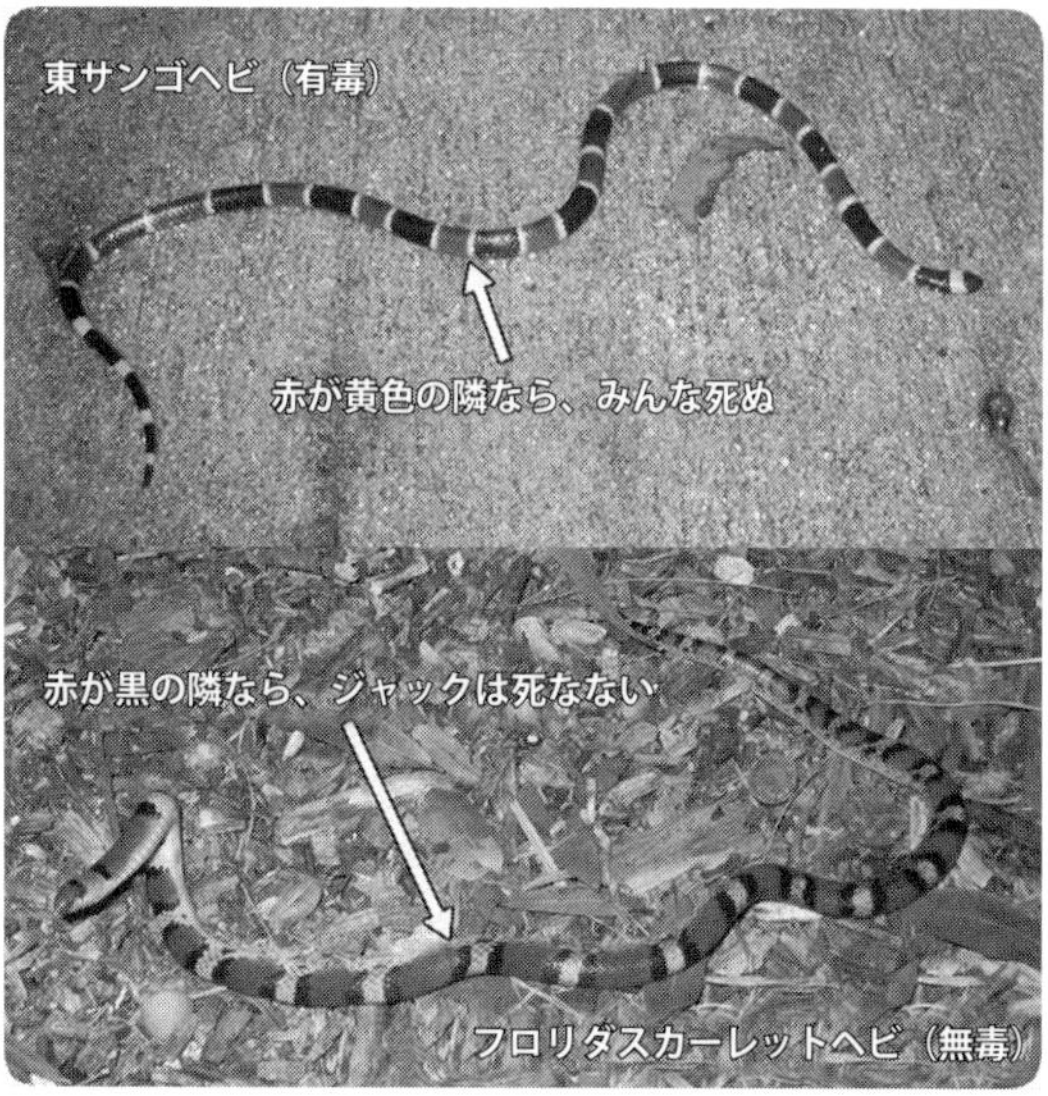
東サンゴヘビ（有毒）
赤が黄色の隣なら、みんな死ぬ
赤が黒の隣なら、ジャックは死なない
フロリダスカーレットヘビ（無毒）

図13　ベイツ型擬態の実例。

さで成長し、ココナツの実が落ちる速さで失われる」蜂に関してはこのメカニズムがうまく働いている。詐欺を働くものを罰することができるからだ。個人客が二度と来ないか、否定的な口コミを通じて（蜂の場合、尻振りダンスという言葉を通じて）団体客がそのブランドをボイコットすることになる。(7)

広告に多額の予算がかけられていることが、ある製品の優秀さを証明するわけ

(5)　トリップアドバイザーのような格付けのメカニズムが状況を変えるように。

(6)　あるいは一度しか買わないものだ。たとえば、年金とか葬儀のプランのように。

(7)　蜂は複雑なダンスでお互いに花蜜や花粉のある場所を伝えている。ダンスの向きが、訪れる価値のある場所の方角を示す。

ではないが、宣伝のために資源を費やしてもいいほど、将来的にその製品が人気になるという自信を広告主が持っていることを証明している。ある製品を購入するかどうかの判断にあたっては消費者よりも広告主のほうが自分の製品についてよく知っているだろうから、少なくとも考慮の価値がある製品かどうかの判断材料として、売り手による、金をかけた宣伝はもっとも信頼できるものかもしれない（ロンドンのタクシー運転手の「ナレッジ試験」を思い出してほしい）。さらに、そもそも宣伝できるほど、売り手には充分な資金があることも証明されている。しかし、このことがうまくいくためには、安定した独特のアイデンティティが製品に必要だ。また、製品を他者に真似されること（これを商業の世界では「詐称通用」と呼ぶ。生物学では「ベイツ型擬態[8]」として知られている）から作り手を守る法律も必要である。

（8）無毒のスカーレットヘビは猛毒のサンゴヘビとよく似ている。このヘビの違いを見分けるのに覚えておくべき詩がある。「赤が黒の隣なら、ジャックは死なない。赤が黄色の隣なら、みんな死ぬ」（図13）

3.9 コストリー・シグナリングとしてのイモムシの警告色

最初に進化生物学者のアモツ・ザハヴィによって提唱されたコストリー・シグナリング理論は、社会科学の中でもっとも重要な理論の1つだと私は信じている。[1] 性淘汰におけるシグナリングとその役目についての考えは、多くの進化の結果を説明するために欠かせないが、常にそう見なされていたわけではなかった。チャールズ・ダーウィンにとっても。ダーウィンは友人への手紙で「クジャクの尾羽が目に入る」と「気持ちが悪くなる」と言っている。このようにダーウィンから不思議なほど嫌悪感を持たれていた理由は、自然淘汰を通じた進化論にとって、オスのクジャクは生ける反論のように思われたからだった——とても美しいのに一見するととても無意味なものという考えは、自然淘汰よりも、生き物は神が作ったという考えのほうになじみやすかった。なにしろ、装飾的な尾羽は適応度や生存を少しも強化するものではなく、むしろクジャクが捕食者の目につきやすいようにさせている。そしてクジャクが捕食者か

(1) 公正な世の中なら、ザハヴィの名はもっとよく知られていただろう。

ら逃げる必要があるとき、邪魔なものだ。捕食者にとっても獲物にとっても、暗がりでは目立たない能力が強みなのに、非常に目立つことはどちらにとっても不利益に見える。

つけ加えておくべき重要なことがある。動物はつがいになりそうな異性への性的な宣伝という目的以外にも理由があって、目立つ色彩などの奇妙な特徴を発達させたのだ。たとえば、「警告色」というものがある。これはある動物を食べたり襲ったりしないほうがいいという、捕食者への警告として働く。例をあげると、有毒な、あるいは不快な味の甲虫の場合、非常に目立つことが利益になる。というのも、鳥はこの甲虫を食べないほうがいいことをすぐに学ぶだろうからだ。[2] ミノカサゴ（こいつを覚えているかな？）はこの戦術を展開している。逆に、くだもの（食べられることを目的としている）や花（昆虫の注意を引くために存在している）は「再訪」をそそのかす狙いで、とても目立っているのだ。

1867年2月23日、ダーウィンはアルフレッド・ラッセル・ウォレスへの手紙にこう書いた。「月曜の夜、私はベイツを訪問して難題を出したが、彼は答えられなかった。そして以前にも似た状況が何度かあったときと同じように、彼の最初の提案はこうだった。『ウォレスに尋ねたほうがいい』私の難問とは、イモムシにはとても美しくて芸術的な色のものがいるが、なぜなのかということだ」ダーウィンの性淘汰の理論によれば、目立つ色彩は性的に望ましいというシグナルだが、これはイモムシに当てはまらなかった。イモムシは蝶や蛾に変態するまで性的な活動をしないからだ。ウォレスは翌日にこんな返事をよこした。あるイモムシたちは

「不快な味やにおいによって守られている。それは彼らにとって、おいしいイモムシのどれかと間違われはしないという有益な利点である。鳥のくちばしでついばまれたことによる些細な傷でも、成長中のイモムシにはほぼ常に致命的だろうから。したがって、茶色や緑の食べられるイモムシとは明らかに区別される派手で目立つ色は、食物に適さない種類だと鳥には容易に見分けられるものだ。それによって、派手なイモムシは食べられるという危険だけでなく、ついばまれるという危険からも逃れられるだろう」(3)

ダーウィンがこの考えに夢中だったので、ウォレスはロンドン昆虫学会に自分の仮説を検証してもらうことにした。昆虫学者のジョン・ジェンナー・ウィアーは鳥小屋でイモムシと鳥の実験を行ない、1869年に動物の警告色に関する最初の実験的証拠を提供した。「近づくな」

---

(2) たとえば、テントウムシは食べられたときに不快な味の物質を分泌する。背中についた明るい色の点は、食べるのに向かない生き物だと宣伝しているのだ。

(3) 生物学で最高に偉大な1人であるウォレスは14歳で学校をやめた。1858年のリンネ学会への有名な論文の中で、彼は進化についてこう述べた。「この原理の働きはまさに蒸気機関の遠心調速機のようである。どんな異状も、それが顕著になる前に点検され、修正される。そして同様に、動物界でアンバランスな欠陥のあるものは目につくほど増えることはない。なぜなら、それは最初の段階で存在が困難となり、ほぼすみやかに絶滅するからだ」1970年代にサイバネティックスの専門家であるグレゴリー・ベイトソンはそれを比喩だとしながらも、ウォレスは「19世紀においてもっとも力強いことを言っただろう」と述べた。ウォレスは複雑なシステム思考によって、自己制御システムとフィードバックの原理を理解していたのである。

と伝える警告色の進化は、19世紀の博物学者を驚かせた。目立つシグナルは、捕食される可能性が高くなることを暗示していたからだ。しかし、警告色はコストリー・シグナリングの形として説明がつきそうだとも主張できるだろう。「私は隠れようとしていないから、私を食べるべきではない、もっともな理由があるかもしれない」と。(4)

動物にとって、明るい色の生き物を食べないことはよい経験則かもしれない。カモフラージュする必要のない生き物が身を隠す以外の戦略で生き延びてきたのは明らかなので、食べないのがいちばんかもしれないからだ。これもまた、表面上は不合理な行動をとることのほうが、筋が通る行動よりも多くの意味を伝える事例である。行なうことが難しいものだからこそ意味があるのだ。模倣できないわけではないが、リスクはある——たとえば、非常に目立つが毒を持っていないというのは、ある種の無毒のヘビが適用した擬態の戦略だ。この戦略をリスクのあるものにしているのは、模倣している種と危険な種との見分け方を学んだら、捕食者が大儲けしそうなことだ——模倣している種をだしにして。

ロサンゼルス中南部でゴールドの装身具を身につけた男性は2倍のコストがかかったシグナルを発している。そんな装身具を買える金があることだけでなく、盗まれるという恐怖心も持たずに公共の場でそれを身につけられるほど強い人だとも伝えているのだ。私はかなり派手な宝飾品を買うくらいの余裕はあるが、太目で体型が崩れた中年男としては、ロンドンやセブノークスの落ち着いた通りでもそんなものを身につけられる自信はない。

（4） 同じ論法を18世紀の英国兵の赤服〔訳注　米国独立戦争当時の英国兵は赤服を着ていた〕にさえ適用できるかもしれない。「おれはすごい奴だから、ヤンキーみたいに茂みに隠れなくてもいいのさ」と。

3.10 性淘汰がもたらす必要な無駄

ダーウィンがその著作の中で2番目に有名な書物、『*The Descent of Man*』（『人間の進化と性淘汰１』『人間の進化と性淘汰２』チャールズ・Ｒ・ダーウィン著、長谷川眞理子訳、総合出版、１９９９年、２０００年）[1]を書いたのは、性淘汰の理論を説明するためだった。また、種の起源は知的設計《インテリジェント・デザイン》ではなくて、自然の過程を通じたものだという概念を擁護するためでもあった。この本は性淘汰の理論を取り上げ、適応のための選択が、クジャクの複雑な羽根のように適応度を減少させそうな特質をどのようにして生むのかを説明している。

この考え方はシンプルだが、明快ではない。ある遺伝子の存続のためには、それを持つ体が生存するだけでなく、生殖することも必要だ――さもなければ、遺伝子は絶えてしまうだろう。鋭い視覚や聴覚、すばやく動ける能力のような特質が生存競争で有利となるのと同様に、生殖の成功に有利となる特質もあるのかもしれない――こういう特質のおかげでより多くの相手や、遺伝的により優れた遺伝子を持つ相手と自分の遺伝子を合体させられるのだろう。人間でもほかの多くの種でも、質と量のどちらに重点を置くかということが2つの性を分けているのかもしれない。人間の場合、女性は出産できる子どもの数に当然ながら制限があるので、無差別につがいになるのはあまり得策でない。女性は遺伝的な性質や、男性が子どもに与えられそうな資源といった要素を考える必要がある。

しかし、女性はどうやって選択すべきなのか？　遺伝子を解析する遺伝子シーケンサーなど女性は備えていないから、生存能力があって優秀な子孫を残せそうな男性を見きわめるための有益な指標かもしれない、年齢や体格、寄生虫や病気に対する耐性といったものを混ぜ合わせた感覚的な手掛かりに頼る。大きな体になるまで、またはある程度の年齢まで生き延びられた生物が生存能力を持っているのは明らかだ。ウシガエルは鳴くことによって体の大きさや健康さを宣伝する。深みのある鳴き声は体格のよさを示し、鳴き声が長いことは高い適応度を示す。より低い声で、より長く鳴くオスのカエルに魅力を感じるように進化したメスは、より適応力に優れた子どもを産むだろう。そのような資質と遺伝子の質に相関関係があることは確実だからだ。オスが低い声で鳴くこと、そしてメスがそんなオスを選ぶことという2つの特徴は足並みを揃えて発達するだろう。この2つの特徴をもたらす遺伝子はますます増えていくからだ。

しかし、問題が1つある。適応度を示す信頼できる指標となったものが、激しい競争の対象

（1）　完全な題名は『*The Descent of Man, and Selection in Relation to Sex*』（1871）である。

になりかねないことだ。もし、あなたが健康なウシガエルだとしたら、メスへアピールするためにどれくらいの間、鳴くべきだろうか？　この質問への唯一、無難な答えと言えるのは「近くにいるどのウシガエルよりも、もう少し長く鳴く」である。結果として、適応度を示すのに有益だとして始まった資質が、滑稽なほど過度なものになってしまう。ロナルド・フィッシャーが提唱したランナウェイ説として知られる選択のプロセスだ。生き物にとって、これははなはだしく無駄なことになりかねない。オスの鹿の枝角をめぐる競争――結局はそのせいで、ばかばかしいほど大きな角にまで成長したわけだが――が、オオツノジカの絶滅につながった可能性があるのだ。

同様の競争が人間にダメージを与えることもある。極端な行動を通じて、とどまるところを知らない競争が起きるときだ。学者の中には、イースター島の先住民の文明が滅んだのは、もっとも大きくてもっとも多くの石の頭を作れる部族はどこかという競争のせいだったかもしれないと示唆する者もいる。現代の人間の間には巨大な石の頭を作る競争はない(2)が、自動車のショールームやホームセンターや女性向け衣料品店やショッピングモールといった競争の場や、より贅沢な休暇を求める競争や、やはり抑制が効かない競争に駆り立てられた大量消費行動もあるだろう。

もちろん、このように競争し合う大量消費は新しいものではない。1759年、アダム・スミスは『*The Theory of Moral Sentiments*』（『道徳情操論』アダム・スミス著、米林富男訳、未来社、1969年）で以下のように意見を述べた。

「同様に、1日に2分以上遅れる懐中時計は、時計のことを気にする人間から嫌われる。おそらく彼はその時計を2ギニーで売り、2週間に1分以上は遅れないような別の時計を50ギニーで買うだろう。しかし、時計というものの唯一の用途は今何時かを知らせることで、我々に約束を破らないようにさせるとか、特定の時間に気づかないで不都合が生じないようにさせるためだ。だが、この時計という機械について非常に細かい人間がほかの人間よりも常に時間に几帳面であるとか、いっそう時間を気にかけているわけではない……今が一日の何時なのかを正確に知りたいわけではないのだ。彼が関心を持っているのは今何時かを知ることではなく、時間を教えてくれる機械の完璧さなのである」

現代の環境保護主義者も、ステータスを示し合う人間同士の競争のせいで地球が滅びつつあると述べている。彼らはこのように提案する。もし、そこそこの暮らしでいいという心構えがすべての人にできるなら、現在の人口を楽に支えられるだけの資源は地球にあるが、自然発生的な競争意識によって人間の期待は上昇し続け――物の消費量は増え続ける、と。多くの点でこの競争意識は健全ではない。人間の幸福に貢献するものとして競争意識が必要なわけでもない。ある意味で、人間は自ら選んだというよりも、競争意識のせいでもっと金を使うことを強

（2）　少なくとも私の地元では。

制されているようなものだ。他人と比べた場合の自分のステータスを維持するだけのために。

企業と環境保護主義者の間で行なわれるべき、興味深い議論がある。私の主張はこうだ。いったん人間が無意識の動機を理解すれば、平等主義の世界となって、ステータスをめぐる競争なしでも満足して生きられるという広く普及した信念は理論的には悪くないが、心理的には信じがたい、と。

とはいえ、人がそのために競争しているステータスの指標は必ずしも環境を破壊するとは限らない。自己中心的な消費から得られるのと同様のステータスは、慈善活動からも得られるのだ。たとえば、進化心理学者のジェフリー・ミラーは、経済的には不合理な行動ではあるが、殺した獲物から取った肉を目立つ形で分け合うことによって男たちが狩りの能力を誇示する部族は繁栄すると述べている。一方、ほかの点では何も違いはないが、男たちが互いに激しく戦うことで自分の力を示した部族は結果的に苦しむことになるという。こうした力比べの最終的な勝者でさえひどい怪我を負い、平均余命が短くなるかもしれない。最初の例はポジティブな非ゼロサムゲームだが、もう一方の例はそれにはほど遠い[3]。極端な悲観論者はこう言うかもしれない。富の指標のための競争は地球にとって無駄で有害だが、多くの集団間の競争や個人間の競争よりははるかに無害だと[4]。

ステータスを追求するさまざまな形は、非常に有益なものからまぎれもなく悲惨なものまで、より広範囲の人々に影響を与えている。政府が正の外部性や負の外部性〔訳注　外部性とは、ある経済主体の意思決定が他の経済主体の意思決定に影響を及ぼすこと〕に基づいて、より異なった割合でさまざまな消費に課税しないことを私はいつも奇妙だと考えている（タバコとアルコール、ガソリンには適用しているが）。職業から予想がつくだろうが、私は消費のほとんどの形をかなり認めているが、宝飾品用にダイヤモンドを採掘するような活動はまったくメリットがないと思っている。こんなことを言うのは私だけかもしれないが、自然淘汰による進化の理論はダーウィンのもっとも興味深い考えだとは思わない。ルクレティウスからパトリック・マシューにいたるまで、ダーウィンよりも前の時代の思想家たちも自然淘汰の基礎を認識していた。それに鳩愛好家であれ、犬のブリーダーであれ、多くの実際的な人々も自然淘汰の本質的な原理を把握していたのだ。ダーウィンやウォレスが存在しなくても、ほかの誰かが同様の理論を携えて世に現れただろう。

しかし、性淘汰の理論はまさしく並外れた独創的な考え方だったし、今でもそうである。いったんそれを理解したら、以前は不可解だったり、一見すると不合理だったりした多くの行動が突然、完全に理にかなったものとなる。性淘汰の理論から生まれた考え方はクジャクの尾

（3） ロシアの少数独裁政治は、この競争し合う2番目の部族の特徴が現れたものと思われる。

（4） たとえば、やや反社会的な男性が秘密警察を指揮したいと切望するよりも、大きなヨットを持ちたいと切望するほうがましなのは間違いないだろう。

羽のような自然の特異性を説明するだけではない。キャビアのようなヴェブレン財(5)から、タイプライターのようにもっと平凡で不合理なものまで、一見すると正気ではなさそうな人間のさまざまな行動や好みの需要も説明している。

ほぼ1世紀の間、タイプの打ち方を知っている人はあまりいなかったから、タイプライターのせいで仕事の生産性はあきれるほど損なわれたに違いない。ビジネスや政府で伝達されるありとあらゆる文書が二度、作成されなければならなかったからだ。一度、実際に内容を考えた人が手書きをして、それからタイピストやタイプ課の人間によってタイプされた。単純な修正がいくつかあると、手紙やメモは1週間も遅れる羽目になったが、タイプライターを所有して使用していることはビジネスを真剣に行なっているというシグナルだった——手紙を手書きすることにこだわった地方の事務弁護士は、尾羽を持たないクジャク扱いされたのだ。

ほかの誰もが性淘汰について書くときにするのと同じ過ちを、私も犯していることに注目してほしい。私はいくつかの例に絞っている。暴走した結果、犠牲の大きい非効率性へ通じる、タイプライターやフェラーリやクジャクの尾羽などである(6)。これはフェアではない。

どんな意義深いイノベーションでも、初期の段階では、新製品が従来の製品と何ら変わらないというお粗末な場合があったかもしれない。たとえば、初期の自動車はほとんどの点で馬よりもひどかった。初期の飛行機は途轍もなく危険だった。初期の洗濯機は信頼できなかった。こういう製品の魅力は実用性と同じくらい、そのステータスに基づいていた。

性淘汰と自然淘汰の間にある緊張——そして、その間の相互作用——はここでのとても大きな問題かもしれない。イノベーションの多くは、ステータスを示したいという人間の本能なしには実現しなかっただろう。(7) では、自然界でも同じことが言えるのか？　言い換えると、ジェフリー・ミラーが述べているように、性淘汰は自然の最高の実験のために「初期の段階の資金」を提供するのだろうか？　たとえば、体の横側に増えていく大量の羽毛を見せびらかすという性的シグナルの優位性のおかげで、(8) 鳥は飛べるようになったのか？　人間の脳が膨大な語彙を扱える能力は、何よりも誘惑が目的で生まれたのかもしれない——だが、おかげであなたはこうして文章を読めるのだ。可能なら、大半の人は性淘汰の力を認めまいとするようだ。なぜなら、うまくいった場合、性淘汰は自然淘汰と呼ばれるからだ。

（5）価格が高くなればなるほど需要が増える贅沢品。
（6）ベルギー人には有名人がとても少ないことにあなたもお気づきかもしれない——これは著名なベルギー人であれば（芸術家のマグリットとか作家のシムノンとか歌手のブレルのような人）、誰もがフランス人だと推測するからである。同様に、性淘汰の成功例はあまり頻繁に取り上げられない。そういう成功例はさりげなく自然淘汰のおかげにされてしまうからだ。
（7）10年ほどの間、自動車は輸送方法として馬よりも劣っていた——フォード・モーター・カンパニーを生み出したのは「実用性」の追求というよりも、人間の新しいもの好きとステータスを求める気持ちだった——ヘンリー・フォードは若いころ、ちょっとした「ボーイ・レーサー」〔訳注　猛スピードで乱暴な運転をするのが好きな若者〕だったのだ。
（8）クジャクのように、後部の羽根《リア・スポイラー》へ無意味な過剰投資をするのではなく。

人生はより優れた効率性だけを追求するものではなく、贅沢や見栄を追う余地もあるということを、なぜ人は受け入れたがらないのか？　確かに、コストリー・シグナリングは経済的な非効率性につながるが、同時に、この非効率性は信頼性や献身といった価値ある社会的な資質も作るのだ——礼儀正しさやよいマナーは、対面の形でのコストリー・シグナリングである。なぜ、自然には会計的な機能があるという考えは喜ばれるのに、自然にはマーケティングの機能もあるという考えはあまり同意してもらえないのか？　花は草よりも効率が悪いと、見下されるべきなのだろうか？　ダーウィンの偉大な同時代の人物で協力者であったウォレスですら、性淘汰の考えを嫌っていた。どういうわけか、性淘汰は大半の人々——とりわけ知識人——がとにかく信じたくないというカテゴリーに入っている考え方なのである。

3.11

アイデンティティとそれによる差別化

覚えていてほしい。独自性がなければ、花が製品の質を向上させても、蜂の忠誠心の増加と一致しない結果になるので、蜂と花に見られる異なる種の共生がうまく働かないことを。アイデンティティとそれによる差別化がないと、ある種の花がさらに多くの花蜜を蜂に与えても利益はないだろう。次の機会に、蜂は隣のもっと蜜を出さないが、見た目は似ている花を訪れるだけだろうから。そのうちに、花は「底辺への競争〔訳注　どんどん低水準に収れんしていく状態〕」に陥るだろう。できるだけ少ない花蜜しか出さずに、充分な蜜を提供するのは自分と似た外見のもっと寛大な花に任せて、植物から植物へと動き続ける意欲を蜂が持ち続けるようにさせるはずだ。

自然の場合と同じプロセスがビジネスにも起こるのかどうか、考えなければならない。ブランドというものは、資本主義を機能させるために不可欠なのだろうか？

3.12 ブランドによる差別化はなぜマーケットが機能するために不可欠なのか

この本を読んでいる方の多くは若すぎて、「キャベツ人形」や「バズ・ライトイヤー」のフィギュアをめぐる騒動など覚えていないだろうが、ちょっと立ち止まって思い出してみよう。2015年のクリスマスでそんなに大流行ではなかったものを。なぜなら、それはブランドのより広範囲における経済的な重要性に貴重な教訓を与えてくれるからである。

そのものとはホバーボードだ。あるいはスワグウェイ、ソアーボード、ファンキー・ダック、エアーボードと呼ばれるものである。こういった製品に一致した名前がついたことはなかった。中国の深圳にあるいくつかの製造業者から生まれたもので、作り手ではなく、地元の販売業者によって名前がつけられたからだ。この製品のアイデアは1つの大会社から開発を委託されたものではなく、実験から発生したものと思われた。異例な経緯で誕生したこの製品は、ブランドが不在だとイノベーションに何が起こるかという、きわめて稀で珍しいテストケースを示している。

このボードは興味深い製品だし、本能的にこれを試したいとか買いたいと思ったが、買わなかったという人は多かったに違いない。そうだろう？　第一に、どれを買ったらいいかわからなかったからだ――ライトがついたものやブルートゥースのスピーカー(1)がついたものもあり、より大きな車輪がついたものもあれば、ほかよりも高いものや安いものがある。それとわかるブランドがないので、カテゴリーを理解することもできなかった――神経科学者が述べたように、人はブランドを選ぶというよりはむしろ、選択の基準としてブランドを利用しているのだ。何を選んでいいか途方に暮れた場合は無難なデフォルトの選択をする――つまり、何もしないということである。

第二に、見覚えのある名前によって保証されてもいない製品を数百ポンドも払って買うことが不安だからだ。英国の広告マンであるロビン・ワイトはこの本能を「評判反射」と呼んでいる――直感的でほとんどは無意識だが、この本能は合理的である。失ったら困るような評判がはなからない人よりも、好評なブランド・アイデンティティを持つ人のほうが、粗悪な製品を売った場合に失うものが多いことを人は直感的に理解しているからだ(2)。最後に、無謀な買い物をしようかどうしようかと迷っている間に、充電中にボードが発火した件が数例出て、家が火事になった例も1つあったというニュースが広まったからだ。問題があるのはいくつかの型に

(1)　なぜだ？
(2)　もしもサムスンとかLGとかダイソン製のホバーボードがあったら、あなたがそれを買った可能性は高いだろう。

図14　この製品に必要なものはブランドだ。ほかと区別できるブランド・アイデンティティがなければ、製品をよりよいものにするインセンティブが生じない——そして顧客に選ばせる方法も、最高の製造業者に報いる方法もないのである。

限られていたが、どのブランドを避ければいいかわからないせいで、ボード全体の評判が傷ついてしまった。

ブランドのフィードバック・メカニズムがなかったので、どの製造業者もより安全でよりよいボードを作ろうという気を起こさなかった。そんなことをしても、彼らは利益を得る立場になかったからだ。その結果、市場はイノベーションも品質管理も機能しない、共有化された底辺への競争となった。製造した者が誰にも知られないなら、もっといい製品を作る意味があるだろうか？　そんなわけで、よりよいボードを作る者はおらず、結果的にカテゴリー全体が多かれ少なかれ消滅してしまった。もしも、もっといいボードが現れるか、サムスンのように賢明な企業が最高の製品に抜け目なく自社の名前をつけたら、再起が可能かもしれない。注目すべきことに、同様にでたらめだった電子タバコの市場にジュールやベイプといったブランドが出現し始めている。

いろいろな意味で、高価な広告やブランドはジョージ・アカロフが1970年の『経済学季刊』誌における論文、「レモン市場」で明らかにした問題の解決策となっている。その問題とは、「情報の非対称性」として知られるものだ。情報の非対称性によって、買おうとするものについて買い手が知るよりも多くのことを、その商品の売り手が知っている。この教訓は、共産主義体制にあった東欧圏の国々が痛い目に遭って学んだものだ。ブランドはマルクス主義的でないと見なされたため、パンには単に「パン」というラベルしかついていなかった。顧客はそのパンを作ったのが誰なのか、ウジだらけのパンだった場合に誰を責めるべきかもわからなかったし、パンにウジが湧いていてもその製造業者を今後避けることもできなかった。どのパンも同じような外見のパッケージに入っていたからだ。不運な顧客は制裁の脅しもかけられなかったのである。幸運な顧客のほうはリピートしたところで、またよいパンを得られる見込みもなかった。そんなわけで、パンは最悪の状態だった。

共産主義体制でのリベットの製造も同様のパターンを示した。通常、工場は製造を求められるリベットの量を毎月割り当てられる——それから、ブランド名が記されていないリベットは中央にある倉庫へ送られ、そこでほかのあらゆる工場からのリベットとごちゃ混ぜにされる。そこから、今や誰が作ったものか完全にわからなくなったすべてのリベットは必要とされる場所へ運ばれていく。間もなくソビエトが気づいたのは、製品にメーカー名が記されていないと、誰もが質のよい品を作る気にならないということだった。その結果、生産量は増えたが、品質は落ちた。膨大なリベットを毎月作るもっとも簡単な方法は、粗悪なリベットをたくさん作ることであり、ほどなくして何隻もの船が壊れる羽目になった。さらに、責任を問われるべき工場がどこなのかもわからなかった。リベットは商品化されてしまうと、製造元が特定できなかったのだ。結局、政府はイデオロギー的なプライドをのみこんで、リベットに工場の名前を刻印させた――するとフィードバック・メカニズムが修復され、リベットの品質は許容できるレベルに戻った。

最近、私は共産主義時代のルーマニアで暮らしていたある女性と会った。当時、ルーマニアで人気のあったチョコレートバーは3つの違う工場で生産されていた。だが、それぞれの製品の質は非常に異なっていたので、事実上、同じブランド名で3種類のまるっきり違う品質のチョコレートが作られていたようなものだった。包み紙の一部をめくると、おそらく安全のためだったのだろうが、そのチョコレートバーを生産した3つの工場の英数字コードの表示が見えた。そのころはまだ少女だった私の友人は、母親からきつく指示されていた。包み紙の折り目の下に「B」の文字が見えるものがあった場合だけ、チョコレートバーを買いなさい、と。ほかの文字が見えていたら、彼女は決して買ってはいけないことになっていた。

独特の、またはほかと区別できる花びらとかブランドによって可能となるフィードバックループ〔訳注　フィードバックを繰り返すことで結果が増幅されていくこと〕がなければ、何も進歩しない。ループが存在するのは、より満足が得られる植物やブランドと、あまり満足が得られないものとの見分け方を虫や人間が学び、それに従って行動を起こすからだ。このメカニズムがなければ、製品を向上させたいというインセンティブは生じない。利益が誰にとっても平等に生じるからだ。さらに、製品の質を落としたいという、常に存在するインセンティブもある。そうすれば迅速に利益が得られるし、製品に関する悪い評判は全員が平等に被ることになるからだ。このことは、高いコストで差別化したアイデンティティを持つ、競合するさまざまな製品を支えるという明らかに非効率的なことに、市場が耐えねばならない理由を説明している。品質管理とイノベーションに報いるためなのである。

数年前、肉の供給の信用問題に関する国家的な危機が英国で起こった。牛肉と保証された加工品にひそかに馬肉が混入されたのだ。(3) 死者は出なかった――それどころか、具合が悪くなった人も出なかった――が食料業界への大衆の信用は著しく損なわれたし、それも当然のことだった。影響を受けたのはブランド名のある牛肉ではなかった――マクドナルドは無傷そのものでスキャンダルを逃れた。評判が損なわれた牛肉加工品は通常、「複数の供給者による、認

（3）実を言えば、フランス人なら、これはたいした危機でもなかっただろう。しかし、英国人にとって、馬を食べるという考えは受け入れがたい。

定済み牛肉」というラベルが貼られていたものだった。ほかの供給者の牛肉と混ぜ合わされているので、自分の評判が悪くならないことを供給者たちは知っていた。その結果、少量の馬肉を牛肉に加えることを彼らに思いとどまらせるものはなかったのだ。

これは重要な問題である。ブランドのマーケティングに関する話では、かなりよい製品同士のどうでもいい細かな違いだけに焦点を当てる傾向があるからだ。しばしば忘れられてしまうのは、品質の保証というものがなければ、そもそもマーケットが機能するのに充分な信用が存在しないことだ。そんなことになれば、申し分なく優れたアイデアも失敗しかねない。

ブランドは優れた製品にただ何かをつけ加えることではない——そういう製品の存在に不可欠のものだ。

進化によって情報の非対称性の問題は解決された。そして、花と蜂との間にある信頼は、我々の祖先がまだ木の上で暮らしていたときから存在する。蜂は少なくとも2000万年飛び回っているし、花の咲く植物はそれよりもはるかに長く存在している。私が指摘した、生物の世界におけるシグナリングと商業的な世界における宣伝との類似性は長年、私が見てきたものの説明となるかもしれない。経済学者と話せば、彼らは宣伝を嫌悪する傾向があり、ほとんどそんなものを理解していないことがわかるだろう。一方、生物学者と話をすれば、宣伝について完全に理解しているとわかる。何十年もの間、私はロンドンの『エコノミスト』誌の記者と接してきたが、その中でも私の話をもっともよく理解してくれた記者は、マーケティング担当の人間ではなく（心からマーケティングを嫌っているらしかった）、進化生物学者の経歴を持つ科学担当の記者だった。

第4章

自分自身の潜在意識をハッキングする

4.1
偽薬《プラシーボ》の効き目

私は本書の最初のほうで、他人の行動を変えるために、遠まわしな方法を使うことが必要な場合もあると書いた。さて今後は、あなた自身の行動を変えるため、それと似たような方法を用いることもやはり必要だと提案したい。

プラシーボの力を見ることから始めよう。私の祖父は1922年から1950年代の半ばまで医師をしていた。自分が真の医師になったのはペニシリンの出現後からにすぎないと祖父は主張したものだ。抗生物質が現れる前、祖父はある意味でインチキな呪術医だった――祖父は自分が処方した調剤と同じくらい重要な価値がある、往診による心理的な価値を通じて患者を支援したのだ。

プラシーボ、あるいは同毒療法《ホメオパシー》のようなプラシーボ治療は科学的なのか？　そう、イエスでもあり、ノーでもある。それは役に立つのか？　まあ、ときには役に立つだろう。プラシーボには直接的な医療効果はない。しかし、人の心理に及ぼす効果は、場合によっては医療効果と同じくらい重要かもしれない。とりわけ、症状が――たとえば、慢性の痛みや抑鬱状態など

――生理的なものというよりは心理的なものの場合は。[1]

ここでごく単純なことを言いたい。既知の、そしてロジカルなメカニズムによって働くものでなくても、人はそれを採用したくないとは思わないという事実だ。我々は1世紀もの間、なぜ効くのかと一切考えずに、痛みをやわらげるためにアスピリンを用いてきた。アスピリンがユニコーンの涙から作られたと信じていたなら、ばかげているが、そう考えたとしても効果は減らなかっただろう。

（1） 同様に、本書で私が提案している心理的な解決策は、物理的というよりは心理的な社会問題や商業的問題に関係している。飢餓は心理的な介入によって治るものではない――しかし、過食はそれで治るかもしれないのだ。

4.2

安心感を与えられるようにアスピリンが高価であるべき理由

何年か前、オーストラリア競争・消費者委員会（ACCC）の合理主義者で興ざめな人々が、世界的な消費財の製造業者であるレキットベンキーザーを4つの製品の件で告訴した。その製品とはニューロフェン偏頭痛用、ニューロフェン緊張性頭痛用、ニューロフェン生理痛用、ニューロフェン腰痛用である。同委員会の告発によれば、「どの薬も特定の痛みを目的としたものだと主張しているが、実際には、どれも同じ活性成分であるイブプロフェンL-リシンを同量、含有しているものだと判明した」という——問題は、こうした異なる名のついた薬が、基本となるブランドの薬よりも高い値で売られている場合が多いことだった。薬理学的な観点から見れば、どれも同じものなのに。

ACCCの科学的な事実は正確に違いないが、心理学的には間違っているだろう。なぜなら私にとって、ニューロフェンは充分なものではないからだ。私なら、痛みをやわらげるためにもっと具体的な薬がいろいろと欲しいところだ。「ニューロフェン車の鍵の紛失時用」とか「ニューロフェン隣人がレゲエ好きの場合用」などと。またしても、こういった薬にさらに成分を加える必要はない。ほかと区別するための特徴はパッケージと効能書きだけだろう。別に私は不真面目なことを言っているわけではない。プラシーボ効果の研究では、ブランド名のついた鎮痛剤のほうが効果が出ると示されているのだ。さらに、ニューロフェンが行なったように価格を上げたりパッケージの色を変えたりして、狭い範囲の症状に絞った治療を目的としたものとして薬を宣伝すれば、プラシーボの力は強くなる。そういう会社がやっていることは、どれも製品の効能を高めるものなのだ。

英国では高額のアスピリンを買えないが、この奇跡の薬をつまらない箱に入れて79ペンスで売るのはもったいない。派手なパッケージにして錠剤を赤い色に替え、[1] もっと高値をつければ、いっそううまくいくのに。ときどき、私は79ペンス並みのものではなく、3ポンド29ペンス並みの頭痛がすることがある。私はアメリカで購入する、より高値のブランドの頭痛薬を買いだめしようとしている。そっちのほうが効くからだ。

そう、こんなことはでたらめだと私もわかっている。しかし、ここまで見てきたように、ある薬がプラシーボだと判明しても、効果はあるのだ。別の言い方をすれば、ドックリーフ〔訳注　イラクサの棘に刺されたときに痛みをやわらげると言われる植物〕はリチャード・ドーキンスの足にできた、イラクサの刺し傷の痛みさえやわらげるかもしれないことになる。ドックリーフな

（1）　鎮痛剤は赤い色にしたほうが効果が現れる。

んて役立たずだという科学的な証拠を彼が持っているとしても。

心理学者のニコラス・ハンフリーは、治るためにもっと多くの資源を投資せよと体に促すことで、プラシーボが効果を発揮すると主張している。(2) ハンフリーによれば、人の免疫系は進化によって、現在よりもさらに過酷な環境にも適応するように調整されたという。だから免疫系が全力で働くようにするため、回復できる見込みが高いことを自分の無意識に納得させなければならない。医師の支援（呪術医であろうと国民保健サービス［NHS］であろうと）や風変わりな薬（ホメオパシー薬品であろうと抗生物質であろうと）の助け、あるいは思いやりある親類や友人の存在といったすべてがこの幻を作り出せる。だが、政策立案者はそんな無意識のプロセスを含む解決策という考えを嫌う――重要な割には、プラシーボ効果の研究に充てられる費用はあまりにも少ない。(3)

プラシーボ効果を理解することは、無意識のさまざまな影響について理解するための第一歩として好都合である。それは我々が無意識のプロセス――自分自身のものにも、他人のものにも――に影響を与えるために、明らかに不合理な方法で行動する理由を説明している。さらに、プラシーボ効果の活用をためらうことは、我々が心理的な解決策を問題に適用することをさまざまな場面で躊躇する理由を理解するための手がかりとなるかもしれない。とりわけ、そういう解決策が直感と相容れないとか、従来のようにロジカルではない場合は。以下、説明しよう。

プラシーボ効果はほかにもいろいろある錬金術の形のように、心や体の本能的なプロセスに影響を与えようとするものだ。人の無意識、厳密に言えば心理学者のティモシー・ウィルソンが『*Strangers to Ourselves*』（２００２）（『自分を知り、自分を変える――適応的無意識の心理学』ティモシー・ウィルソン著、村田光二訳、新曜社、２００５年）で呼んだように「適応的無意識」は、人が意識的にやっているようには情報に気づいたり処理したりしていないし、意識的に話すのと同じようには話していない。だが、適応的無意識は人の行動に関して支配権を握っている。つまり意思という直接的でロジカルな行動を通じてだと、無意識のプロセスを変えられない場合が多いのだ――その代わりに人は、自分でコントロールできないものに影響を与えるため、または思いどおりにできない感情を生み出す環境を操作するために、コントロールできるものを利用しなければならない。

考えてみてほしい。以下にあげた文は英語では見られないものだ。[4]

1．「私は怒らないことを選んだ」

（２）この主題についての彼の論文に「The Placebo Effect（プラシーボ効果）」がある。R・L・グレゴリー編『*Oxford Companion to the Mind*』（２００４）（『オックスフォード 心理への手引き』、未邦訳）。

（３）もし、薬品のパッケージにもっと多額の投資をしろと勧められたら、NHSはショックを受けるだろう。

（４）それを言うなら、ほかのどの言語でも見られないだろう。

2.「彼は明日の午後4時30分に恋に落ちる予定である」
3.「彼女は彼がいても、もう落ち着かない気分ではいないことを決意した」
4.「その瞬間から、彼女はもう高いところを怖がらないと決めた」(5)
5.「彼は蜘蛛とヘビを好きになることを決心した」

ここにあげた物事は人が直接コントロールできず、本能的あるいは自動的な感情から生まれるものだ。このように強烈な無意識の感情が人間に植えつけられているのには進化上の理由がある。感情が生まれつきのものであるのに対して、理性は教えられなければならないものだ。つまり、進化は理性よりも頼りになる感情を選ぶのである。確実に生き延びるため、進化にとっては各世代が子孫にヘビを避けろと教えることを当てにするよりも、生まれたときにヘビへの本能的な恐怖心を与えるほうがはるかに安心なのだ。こういった物事は人間のソフトウェアに入っているのではない――ハードウェアに入っているのである。

同様に、人は体の大部分の機能を自分で直接コントロールできないという事実を受け入れている。私は自分の意思で瞳孔を収縮させたり拡張させたりできないし、心臓に早く打てとか遅く打てと命じて心拍数を速めたり遅くしたりできない。その他の体の機能、つまり、消化とか性的興奮とか膵臓の分泌物とか、内分泌系の動きや免疫系の働きといったものについてもなすすべがないのだ。完全に妥当な進化上の理由から、こういった機能の制御は意識に影響を及ぼさない。[6] こういったプロセスを、「自動」設定による操作と考えてもいいだろう。現代のカメラに存在する機能と同様ということだ——それなりの写真を撮ろうとするたびに、絞り値だの焦点だのシャッタースピードの設定だのとカメラをいじくりまわさなくてもいい、便利な機能のことである。

(5) 私には高所恐怖症なだけでなく、トマトも怖いという友人がいる。私自身は故スティーブ・ジョブズと同様にボタン恐怖症だ。私の場合は軽症だが。大人になった今の私は服にしっかりと留めつけられていれば、ボタンがついていてもかまわないが、糸が緩んでいると不安になる。スティーブの恐怖症はもっと深刻だった——彼はボタンが見える服を絶対に着なかった。これが彼のデザインの哲学に影響したという理論を立てる人もいる。ボタンの一種であるキーボードがない製品を作れるようになるまで、スティーブは電話の製作を拒んだのだった。

(6) もし、意識に影響を与えられるなら、いささか妙なことになるだろう。「ダーリン、ちょっと待ってくれないか？ぼくはテストステロンの数値を上昇させて、勃起レベルを8にしたばかりなんだ」というふうに。

4.3
直接コントロールできない人間の行動や感情を、いかにして「ハッキング」するか

自動カメラと、人間の体の自動的なシステムは似たようなものだ——どちらも直接コントロールできないが、遠まわしに「ハッキング」することはできる。望みどおりの自動的な反応を生み出す状態を、意図的に作ることによって。撮影の比喩を続けることにして、あなたが全自動カメラを持っていて、わざと写真を露出オーバーさせたいと思ったとしよう。シャッタースピードを引き延ばしたり、絞り値を大きくしたりするためのダイヤルはない。だが、何か暗いものを狙って自動露出のメカニズムを作動させたあと、もっとよく光が当たる対象物へレンズを向けながら撮影すれば、同様の効果は得られる。

私はヨーロッパの人間としては珍しく、車に関してはオートマチック・トランスミッションの愛好者である。(1) そしてある程度の期間、同じ型のオートマ車を運転してきた人なら知っているように、アクセルペダルだけを使ってギアチェンジしたりやめたりする方法を誰もがすぐに習得できるはずだ。これはオートマ車の変速機の動きに次第に慣れ、自分が望むように動かすというスキルを無意識に発達させることで行なっている。たとえば、丘の頂上が近くなると、

残りの短い登りのために不必要にギアが低速に入れ替わるのを避けるため、アクセルからとっさに足を離すだろう。マニュアル車の愛好者にはこのスキルがわからない。同じオートマ車を絶えず運転しているうちにしか学べないものだからだ。実のところ、オートマ車のギアはコントロールできなくないが、遠まわしに行なわねばならない。同じことが人間の自由意思に当てはまる。人は自分の行動や感情をある程度までコントロールできるが、直接行なうことはできない。だから間接的にコントロールすることを学ばなければならないのだ——手で行なうのではなく、足で行なうことを。

影響を間接的に与えるというこのプロセスは、あらゆる複雑なシステムに適用できる。オートマ車の変速機や人間の心理はこの2つの例にすぎない[(2)]。我々が難題に直面するのは、マニュアル車を運転する人と同レベルの知性を持つ人に課題が与えられるからだ。マニュアル車を運転する人は、ギアを変えるために取り得る方法はギアシフトを使うことだけで、アクセルペダルで間接的にギアを変えることはできないと信じている。しかし、マニュアル車を運転するよ

（1）　純粋主義者で車に夢中の（特にドイツ人の）友人たちはいつもこのことで私をからかった。「ふーん。だが、コントロールの感覚は同じじゃないだろう」と彼らは言う。今ではばかげたことだ——しかし、ドイツの友人たちを弁護するなら、30年前のヨーロッパのオートマ車はかなり粗悪なものが多かったのだ。

（2）　もちろん、蒸気機関の遠心調速器もその1例だ（3・9で取り上げたアルフレッド・ラッセル・ウォレスを思い出してほしい）。

りもオートマ車を運転するほうがはるかに創造的だと受け入れることがコツなのだ。マニュアル車の場合はやるべきことを変速機に伝えるだけだが、オートマ車を運転するときはいわば誘惑の手口を用いなければならない(3)。

あなたが瞳孔を広げたいとか、心拍数を増加させたり減少させたりしたいとか、免疫系を活性化させたいと思っていると想像してみよう。またしても、意思を直接伝えてそんなことを行なうのは無理だが、意識のメカニズムを用いて無意識の効果を生み出すことはできるのだ。たとえば、電球を見つめることで瞳孔を収縮させられるし、暗い部屋に入っていくことによって瞳孔を広げられる(4)。ジョギングで心拍数を上げられるし、ヨガや瞑想の実践によって心拍数を下げられるだろう。そしてそう、もしもニコラス・ハンフリーが正しいなら、同じようにして免疫系も活性化できるかもしれない——免疫系に信じ込ませるような状況を作ればいいだけだ。今は傷口を治すとか感染症と戦うため、資源を注ぎ込むのにとりわけ好都合なときだと。そのような状況を作るのに求められる行動には、ある程度はでたらめと思われそうなものも入っているかもしれない——しかし、それは理由がわからないから、でたらめ扱いされるだけなのだ。

プラシーボ効果や、錬金術と関連したものが胡散臭いと思われがちなのは、このような無意識の感情的なメカニズム、または生理的なメカニズムへの遠まわしなハッキングが理由である。基本的に、人は実際よりも多くの自由意思を自分が持っていると想像したがる。つまり、あまりロジカルと思われない遠まわしな介入よりも、個人の自律性という思い込みを守るための直接的な介入のほうを好むのだ。

（3）英国人の読者のみなさん、私はここでの自分の言葉がちょっとコメディ番組「スイス・トニー」の主人公のように聞こえそうな危険に気づいている。

（4）あるいは、ポルノグラフィを見ることによって――おそらくだが。

4.4

人は自分の意思で行動していると考えたがる

人間の意識は、これまで行なってきたあらゆる活動を意図的に選んだという幻想を守ろうと必死になっている。現実には、こうした決断の多くにおいて意識はせいぜい傍観者の立場にすぎず、ほとんどの場合は成された決断に気づきさえしない。こういう事実にもかかわらず、意識は自分が決定を下している主体であるという物語を相変わらず作るだろう。たとえば、「ぼくはバスが来るのに気づいて、縁石のところで後ろに飛びのいた」と。実際は、バスが来ることを意識的に気づかないうちに、後ろに飛ぼうとし始めたのかもしれない。

ジョナサン・ハイトの言葉を借りれば、こういうことだ。[1]「実際は報道官の言葉なのに、意識はそれを大統領の言葉だと思い込む」のである。この言葉でハイトが伝えているのは、公表された大統領の言葉だと我々が信じているものにはほとんどの場合、実は理解不能な理由によってどこかで決定されたものを説明するために、急場しのぎのもっともらしいあとづけの正当化がなされているということだ。しかし、ある行動を説明するために事後に理由をつけたところで、最初の行動を決定づけたのがその理由だったことを意味しないし、その理由によって行動が促されたわけでもない。

思いのままに眠りにつける力を備えた宇宙人を想像してみてほしい——彼らは就寝時の人間の行動をひどくばかげたものと見なすはずだ。「ただ眠りに落ちるのではなく、地球人は奇妙な宗教儀式を行なう」と。ある宇宙人の人類学者はこう述べるだろう。「地球人は照明を消し、あらゆる音を最小限にして、装飾的なクッションを7つ、特にこれといった理由もなくベッドの頭のあたりに置く。(2) それから彼らは静かな暗がりの中で横たわり、眠りが訪れることを期待する。そして望むときにただ目を覚ますのではなく、指定した時間にベルを鳴らすおかしな機械をセットし、それによって意識を取り戻そうとする。実にばかばかしく思われる」同様に、望むときに幸せを感じようと決められる宇宙人を想像してみよう。彼らは人間の娯楽産業全体を途方もない経済的な無駄だと見なすだろう。

人は意のままに眠れるとか、満足度をコントロールできるふりはしないが、自分の行動を駆り立てる唯一の力が意思の働きだというふりをすることは多い。その結果、無意識のプロセスをハッキングするために用いる、もっと目につかない行動を軽視しているのだ。そんなものが

（1）『The Righteous Mind』（2012）（『社会はなぜ左と右にわかれるのか——対立を超えるための道徳心理学』ジョナサン・ハイト著、高橋洋訳、紀伊國屋書店、2014年）より。

（2）これについては私も宇宙人に賛成だ。こんなクッションは本当に必要だろうか？　私にはばかばかしく思える。

不合理で無駄で、ばかげているかのように。これは、初めてオートマ車をコントロールしようとする、マニュアル車の運転手が感じるのと同じいらだちに通じる。曖昧な影響というテクニックを習得していない人間は、思いどおりの結果を出す唯一のものが直接的な介入だとしか考えられないのだ。以下のように。

1．もしもギアを変えたいなら、チェンジレバーを動かさなければならない。
2．もしも人々をもっと働かせたいなら、もっと報酬を払わなければならない。
3．もしも喫煙者にタバコをやめさせたいなら、そのせいで死ぬと告げなければならない。
4．もしも人々に年金を掛けさせたいなら、税制上の優遇措置を与えなければならない。
5．もしももっと売れる製品にしたいなら、客観的に見てもっと優れたものにしなければならない。
6．もしも列車の旅をもっと向上させたいなら、もっと列車を速く走らせなければならない。
7．もしも幸福度をもっと高めたいなら、もっと資源を消費しなければならない。
8．もしも人々の体調を回復させたいなら、治療薬を与えなければならない。

プラシーボ理論の説明についてはニコラス・ハンフリーに感謝している。私にとって、彼の理論は心理学の分野におけるもっとも意義深い理論である。実際、人間の健康への潜在的な価値を考えると、プラシーボ理論があまり用いられないことや、少なくとももっと広く研究されていないことが不可解だ。プラシーボ理論は投薬の慣習全体を変える可能性があるのだが、ハンフリーの考えの含意を人々があまり追求したがらない理由は、そこに錬金術のにおいがするからではないだろうか。

プラシーボ効果の働きを調べた2012年の『ニューサイエンティスト』誌に載ったある記事は、進化論的に説明できそうなモデルからの新しい証拠について記述していた。それによると、免疫系には「心によってコントロールされるオンオフ式スイッチ」があるという。10年以上前に心理学者のニコラス・ハンフリーが最初に提唱した考えだ。

ブリストル大学の生物学者であるピート・トリマーの観察によると、シベリアンハムスターが感染症と戦う能力は、彼らの籠に当たる光によって変わるそうである——光の当たる時間が長くなると（夏の日々に似せたものだ）、より強力な免疫反応が引き起こされた。トリマーの説明によれば、免疫系を働かせるのには大きな犠牲を伴うという。そこで、感染症が致命的なものでないかぎり、感染症と闘っても危険ではないというシグナルが現れるまでシベリアンハムスターは待つのだ。どうやらシベリアンハムスターは夏には無意識のうちに、より精力的に感染症と闘うらしい。夏は食べ物が豊富なため、免疫系を維持できるからである。トリマーのモデルは、動物は厳しい環境においては感染症をやりすごして資源を保存することによって、いっそううまく生き残れることを示したのだった。

ハンフリーは人間が擬似療法に無意識に反応すると主張している。擬似療法は体の資源に負荷をかけすぎることなく、感染症を弱めることが確かめられているからだ。食料が豊富な地域に住む人々は、理論上ではいつでも充分な免疫系を備えることができると思われる。しかし、ハンフリーによれば、無意識のスイッチはまだこのような状況に適応していないという――したがって、今は免疫反応を起こしてもいい時期だと心に納得させるためにプラシーボが使われるのだ。

4.5 「自己プラシーボ」で自らを操る

ハンフリーが提唱した、人の免疫系は自分で思っているよりもはるかに過酷な環境にも適応するように調整されたという考えは興味深い。(1) 私の両親の世代は第二次世界大戦中とそれに続いた配給の長い時期、食料不足の時代を経験した。私のおばは晩年になっても、手をつけていない食品を捨てる気にはなれなかった――冷蔵庫の中身が腐って生物学的災害《バイオハザード》に等しいものとなっても。無駄に対するおばの態度の基準は、大規模な食糧難の期間に作られたのだ。

同様に、人間の免疫系は今日よりももっと過酷な状況でも生き延びられるように、長年の間に修正されてきた。それまでは、資源をあまりにも急いで浪費するリスクは冒せなかった。飢え死にするか凍死するか、体の免疫反応のせいで動けなくなるかという危険が常にあったときは。(2) 現代の日々で我々が経験している、もっと安全な状況に合うレベルに免疫系を再調整する

(1) 人間の肥満を説明するために同様の説明がときどき使われる――人間の進化の大半で、信頼できる本能はこれだった。「おいしいものを見つけたら、たくさん食べろ」

ため、なんらかの悪意なきでたらめを利用することが必要かもしれない。これは抗生物質が現れる前の時代に祖父がやっていたことだろう。気さくな会話で患者を元気づけ、体を暖かくくるんでベッドに入り、よく食べて、薬効のあるウイスキーを飲めと勧めていたのだ——たぶん、それに加えて効き目のない何らかの錠剤を処方しただろう。効果がないにもかかわらず、患者の体が「回復状態」に入るための楽観的な錯覚を充分にもたらしてくれる薬を。

ロンドンのあるインド料理店で私がニコラス・ハンフリーと会ったとき、彼は健康や免疫系を超えたところにまで理論を広げていた。(4) ハンフリーは人間が定期的に、免疫反応と同様に意識的には活動させることができない——しかし活動するように操作することはできる——体の状態や感情を生み出すための、遠まわしの方法をとっていると信じている。特に、彼は勇敢さのプラシーボに言及した。これは意識だけを通じて手に入れる場合よりも、もっと高いレベルの勇敢さを獲得するために生み出された方法である。

ちょっと考えてみてほしい。大半の人にとって、勇敢さは意識して手に入る状態ではない——自動的《オートマチック》なものであって、手動《マニュアル》のものではないのだ。(5) 母親はあなたが小学校へ入るときに「勇敢になりなさい」と熱心に説いたかもしれないが、その状態になるために自分ができることは正直言ってほとんどない。「眠りに入ることに決める」のができないのと同じである。そんなわけで、ハンフリーが説明したように、軍隊での道具や慣習の多く——旗や太鼓、制服、軍事教練、盛装、マスコットなど——は効果的な勇敢さのプラシーボ、勇気や団結心を育むための環境要因なのかもしれない。

眠りに入っていくのと同じように、勇敢さを生み出すトリックは、感情を導き出す状況を意識的に創造することにある。眠りに関してなら、これはふわふわの枕をいくつも置き、部屋を暗くて静かな状態にすることを意味するだろう。(6) 勇敢さについてなら、ラッパや太鼓や旗や制服や仲間意識といったものが関わるかもしれない。兵士たちはともに暮らし、互いを「戦友」と呼び、足並みを揃えて行進し、同じデザインの服を着て、小隊や連隊や師団といった「仮想の親族」の集団に配置される——こういうものの大部分は、同じ集団の人々のために自分は究極の犠牲を払ってもいいという幻想を育て上げるのだ。

この理論は、当初はばかげていると思われる大半の行動を筋の通ったものにする——それは

---

(2) 病気の不快な症状の多く——たとえば高熱が出ること——は病そのものから発生するのではなく、病気と闘おうとする体から生まれる。
(3) もし、そのことがホメオパシーを意味するなら、それでもかまわない。
(4) この理論についてもっと学びたいと関心を持っているみなさんには、「理性の敵」シリーズの大いに満足感が得られるユーチューブ動画がある。その中でニコラス・ハンフリーは、還元主義的な合理性の主唱者であるリチャード・ドーキンスに反対する事例を主張している。
(5) 特別な力を持つ人々はここでは除外していいだろう——彼らは恐怖のスイッチを切る能力を持つように選ばれし者なのかもしれない。サイコパスの強い徴候が見られる者もいるだろう。とにかく、残りの我々のような歩兵は、怯えていようといまいと自分ではどうすることもできない。
(6) それに、ボトル4分の1ほどのウイスキー。

いったん入り込んだら心の中に長年とどまり、人々の行動を完全に新しい観点から見るのを助けてくれる考え方だ。このもっとも奇妙な面は、我々がみな基本的には自分自身にシグナリングを送るためにかなりの時間や費用をかけることだ。我々がやることの多くは、自分に関する何かを他人に宣伝するためではない――実質的に、自分自身に宣伝しているのである。(7) 進化生物学者のジョナサン・ハイトはそのような行動を「自己プラシーボ」と呼んでいる。いったんこの概念を理解したら、奇妙な消費主義のかなりの部分はもっと納得がいくものになるだろう。

(7) ロレアル社の製品を買うとき、人は自分に宣伝しているのだろう。「私はこれを買うだけの価値がある」と。

4.6

行動の裏にある隠れた目的
——なぜ、人は服や花やヨットを買うのか

人間の行動を評価するうえで重要な教訓が1つある。その行動の本当の目的を考慮するまでは、ある行動が不合理だと中傷してはならないということだ。毎日の交通手段として25万ポンドのフェラーリを買うことはどう見ても不合理だろう。申し分なく乗りやすい車が25万ポンドのほんの一部の値段で買えるのだから。一方、媚薬として、または仕事のライバルに恥をかかせる手段としてなら、フェラーリはホンダのシビックよりも桁違いに優れている。私はフェラーリに興味はないが[1]、運転する人にその車が一種の自信を与えるだろうということは理解できる。

興味深い思考実験として、私はさまざまな製品に偽の広告スローガンを作ってみることが多い——とりわけ、人々がその製品を買う理由について心から正直になれば、採用されそうなスローガンを。「花——下心のある安価な贈り物」——といったものである。それらは、誰もが

(1) もっとも、離婚したら1台買うかもしれない!

最初はすべてについて真実を言う世界に設定が置かれた映画、『ウソから始まる恋と仕事の成功術』(2009)[2]に出てくるようなスローガンだろう。「ペプシ——コークがないときに飲むもの」のように。[3]

私は残酷なほど正直なスローガンを考え出している。ほとんどの製品には表向きの「公式な」機能と、隠された機能の両方があるとはっきりさせるために。私の主張では、食器洗い機の主な価値は汚れた皿の洗浄ではなく、汚れた皿を押し込むための人目につかない場所を提供することだ。自宅にプールがあることの主な価値は、そこで泳ぐことではなく、水着姿で庭を歩き回ってもバカみたいに感じなくて済むことである。豪華なヨットで1週間過ごさないかと誘われた私の友人は、権力欲のある人にヨットが大人気な理由をこう説明した。「休暇をともに過ごそうと友人を招いて、まるで自分が英国の提督みたいな態度で彼らを扱えるからだよ」と。あなたが世界一の見事な別荘を持っていたとしても、招いた友人やライバルが車を頼んで勝手にどこかへ行ってしまう危険はあるが、巨大なヨットなら彼らは囚われの身になる。[4]

ソビエト式の計画経済の問題の1つ(たくさんある中で)は、人々が何を求め、何を必要としているかを人々が知っていて、彼らの要望を適切に定義して表せる場合しかうまくいかないことである。しかし、こんなことは不可能だ。人々は自分が求めているものを知らないばかりか、自分が買うものを好きな理由さえも知らないからである。人が本当は何を求めているのか(経済の専門用語で言えば、彼らの「顕示選好」)を見つける唯一の方法は、さまざまに異なった状況で彼らが実際に金を払っているのかを見ることだ。これには試行錯誤が伴う――競争の激しい市場とマーケティングが必要である。

イノベーションとしてのウーバーに関して興味をそそられるのは、それが現れるまで誰もそんなものを求めなかったことだ。[5] ウーバーの成功は2つの巧妙な心理的ハッキングにある。もっとも強力なのは、乗車している間に一切の金銭取引が行なわれない事実だ――おかげでウーバーを利用することが、商取引というよりは一種のサービスのように感じられる。[6]

エレベーターのコントロールパネルについて考えてみよう。そこについたボタンの1つ、「閉」のボタンは非常に興味深い。というのも、多くの（おそらく大部分の）エレベーターに

(2) うんと正直になるならば、そんな前提のほうが実際の内容よりもはるかに興味深い映画だ。
(3) ときどき、このアイデアを使った広告が出ることがある。「ペニスが小さいって？ そんなあなたのための車があります！」ポルシェの販売特約店のためのカナダの広告はそんなことを言っていた（ポルシェはフランチャイズ店からその広告を剥ぎ取ってしまっただろうが）。
(4) あなたが権力欲のある人間でないなら、巨大なヨットを買うべきではない。私の友人にそんなヨットを何年も売りに出していた者がいる。彼の話によると、ヨットに関して学んだ主な教訓は、ある程度以上の大きなヨットになると、得られる喜びはそのサイズに反比例することだった。さらに、巨大なヨットを停泊させられる港は限られているので、自分の船より巨大なヨットの隣に係留する羽目になることが多いだろう。
(5) 実を言えば、私は求めていた。だが、それは何年もの間、待つことへの不確実性の影響というものに夢中だったからだ。自分の提案をほかの人に話したところ、ほとんどは肩をすくめるだけだった。
(6) さらに、現金での取引よりもクレジットカードを使った場合のほうが15％以上も割安になる。

ついたそのボタンは、実を言えばプラシーボのボタンだからだ――それはどこにもつながっていない。いらだった人々にやることを与えて、何かをコントロールしている幻想を持たせることで気分をよくさせようとしてついているだけだ。事実上、ボクシングのサンドバッグの洗練された代替品である。これが悪いことかどうか、私にはわからない――間違いなく嘘ではあるが、罪のない嘘だろう――唯一の役割は誰かの気分をよくすることだ。ドアの「閉」ボタンの唯一の目的はいらいらする人々をリラックスさせることなので、この結果が心理的な手段によるものでも、機械的な手段によるものでも、どちらでも違いはないだろう。(7)

プラシーボのボタンの利用は我々が実感する以上に普及している。横断歩道の多くに、やはり何の効果もないボタンがついている――信号は経過時間によって変わるように設定されている。(8) しかし、このボタンもかなり無害な嘘である。押すためのボタンがなかったら、青信号の歩行者マークが現れるまで待たない人がどれほどになるだろうか？　そして青信号になる前に待つべき秒数をデジタル表示してくれるディスプレーがあれば、どれくらい多くの人がもっとちゃんと待つようになるだろうか？　韓国や中国を含めたいくつかの国では、信号が青に変わるまでの残りの秒数を表示しただけで交差点での事故が減った。(9)

これは哺乳類の脳にコントロールや確実性を強く好む性質があるからだ。乗客の満足度を高めるためにロンドンの地下鉄で行なわれた最高の投資は、より速い列車や列車の本数の増加に金をかけることではなかった――次の列車の到着までの待ち時間をホームにいる乗客に知らせる、ドットマトリックス表示〔訳注　点の二次元配列によるパターン〕をつけ加えることだったのだ。

このような知恵をもっと重要なことに適用してみよう。不確実性を嫌うことがわかっていて、医療検査を受けたがらない人が不相応に多いとしたら、この2つの洞察をどのように結びつけて解決策を思いつけばいいのか？　人々がある種の検査を受けたがらない理由が、結果を待つ間に経験する不確かさを無意識のうちに嫌悪しているからだとしたら？　彼らはその理由を言えないだろう。自分でもわからないのだから——壊れた双眼鏡のレンズの例えを覚えているだろうか？　ロジックからも理由はわからないが、試すことはできる——こんな約束をして

（7）飛行機のコックピットでのプラシーボのボタンの使用をお勧めしているわけではない——フライバイワイヤシステム〔訳注　航空機に適用される技術の一種。操縦を電気的に行なうシステム〕の飛行機にはエレベーターのボタンと似たものがあるが。搭載されたコンピュータはパイロットの指示に直接従うのではなく、彼の意図に介入するのだ。

（8）ピザのデリバリーのアプリには、段階的に状況を知らせるものがよくある。ピザを焼き上げ中、製品のチェック中、箱詰め中、そして配達中、というふうに。これはどれくらい実際の時間に沿った情報なのだろうか？　進展しているという印象を与えて安心させるためだけのものなのではないだろうか？　私はかなり懐疑的だが、物事が進んでいるという幻想は悪くない。このような機能はこう言っているのだ。「リラックスしてください——あなたのことを忘れていませんから」

（9）韓国ではこれと正反対の思いつきさえ試した——青信号のデジタル画面に、赤信号に変わるまでの残りの秒数を、交差点に接近中の車の運転手向けに示したのだ。ちょっと考えればわかるだろうが、まぎれもなく最悪のアイデアだった。

何が起こるか見てみるのだ。「この検査を受ければ、24時間以内に結果を携帯メールでお送りします」今まで、そのような種類の約束が関係していると考えた人はいなかった。検査を受けてから結果を知らされるまで不確かな状態で待たされることが、そもそも人々が検査を受けようとする傾向に影響を与えているかもしれないとは誰も思わなかったのだ。

クレジットカード会社はこの仕組みをとっくに発見し、こんな約束をしている。「今すぐにお申し込みをされると、12時間以内に承認可否をお知らせします」——カード会社は偶然にか実験によるものかはともかく、理解したのだ。このような約束によって人々の反応に熱心さの差が現れると。市場調査を行なうのであれ、新古典派経済学による想定をするのであれ、不確かな状況で過ごす時間の長さが大事な要素かもしれないとは気づかないだろう。

ここで、簡単な思考実験が役に立つかもしれない。もし、ボタンを押すとすぐさま前立腺ガンの初期だと警告する医療装置があれば、たいていの男性はそのアイデアに乗り気になるだろう。対照的に、検査の予約を取って採血してもらい、結果が出るまで2週間待ちたいと思う人は非常に少ない。

4.7 自信というプラシーボの市場

ここまで見てきたように、軍隊の制服やラッパや太鼓や盛装といった道具立てを理解する1つの方法は、その価値を「勇敢さのプラシーボ」と考えることである。しかし、同様の「ニコラス・ハンフリーのプラシーボ」を用いてハッキングしたくなるほかの感情にはどんなものがあるだろうか？　たちまち浮かんでくるのは次の2点だ。自分自身に自信を与えたいという欲求と、他人に信頼感を与えたいという欲求である。

私には17歳になる双子の娘たちがいて、心から愛している。彼女たちが出かけるときは別だが。娘たちの化粧のルールときたら、ばかげているどころの話じゃない。どんなパーティや催しでも、家を出る前に1時間半ほど身支度に時間をかけるのが珍しくないのだ。その時間の大半は顔に何やらを塗りたくり、眉をああだのこうだのといじることに費やされる。私なら毎朝、髭を剃らなければならないだけで充分にいらだたしいのに。娘たちがこんな無駄な手順にどうやって耐えられるのか、私にはさっぱりわからない。進化心理学が娘たちのひどく腹立たしい行動をいくつかの方法で説明してくれるかもしれない。彼女たちはさらに外見をよくし、異性にシグナリングすることによって生殖適応度を高めようとしているのだろう。同性の中で自分のステータスを維持するか上げようと努力しているのかもしれない。または自分自身へのシグナリングのためにそうしている可能性もある。

どの答えが正しくても（それらは互いに矛盾していない答えだ）、私の娘たちだけがそんな行動をとっているのではないことは明らかだ。かつて私は世界的規模の美容業界でのプレゼンテーションに参加したことがある。そこには衣料品や香水、化粧品の企業も参加していた。私は最初のうち、米ドルで十億ドルが単位として使われているが、年間消費を表す数字が数千となっている表に困惑した。しかし、我々が議論しているのが、米ドルで合計が数兆ドル規模の年間消費だと気づくまでのことだった。教育に費やされるよりも多額の金が女性の美容に費やされているのだ。(1)

いったんプラシーボについて理解したら、女性が自分を美しくすることに費やされた2兆ドルの大半は、異性に対するアピールが目的ではないとあなたも同意してくれるだろう。あからさまに言えば、女性として男性にアピールするように装うことはさほど難しくない――体を覆う布が少なければいいだけだ。(2) さらに、女性のファッションには流行がある。たとえば、ハイウエストのパンツだが、男性はそんなものをどうやら不快だと思うらしい。(3) 身だしなみを整えようと2時間を費やすときに女性がやっていることの大半は、自信というプラシーボを自分に投与することだ。意識的な意思の働きを通じては生み出せない感情を作り出すために。(4)

もちろん、男性にも同様にプラシーボの悪習がある。私が前にも述べたように、車やちょっとした道具類への愛から資金を提供し、役に立つ製品の開発を促進しているのだ。しかし私に言わせれば、高級ワインへの異常なこだわりはもっぱら自己プラシーボかステータスの追及にほかならず、娯楽とはほとんど関係がない――だいいち、すばらしいワインというものは、よいワインよりもはるかに優れているとまで言えるのだろうか？[5]

ネットフリックスのドキュメンタリー、『すっぱいブドウ』はワインの世界への興味深い洞察である。ルディ・クルニアワンと呼ばれる、優秀だが不正直なインドネシアのワイン通はコルクとラベルを偽造し、安いワインを混ぜ合わせることで優れたブルゴーニュ・ワインを複製できた。彼が初めて偽造を見破られたのは、存在しないヴィンテージもののワインを作ろうと

(1) 私は女性がこれほどの浪費をずいぶん簡単に許されていると思う。もしも男たちがまったく不合理な何か――たとえば、鉄道模型を作ることとか――に年間2兆ドルも費やしていたら、激しく非難されるだろう。

(2) 男たちを興奮させるのに欠かせない、季節に合ったファッションショー向けの服を輸入するために、ポルノ映画が5ケタに上る衣料予算を必要としないことに注目してほしい。それに2000ポンドのバッグを目にしたところで、興奮する男はいない。

(3) コメディアンで――鋭敏な進化心理学者の――サラ・パスコーのおかげでこんな見解が得られた。

(4) 男はアルコール度数の高い4パイントのラガー・ビールを自分に投与することで、ほぼ間違いなく同じ効果を上げられる。

(5) ロマネ・コンティのブドウ園のスローガンは、彼らがそこまで品のないものを考えついたとしたら、ロレアルのようになっていただろう。「なぜなら、私にはその価値があるから」といったものだ。

したときだった。ラベルの分析をすることで、偽造されたクルニアワンのワインを見破るのは可能だが、ワインの味を見るだけでは不可能だという話である。

こんなことを言いたくはないが、ルディは一種の錬金術師なのだ。最高級のワインのビジネスに携わる何人かの専門家と話したことがあるが、彼らは自分の分野を本質的にプラシーボの市場と見なしている。その1人はこんなことを認めた。自分が売っている商品にあまり関心はないし、1本あたり数千ポンドの値がつく高級なブルゴーニュ・ワインの鑑定会で、こっそりビールをひっかけに抜け出したいと思う、と。自分を「売春宿での去勢男」と表現したワインの専門家もいた――宣伝している商品の魅力に免疫があるから、自分は価値がある人間なのだと。(6)

（6） 現代のワインに対する我々の熱狂ぶりは度が過ぎているだろう。今や誰もが土壌だの気候だのといった、常に問題になるわけでもない些細なことを大いに気にするふりをして、通ぶることを楽しむのが義務になっているようだ。かつてジュリア・チャイルド〔訳注　アメリカのシェフ〕は「あなたのお気に入りのワインは何ですか？」と尋ねられてこう答えた。「ジンよ」

4.8 効果的なプラシーボは何によって生じるのか？

効果的なプラシーボとなるものに関するニコラス・ハンフリーのルールの1つは、それには何らかの努力を注がれたか希少性があるか、費用がかかるに違いないということだ。製造に必要な植物があまり一般的でないというだけで、民間療法は効果的なプラシーボなのかもしれない。もし、今後の科学的なリサーチに値する分野があるとすれば、まさしくこれだろう。今のところ、薬品を進歩させようとして毎年何十億ドルも費やされているが、私の知るかぎり、プラシーボの理解を進めるための費用はほぼ皆無である――プラシーボはあまりにも錬金術じみているのだ。さらに私は、木々を眺められるところにベッドがある入院患者のほうが健康にいい結果が出る理由も知りたい。医師は患者がプラシーボのパワーを最大限に生かせるようなことを診療で話せるのだろうか？

前の章の大部分は、私が明らかにインフルエンザの症状が出ているときに書いたものだ。[1]夜

(1) インフルエンザの患者らしい文章でなければいいが。

には症状をやわらげるため、「ナイトナース」[2]として知られているチンキ剤を服用した。これは興味深い起源を持つ薬で、成功の範囲をあまり狭く限定せずに、創造性が働く余地を残しておく製品の模範例のようなものだ。ナイトナースを考案した科学者たちは、風邪やインフルエンザに効果的な薬を考え出すようにと指示を受けていた。彼らは成功したが、1つだけ問題のある副作用があった――この処方薬はひどく眠気を誘うのだ。科学者たちが絶望して薬を作り直そうとしたとき、マーケティング部門から来たある錬金術師がアイデアを思いついた。「もし、この製品を夜用の風邪とインフルエンザの治療薬として位置づければ、眠気は問題ではない――それはセールスポイントになる。風邪とインフルエンザの症状を減らすだけでなく、症状が出ているときにも眠れるようにしてくれるだろう」こうして「ナイトナース」が誕生した。物事の見方を変えるという魔法の模範である。

先月は妻が何日間か家を離れることになっていたので、「ナイトナース」の瓶の注意書きを心配そうに読み聞かせてくれた。私がそんなものを読まないだろうと彼女はよくわかっていたのだ。[3]「注意書きには、どんな状況でもこの薬を4晩以上続けて服用してはいけないと書かれているわ」と妻は不安そうに言った。たちまち私はプラシーボ効果が2倍になったのを感じた。大量に服用すべきではないという事実は、その薬に効果があるという証拠だ。[4]そこで、またレッドブルの話に戻りたい。

（2）北米の読者のみなさんへ。「ナイトナース」は風邪薬の「ナイキル」の隣の棚にあるだろう。
（3）もっとあり得るのは「確実に効くように」と、推奨されている分量の単に2倍を私が服用することだ。
（4）私が思うに、効果をあげるもう1つの大事な点は、医療効果を謳うどんな消費物品でも少しまずい味がすることだ。肌に塗る薬剤なら、ヒリヒリするとかチクチクするほうが、より効果的だろう。ある友人から聞いたが、栄養剤の「サナトーゲン」を作るときに最後に加える成分は、やや不快な味をつけることだけが目的の薬品だという。同様に、ダイエットコークは普通のコークよりもいくぶん苦くなければならない。さもないと、それがダイエット飲料だと信じてもらえないだろう。

4.9

レッドブルのプラシーボ

レッドブルほど成功した商業的なプラシーボはない——潜在意識へのハッキング能力がとても優れているので、世界中の心理学者や行動主義経済学者によって繰り返し研究されており、その中にはヨーロッパで最高のビジネススクールの1つであるインシアードのピエール・シャンドンもいる。この飲料から連想されるものがあまりにも強力なため、レッドブルというロゴがあるだけで行動が変わってしまうように思われる。しかし、レッドブルを生み出したのは指令経済でもなければ、官僚的な大手の多国籍企業でもない——それはある1人の起業家によって生み出された。

レッドブルの信じがたいほどの成功にもっとも納得がいく説明をつけるなら、一種のプラシーボ効果があったことだ。なんといっても、レッドブルは優れたプラシーボのさまざまな特徴を備えている。レッドブルは高額で奇妙な味がして、「摂取の制限」がある。レッドブルが出たばかりのころ、その活性成分であるタウリンがもうすぐ法律で禁じられるだろうという噂が繰り返し語られたことがさらにプラスとなった。値段や味に加えて、小さな缶入りという点が特に効果的だった。新しいソフトドリンクなら、標準的なコークサイズの缶で売られるはずだと普通は思うだろう。おそらくレッドブルの入った小さな缶が売られているのを見て、我々は無意識にこう推測したのではないか。「あれは本当に強力な飲料に違いない。たっぷりと330ミリリットルも飲んだら頭がおかしくなるから、小さな缶で売るしかないのだろう」と。

2017年の『アトランティック』誌の記事で、ヴェロニク・グリーンウッドはこう述べた。カフェインとアルコールを含むカクテルと関連する危険な行為は、飲み物自体よりも、人がそれをどう認識するかによって引き起こされるのだろうと。グリーンウッドは、カフェインがアルコールの影響を隠すからという懸念により、米国食品医薬品局（FDA）が2010年にそのようなカフェイン入りのアルコール飲料の販売を禁止したと説明した。この理論は2013年の研究によって裏づけられたように見えた。その研究では、そういう飲料を摂取する人々が、カフェイン抜きのアルコールを摂取する人々の2倍、飲酒運転による交通事故や性的暴行を引き起こしやすいということが明らかになった。

グリーンウッドの説明によると、もっと最新の研究では、そういった効果が化学的なものというよりは心理的なものらしいとされているそうだ。インシアードとミシガン大学の研究者たちは154人の若いパリの男性に、エナジードリンクはアルコールの効果を強めると信じているかどうかを尋ねた。そして各自にウォッカとフルーツジュースとレッドブルでできた同じカクテルを飲んでもらったが、それらには「ウォッカカクテル」「フルーツジュースカクテル」「ウォッカレッドブルカクテル」という3種類のラベルが貼ってあった。

その後、すべての男性に3つの課題が与えられた。最初は金銭を賭けたゲームを行なうが、そのゲームでは金を得るたびに風船を少しずつ膨らませる。風船が破裂したら、彼らは全額を失うことになるのだ。次の課題は、何人かの女性の写真を見て、バーで彼女たちにアプローチしたら電話番号を教えてもらえるかどうかを考えるというものだった。最後に、彼らは自分がどれほど酔っていると感じるか、どれくらい経ったら運転できると思うかを記入して、調査は完了した。結果は明確な傾向を示した。誰もが完全に同じ飲み物を摂取したにもかかわらず、「ウォッカレッドブルカクテルのグループ」はほかの集団よりも酔っていると感じ、いっそうリスクを冒す気になっていて、女性を口説く場合にはより自信に満ちていた。さらに、エナジードリンクとアルコールを混ぜたものを飲むとリスクを冒す気になり、抑制が減ると信じていた男性のほうに、影響がより強く表れていた。これは行動の変化が飲料の配合によるものではなく、それが自分に与えると信じて*いる*ものによることを暗示している。このグループがいっそうリスク回避をする気になった分野は車の運転に関するものだった――またしても、飲料の実際の影響に基づくのではなく、その飲料をどう認識するかに基づいた言動である。

ピエール・シャンドンによれば、「レッドブル、翼を授ける」のスローガンや、スポンサーになっている、危険をはらんだスポーツ競技を通じてのレッドブルのブランディングは、人々が製品を買うかどうかを決定するだけでなく、カクテルに入っているときにその名前にどう反応するか、その影響をどう解釈するかも決定づけるだろうということだ。このことから製薬会社が学べる教訓はあるだろうか？　たとえば、子どもにとって安全なキャップをつけた容器に薬剤を入れるだけでなく、ダイヤル錠付きの金属容器に薬を保管することを製薬会社は主張してもいいのではないか？　なんといっても、容器の中身が特に有害だとか効き目のあるものでなくても、人間の心の中にいる猿はそれが有害だとか効き目があると推測するのだ――前頭前皮質がこの決定に少しも関係ないことを覚えておいてほしい。あるプラシーボが効果的かどうかを決めるのは、この猿だけなのだ。

人の気分を変える物質――アルコール、コーヒー、紅茶、タバコ、そして娯楽――を売ることで存在している5つの巨大な業界に、プラシーボ業界を加えるべきだろうか？　なにしろ、ここまで述べた方法で説明できるのは化粧品の購入だけではないのだ――大量消費主義の大部分が同様のことを達成するために設計されていると、私は強く主張したい。事実、贅沢品の支出の大半はこのようにしか説明できない――人々がお互いに自分を印象づけることを求めているか、自分を自分に印象づけることを求めているかのどちらかなのだ。[1]　ほぼすべてのものが、気分を変える物質ではないだろうか？

（１）　このことに関して私の言うことをまじめに信じる必要はない――私はただの広告マンなのだから。しかし、ジェフリー・ミラーによる『*The Mating Mind*』（２０００）（『恋人選びの心――性淘汰と人間性の進化（１）（２）』ジェフリー・ミラー著、長谷川眞理子訳、岩波書店、２００２年）や『*Spent*』（２００９）（『消費資本主義！――見せびらかしの進化心理学』ジェフリー・ミラー著、片岡宏仁訳、勁草書房、２０１７年）や、ロバート・Ｈ・フランクの『*The Darwin Economy*』（２０１１）（『ダーウィン・エコノミー――自由、競争、公益』ロバート・Ｈ・フランク著、若林茂樹訳、日本経済新聞出版、２０１８年）や『*Luxury Fever*』（２０００）（『贅沢熱』、未邦訳）のような本を読んだら（どちらの著者も聡明で著名な進化心理学者である）、両方の著者が多かれ少なかれ同じ結果にたどり着いたことがわかるだろう。ガッド・サードはこの現象のもう１人の優れた解説者で、とりわけ『*The Consuming Instinct*』（２０１１）（『消費本能』、未邦訳）にそれがよく表れている。

4.10 まったく筋の通らないものが潜在意識のハッキングを可能にすることが多いのはなぜか

そんなわけで自分自身への、あるいは他人へのシグナリング——健康面で利益を得ることだろうと（免疫系を活発にすること）、メイクをすることだろうと（自信を高めること）、または贅沢品を買うことだろうと（ステータスを高めること）——には、ロジカルな視点から見れば筋が通らない行動が常に伴うように思われる。しかし、そういう行動は偶然によるものとか残念な副産物というよりは、むしろ必要なものなのかもしれない。

自己投与された薬のように何かに効果を発揮させるには、不合理性、無駄、不快感、努力、または大きな犠牲を伴う必要がある。ある程度の犠牲が必要な物事は、無意識に対してかなりの効果を及ぼすように見える。まさしくそれが筋が通らないことだからだ。結局、味がよくて栄養のあるものを食べても、免疫系には何も伝わらないように思われる。普通ではないことだと感じられないからだ。一方、何か不快なものを飲むことで、より大きな意味がもたらされる。異様な状況でしか行なわれないことだからである。

本書の始めのほうに書いてあったことを思い出してほしい。人間の体は純粋な水の味に気づかないように調整されている。通常の味から逸脱したものに気づくことが、進化という観点からすれば価値があるからだ。我々が気がつく性質、しばしば自分にもっとも影響を与える物事は理屈に合わないものである——ある程度だが、標準的な合理性から逸脱し、潜在意識に注意を促すために不合理に違いない行動をとり、意味を作り出すことが必要なのだ。大聖堂は雨を避ける方法としては複雑すぎる建物である。オペラは物語を語るには効率の悪い方法だ。礼儀さえ、事実上、不要な労力をかなり伴う交流の方法である。そして、広告はあなたが信頼に値する人だと伝えるためのとても金のかかる方法だ。

プラシーボをうまく働かせるには、少々ばかげているべきだというのが私の主張である。(1)レッドブルを強力なメンタルハックにしたと思われる3つの全要素(2)はロジカルな視点から見れば筋が通らない。人々は値段が安くて、量がたっぷりで、おいしい飲み物を求めているのだ。そうだろう？　だが、レッドブルの成功はそんなものが求められていないことを証明している。これらの3つの不合理性に関する何かが、無意識に訴えるために、またはプラシーボとしての可能性には必要なのだろう。ある飲料に薬としての力、または向精神薬の力があると人々が無意識に信じているとしたら、普通に考えた場合においしいはずはない。医師がこう言うところを想像してほしい。「あなたの非常に悪性のガンを治療する錠剤がここにあります——好きなだけたくさん飲んでください。さて、錠剤はイチゴ味とカシス味のどちらがいいですか？」どういうわけか、この最後の言葉には説得力がない。

潜在意識をハッキングする行動を見てみれば、無駄で不快で、まぎれもなくばかげた要素を持つものばかりだろう。化粧品は正気じゃないほど高額で、顔につけるのに時間がかかる。アルコールはよく考えてみれば、本当はそれほどおいしくはない。とても暑い日に喉が渇いているとき、あなたは正直言ってどちらのほうがいいだろうか？――ワインのシャトー・ディケムを1杯と、ラズベリー味のスラッシュパピー〔訳注　フローズン飲料〕とでは？　ホメオパシーのようなプラシーボの治療には多くの儀式やくだらないことが伴う。薬は非常にまずい味がする。

いずれはこんな質問をしなければならないだろう。不合理だという事実にもかかわらず、このようなさまざまな物事はうまくいくのだろうか？　それとも、不合理だから﹅﹅﹅こそうまくいくのか？　もし、人間の無意識の本能が、経済的な最適性から外れているからこそ反応し、行動を生み出すようにプログラムされているなら、その進化的な理由は何か？　それはまるでジャーナリストの卵に教えられている教訓のようだ。つまり、「犬が人を噛む」のはニュースではないが、「人が犬を噛む」のはニュースだというものである。意外だとか非論理的なもの

(1) 言い換えれば、リチャード・ドーキンスがよいアイデアだと思ったものは、優れたプラシーボじゃないということだ。

(2) 高い値段、小さな容器、変な味。

によって、意味は不釣り合いなほど多く伝えられる。一方、ロジカルで狭義の物事は何の情報も伝えない。このことによって、我々は元の場所、つまり、コストリー・シグナリングの説明に戻ってくるのだ。

第5章

単純化し、合理化し、効率化することの危険

5.1

大失敗するよりも「まあまあいい」意思決定の方がいい理由

現代の教育システムは、完全に確実という状況下で意思決定を行なう方法を人々に教えることに大半の時間を費やしている。しかし、高校や大学を離れたとたん、我々がくださねばならない決断のほとんどは全然そんなものではなくなる。直面する決断の大半には何かしら欠けたものがあるのだ――不可欠の事実や手に入らない統計値、あるいは意思決定を行なうときには予見できないものが。教育によって評価される知性のタイプと、進化によって評価される知性のタイプは非常に異なっている。さらに、概して多くのアカデミックな環境で高く評価されるスキルは、もっとも自動化が簡単な種類のものなのだ。GPSのほうが人間よりもはるかに計算ができることを覚えておこう。

典型的な学校の数学の問題をあげてみる。

正午に同じバス停から2台のバスが出発する。1台は西へ時速30マイル（48キロ）で走り、もう1台は北へ時速40マイル（64キロ）で走る。2台のバスがお互いに100マイル（160キロ）離れるのは何時か?(1)

今度は典型的な現実の世界の問題をあげよう。私はガトウィック空港を午前8時に離陸する飛行機に乗らねばならない。空港までは列車、タクシーまたは自家用車のどれで行くべきか？　また、私は何時に家を出るべきか？

人間の心理の奇妙な点だが、1番目の質問を難しいと思う人が多いのに、2番目は簡単だと思われがちだ。しかし、2番目の問いのほうが計算的にはるかに複雑である。このことは問題の難しさよりも、人間の脳の進化について多くを伝えている。最初の質問は計算に向いたものであることが理由だ。いわゆる「狭い状況」の問題だろう。それは人工的に単純化され、標準化された世界を推測している（バスが奇跡的に、いつも一定のスピードで走る世界だ）。そこには変数がほとんどなく（どれもが数字として表現でき、曖昧な点が何もない）、1つだけの明白な正解しかない。

ガトウィック空港への行き方を考える問題は、「広い状況」の問題である。曖昧な答えや複数の正解が可能で、どんな厳密なルールにも縛られていない。答えを導く公式などは存在せず、あらゆる種類の可能な「正解っぽい」答えが認められ、回答を思いつくときはすべての情報を考慮できる。

（1）　理論的な数学の世界では、この問題の答えは午後2時である。しかし現実には、バスの一方はパンクによって遅れ、もう1台は渋滞にはまっていた。

これらは人間が本能的にうまく解決できそうな問題だが、コンピュータはそれを難しいと見なす。もしも私が次に空港へ行くとき、自分の無意識を深く掘って脳で活動中のいくつかの変数を明らかにしたら、こんなことが出てくるだろう。「雨が降るだろうか?」「荷物はいくつ持っていくのか?」「どれくらいの期間、出かけるのか?」「M25を通った場合とA25を通った場合にかかる平均時間はどれくらいか?」「M25を通った場合とA25を通った場合では、どれくらい不意の遅れが生じるか?」「私の乗る飛行機は北ターミナルから離陸するのか、それとも南ターミナルか?」

GPSが行なうように、ガトウィック空港まで行く方法を狭い問題として考えれば——できるだけ早く空港へ着くという単純な問題として考えたら——ここにあげたような要素のいくつかは無関係に思われるだろう。だが現実の生活では、こういう要素はどれも重要だ。天候は交通に影響を与える。私が1泊ではなくて2週間の行程で出かけるつもりなら、それは駐車場の料金に影響するし、その結果、列車または車やタクシーで行く場合のコストにも関わってくる——持っていく荷物の量にも。M25を通った場合の時間は、リスクを冒す価値があるかどうかに関係してくる。また、重い荷物があるなら、列車で行くのはあまり気が進まないだろう。とりわけ、鉄道の駅からいっそう離れた北ターミナルから飛行機が出発する場合は。

これほど複雑な問題の解決を、我々がとても簡単だと思うのは興味深い——人間の脳は「広い状況」の問題を解決できるように進化したことが暗示されている。人が進化していくうちに直面した問題のほとんどはこのタイプのものだったからだ。ぼんやりとした「まあまあいい」意思決定が、正確な論理性よりも役立つことが証明されている。さて、100万年前よりも今日のほうが、「狭い状況」の問題を解決する必要性がはるかに高まっていることは私も認めるし、合理的な方法が生活に貢献していることは否定できない――エンジニアリングや物理学や化学といった分野では。しかし、人間の環境がそれほど変わっていないことも私は強く主張したい。大きな問題のほとんどが、そしてビジネスでの決断の大半がいまだに「広い状況」の問題なのである。

問題が起こるのは、「狭い」考え方を用いて「広い」問題を解決しようとするときだ。ケインズはかつて「正確に間違うよりも、漠然と正しくありたい」と述べ、進化はケインズの味方のように見える。安価なコンピュータの力をますます利用することに伴うリスクは、複雑な問題における数字で表現できる単純な部分だけをコンピュータが取り上げ、高度な数学的正確さで問題を解決し、問題全体を解決したと我々に思い込ませるところにある。というわけで、私のGPSは「ガトウィック空港まで車でどれくらいかかるか？」といった狭い質問には聡明な答えを返すが、「そこまでどうやって行くべきか、またいつ出発したらいいか？」といった広い質問にはなおも答えを出していない。GPS装置は間違った質問にも優れた回答を与えてくれる。同様に、たとえば、企業はデジタル広告の費用をかなり正確に最適化するが、だからといってより広いマーケティングの問題には答えられない。「売るものを買ってもらえるほど、私は信用されるだろうか?」のような問題には答えられないのだ。

人は自分を科学的に見せようとして、数字的に正確な答えをやみくもに崇拝する——そして確実性という幻を切望するのだ。しかし、人間の類いまれな能力は漠然とした正しさの中に存在している——合理的な行動とは何かに関する経済学者の想定を理解できない理由は、必ずしも我々が愚かだからではない。もしかしたら、人間の脳の一部が地図を無視するように進化したせいとも考えられる。または、最初の質問を別の質問に置き換えるように進化したからかもしれないのだ——正しい答えを見つけるためではなく、破滅的なほど間違った答えをしないために。

無意識の質問とは、本来尋ねるはずのものではなく、意思決定のために合理的なルールを作ろうとしているときは無視されるかもしれない質問だ。顧客候補の相手に売り込みをしている広告代理店の例を取り上げよう。売り込みの文句に「評価マトリクス」とか「スコアカード」といった、プロセスが透明で客観的だと確信させるために作られた言葉がつきものなのは顧客にとって当たり前のことだ。その意図は、各代理店のプレゼンテーションを戦略の質だの創造的な仕事だの、文化的な適応だとか部門の知識だとか、価格競争力といった基準で特徴づけることである。考え方としては、これらの事項にそれぞれ点をつけ、総合的に判断してどこの代理店が勝者になるかを決める。しかし、この手順に関わっている誰かに尋ねれば、こんなことを認める人が多いだろう。自分はどの代理店に勝たせたいかを決めていて、勝てるように各得点をつけているだけだと。このような状況で人々がやっているのは、与えられた質問を全然違う質問にすり替えてそれに答えることだ。より簡単な代替の質問に答えるというこの慣習は、多くの「不合理な」人間の行動に通じる。文句なく合理的な行動には及ばないかもしれないし、意識すらされないだろうが、これが賢明な行動でないとは言えないだろう。

ある人物が何をしようとしているのか本当にわかるまでは、その行動を不合理だと呼んではいけない。私は大学を卒業してから何年か、数人の友人とロンドンで暮らしていた。我々はそれぞれ、初めての中古車をなんとか買えるくらいの金を貯めた。理由はわからないが、友人たちも私もまさしく同じ行動をとった――生まれ育った小さな町へ戻り、知人にせよ、友人または親類にせよ、親たちがなんとなく知っているという人間から車を買ったのだ。よその町の傍観者にすれば、この行動は奇妙に思われただろう。田舎の町の中古車価格はロンドンよりも少し高かったのだからなおさらだ。だが、我々が無意識に自分に尋ねていた質問は「どの車を、どこで買うべきか?」ではなかった。「本当に安く車を売ってくれると信じられる人間を見つけられるだろうか?」だった。我々はこの世でいちばんいい車を買おうとしていたわけではなかった――ひどい車を買うリスクを避けようとしていたのだ。

「ぼくから金をだまし取ろうとしない人は誰か?」という質問は思慮深いものだった。予算が非常に限られている場合、とるわけにいかない行動は詐欺師の犠牲になることだ。だから、我々は評判が悪くなると困る人間を求めていた。表現を変えた質問――「私にXを売ってくれる人として、誰を信じればいいのか?」——はよい商品を買うためには完全に筋が通ったものに思われた。自分の評判がかかっている人を探して助言を求め、その人から車を買えばいいだけだ。(2)

花に引き寄せられる蜂のように、正直な意図を発している信頼できるシグナルに人は引かれる。そして、そういったシグナルが見つかったところで取引することを選ぶのだ。これは、道端の見知らぬ人からではなく、店でテレビを買うことが一般的な理由を説明している——店は資源に投資し、いつも同じ場所にあり、評判が損なわれることには弱い。人はこういう行動を本能的にとっているのだ。何かに金を払おうとする行為は、商品そのものに影響されるだけでなく、それを売っている人間の信頼性や評判にも影響を受ける。

これについてちょっとした思考実験をしてみよう。あなたが中古車を見るために誰かの家に到着したところを想像してほしい。あなたは通りに停めてあった車の状態を査定し、それには4000ポンドの価値があると判断してドアベルを鳴らし、その金額を申し出る心構えをする。Aのシナリオでは、ドアを開けるのは教区牧師である。(3) Bのシナリオでは、ドアを開けるのはパンツ1枚しか身に着けていない裸の男性だ。車そのものに変化はないが、車の出どころには変化が生じる。教区牧師は自分が誠実だという評判のために相当な努力をしていそうだが、2番目の男性は明らかに恥という感覚に無頓着のようだ。本当のところ、あなたが払おうと考えていた金額は、最初の例では増えて、2番目の例では減ったのではないだろうか？

この行動は実を言えばなかなか賢明なので、不合理と見なすのはばかげていそうだ。私の亡き母は車についてまるっきり無知だったが、人間に対しては鋭い観察眼を持っていた。(4) 売り手に対する本能的な評価に基づいて10台の車を買うという課題を母に出して、同時に、10人の自動車エンジニアにオークションで10台の車を購入するという課題を出したら、興味深かっただろう。私の母が買った車が、エンジニアたちによって選ばれた車とまったく同じくらい信用できるものだっただろうと私は自信を持っている。ことによると、母が選んだ車のほうがもっとよかったかもしれない。

---

(2) これもまた、「囚人のジレンマ」のような協力の理論的なモデルの多くがとてもばかげている理由の1つだ。現実の世界では、取引相手を選ぶことができる。あなたは路地で会った路上生活者から喜んで車を買うだろうか？ 買わないに違いない。

(3) ところで、あなたが神を信じていなくてもかまわない――このシナリオに登場する買い手が神を信じていることだけ、承知していてほしい。

(4) 詐欺師を見つける母の才能は、改造車を見つける能力よりも間違いなく優れていただろう。

5.2

合理的な解決策に安易に満足することの危険

1950年代に経済学者であり政治学者でもあったハーバート・サイモンが作った「満足化(satisficing)」は、「満足させる(satisfy)」と「充分(suffice)」を組み合わせた言葉である。しばしば「最大化」という言葉と対照的に使われる。最大化とは、ある特定の質問に対して唯一の最適な正解が得られるとする、あるいは得られるふりをする問題解決へのアプローチだ。

ウィキペディア[1]の役に立つ説明によると、「満足化」とは以下のとおりである。「サイモンは最適な解決策を決定できない状況で、意思決定者の行動を説明するために満足化という言葉を用いた。彼は多くの自然の問題が計算上の扱いにくさ、または情報不足によって特徴づけられると主張した。そのどちらも数学的な最適化の手順を不可能にしている。サイモンは1978年にノーベル賞を受賞し、そのときのスピーチで次のように述べた。『意思決定者は単純化された世界における最適な解決策を見つけることによって、あるいはより現実的な世界における満足のいく解決策を見つけることによって満足化できる。一般的に、どちらの方法ももう一つの方法より優位となることはなく、そしてどちらの方法も経営科学の世界で共存し続けている』」それ以来、バランスが変化したと私は断言する。最初の方法――世界を単純化したモデルを作り、ロジカルな方法を適用すること――は別のもっと微妙な方法を損なう恐れがあり、ときには危険な結果になる可能性がある。２００８年の経済危機が起きたのは、人為的に単純化された現実という、数学的に整然としたモデルを人々が無条件に信用したあとのことだった。

ビッグデータは確実性を約束するが、実を言えば、それはたいていの場合、狭い知識の領域に関する膨大な量の情報を提供しているだけだ。スーパーマーケットは顧客が買う商品を１つ残らず知っているかもしれないが、そういう客がほかで何を買っているかは知らない。そしてもっと重要なことだろうが、顧客がそういう商品を自分の店で買ってくれる理由についてもわかっていないのだ。

利益のみを追求し、その利潤追求の姿勢が、顧客の満足度や信頼や長期的な関係性に与える影響を考慮しない企業は、短期間なら非常によくやれるだろうが、長期的に将来を考えるとかなり危険性が高い(2)。小さな例を取り上げてみよう。もし、誰もが加速度と燃費だけを基準にし

(1) ウィキペディアを認めるのは専門家として自殺行為なのはわかっているが、満足化に関する章では奇妙なほど適切だと思われるのだ。ウィキペディアは完璧ではないが、とてもとてもよいものである。
(2) その結果、現代の公開会社の存続期間は心配になるほど短期である。

て車を買うなら、最初の数年間はそれほど悪い結果にならないだろう。だが何年も経つうち、自動車メーカーはそんなシステムを悪用し、その2つの基準だけを充分に満たす、醜くて安全性に欠け、快適さとは程遠い信頼できない車を生産するはずだ。

蜂の行動にもこれと似た点がある。蜂は花蜜や花粉を集めるために発達させてきたシステムを最大限には利用していない。確実な食料源がある方向を伝えるための効率的な方法、つまり腰振りダンスがあるのに、巣にいるかなりの数の蜂はそれをまったく無視し、無作為に飛んでいってしまうように見える。短期的には、すべての蜂が腰振りダンスにやみくもに従えば、その巣はよりよい状態になるだろう。しばらくの間、蜂のこのような無作為な行動に科学者たちは当惑した。2000万年にわたって進化してきても、蜂が行動遵守のレベルを高めてこなかったのはなぜなのかと。しかし、科学者が発見したのは興味深い事実だった。自分勝手に行動する蜂がいないと、巣は複雑性理論家が「局所的極大値」と呼ぶ状態から抜け出せなくなるだろう。つまり、知っている資源から食料を集めることが効率よくなりすぎて、いったん食料の供給源が枯渇しても、蜂は次に行くべきところがわからず、巣全体が餓死するのだ。だから勝手に行動する蜂は、ある意味で巣にとって研究開発の機能を果たす存在で、新鮮な食料の供給源を発見したとき、そうした蜂たちの非効率性は充分な成果をあげることになる。短期的な効率性だけに集中していないからこそ、蜂は長い間生き残ってきたのだ。

もし、あるものを1つの面だけで最適化したら、別のところで弱点ができるかもしれない。

注目すべきことに、まさしくこの方法が今やガン治療で考慮されているのだ。最近、私が話した人はガン治療の最先端で働いている。ガン細胞は突然変異するので、進化が迅速である。ガン細胞を1種類の薬物で退治しようとすると、その薬にかなりの耐性を持つ新しい突然変異の細胞を作ることになりかねない。開発中の解決策は、別の化学物質への耐性を高めることなく、その化学物質への耐性を高めさせる化学物質でガン細胞を狙うことだ。その化学物質への耐性ができた時点で、別の化学物質でガン細胞を攻撃する。あらかじめ作っておいた唯一の弱点を攻撃するように設計された薬である。そして1回目の薬の投与時ではなく、2回目のときにガン細胞を死滅させるのだ。この話からある教訓が得られる[3]。

どんな複雑なシステムにおいても、何らかの測定基準の重要性を強調しすぎると、ほかの見過ごされた測定基準の中で発達した弱点につながるだろう。私はサイモンの満足化の2番目のタイプを好んでいる。非現実的な世界に対する完全な解決策を見つけるよりも、現実の世界に対する満足できそうな解決策を見つけるほうが間違いなくいい。とはいえ、満足化を「不合理な」と表現するのはあまりにも安易である。だが、不合理だからと言って、満足化が正しくないわけではない。

(3) テスト問題を出そう。株主価値を重んじる傾向は資本主義を破壊しているだろうか?

5.3

ブランド品に高い金を出すことが悪くない理由

ジョエル・ラファエルソンと妻のメアリーケイは、1960年代にデイヴィッド・オグルヴィのところでコピーライターとして働いていた。最近、我々はシカゴのオヘア空港のそばにあるダブルツリー・ホテルのギブソンズ・バー&ステーキハウスでディナーをとり[1]、ブランド選好に関するジョエルの50年にわたる理論について話した。もっとも簡潔に表現するなら、彼の考え方はこういうことだ。「人々がBブランドよりもAブランドを選ぶのは、Aブランドのほうが優れていると思うからではなく、Aブランドのほうがよい製品であるという確信がいっそう持てるからだ[2]」この洞察はきわめて重要だが、同じくらい重要なのは人がそういう選択を意識して行なっていないという認識である。意思決定するとき、我々はさまざまな特質を測って採点していると思い込んでいるが、こう考えるのは単に脳がこの種の計算を理解できるからにすぎない。この思い込みは人が何かを「最高のもの」と信じる際の、理屈っぽい仮説には合致するが、人間の実際の行動がこのように行なわれているしるしはほとんど見られない。

Bブランドではなく Aブランドを選ぶ人は、Aブランドのほうが「よりよい」と思ったと言うだろう。実際には、彼らが意味していたのは全然違うことだったとしても。彼らは無意識にAブランドのほうが好ましいと決めていたのかもしれない。なぜなら、Aブランドが破滅的に悪い製品である確率がわずか1%なのに対して、Bブランドを選んだ場合には2・8%のリスクを伴うかもしれないからだ。この差はかなり重要だし、意思決定科学の多くの分野で証明されている。人はごくわずかの不確実性を排除するため、不釣り合いなほど高い割増金を払うだろう――このことがとても重要な理由は、結果的に、消費者がブランドに支払う割増金について説明しているからだ。ブランドの名前が、買える中で最高の製品だという頼れる保証になることはめったにないが、その製品が一般的には悪くないという信頼できる指標になる。前にも説明したように、自分の評判に対してかなりの先行投資をしている人は、名前が知られていないような人よりも、駄目な製品を売った場合に失うものが多い。だから、その製品がガラクタではない保証としてブランドは役に立つのだ。これは本質的に経験則――大まかな目安である。売り手が失う立場にある評判という資本が多ければ多いほど、私は彼らの品質管理に確信

（1）空港のホテルを避けるのは役立つ経験則である。というのも、空港のホテルはちょっとした専属市場〔訳注　買い手が売り手を選択する余地がない市場〕だからだ。しかし、どんな経験則にも例外はある。いつものことだが、このご夫妻は空港のホテルにある中で格別にすばらしいレストランを選んでいた。そこは最高だった。

（2）この議論は同時代に「エルズバーグのパラドックス」〔訳注　不確実性下の意思決定における逆説。曖昧性忌避などともいう〕を考案したダニエル・エルズバーグの考えに似ていた。

が持てる。人々が皮肉を込めてこんなふうにブランド選好を批判したとしよう。「きみは名前に金を払っているだけだよ」そうしたら、こう答えるのが申し分なく妥当だろう。「そうだよ。それのどこが悪いんだい？」

あなたが2台のテレビを比較しているところだと想像してほしい。どちらのテレビも同じ大きさで、画質や機能は同じように見える。片方のテレビはサムスン製で、もう一方のテレビは聞いたこともないブランド――ワンウェイと呼ぶことにしよう――の製品で、サムスン製よりも200ポンド安い。できるだけ最高のテレビを買うのが理想だが、粗悪品だったと判明するテレビを買わないことのほうがもっと大切だ。サムスン製のほうが200ポンド高いのは、最高のテレビだからというよりも、ひどいテレビではないからである。この場合、あなたがサムスンという名前に金を払うのは間違いなく正しい。

よく知られているブランドとは対照的に、ワンウェイはろくでもないテレビを売っても、失うものが非常に少ない。彼らは自分の名前に価格プレミアムを要求できないので、名前には価値がないのだ。もしも製造上の失敗で2万台の不良品のテレビができたら、最善の戦略は何も知らない買い手にそれらを売り払うことだろう。しかし、サムスンが標準以下の製品を生産したら、もっと大きなジレンマに遭遇する羽目になる。質の悪いテレビを売ったせいで評判が落ちれば、それが波及してサムスンの名がついた全製品にダメージを与えるだろう。テレビを売って得る利益よりもはるかに多くの損失を出すことになる。サムスンは2つの選択肢に直面するわけだ。テレビを壊すか、あまり評判を求めない誰かにそれらを売るかである。サムスンは自社の名を製品につけないでワンウェイにテレビを売りさえするかもしれない。そんなわけで、ブランドの名前に金を払うことが悪いとは言えまい？

我々がとりわけ人間らしい方法で満足化するように進化した第一の理由は、不確かな世界で意思決定を行なっているからだ。そんな状況で意思決定するためのルールは、文句なしの完璧な情報がある場合とは全然違う。もし、直角三角形の斜辺を計算する必要があって、1つの内角と他の2辺の長さがわかっていれば、完全な正解を出せるだろう。数学やエンジニアリング、物理学や化学における多くの問題ではこのレベルの確実性が獲得できる。しかし、人間がするべき決断の大半にはこれが当てはまらない。誰と結婚すべきか、どこに住むべきか、どこで働くべきか、トヨタとジャガーのどちらの車を買うべきか、会議に何を着ていくべきかといった問題はどんな数学的な解決策も受けつけない。未来の不確定事項や変数があまりにも多く、その大半は数字で表すことも測ることもできないのだ。主観的に取るべき決断の好例をもう1つあげる。経済的な車を買うか、それとも高性能の車を買うかを選ぶものだ。一般的に、こういう2つの特徴の間には妥協が存在する。あなたは性能のために経済性を犠牲にするだろうか？　それとも、経済性のために性能を犠牲にするのか？(3)

自分が荒野で生活していると想像してみよう。あなたは木の高いところにとても心をそそられるサクランボを見つけた。しかし、おいしくて栄養もあるだろうとはわかっているが、サクランボを取ろうとすれば、木から落ちて死ぬリスクがわずかにあることもあなたは知っている。仮にそのリスクが1000分の1、つまり0・1％だとしよう。おおざっぱな数学的モデルによれば、このリスクでサクランボの実益は1％の10分の1減るということになるが、[4] 実際の生活で用いるにはばかげたモデルだろう――この種類のリスクに定期的に自分をさらせば、1年以内に死ぬことになる。非常に空腹な場合でなければこんなリスクをとらないだろう――そのサクランボを食べなければ餓死するという相応のハイリスクがあるなら、木に登ることは理にかなうかもしれない。しかし、飢え死にしかけているわけではなく、サクランボほど美味でなくても申し分なく栄養がある食べ物が手に入る、もっと死ぬリスクが低い場所を知っているなら、あなたはそこを離れてもっと安全に栄養をとれるところを探すだろう。[5] 思い出してほしいが、不確かな状態で意思決定するのは、ガトウィック空港まで行くときのようなものだ。あなたは2つのことを考慮しなければならない――期待される平均結果だけでなく、最悪のシナリオも考えるべきだ。可能な分散度を考慮せずに、平均的な期待値だけに基づいて物事を判断してもよい結果とはならない。

同様の心のメカニズムが、何かを購入するときの決断にも当てはまる証拠は、イーベイの[6] データを見るとわかるだろう。単純化されたロジカルな世界では、95％の支持率を持つ売り手は、100％の支持率を持つ人々が提示した価格よりも10％安い値で商品を完全にうまく売れることになる。しかしデータを一瞥すれば、実際は違うことがわかる。支持率が97％以下の人々は、100％の満足度を得ている実績のある売り手と同じ商品を半値で売るのがやっとなのだ。

ロジカルには、15％安い費用と引き換えに、商品が届かないリスクが5％あることは受け入れられるだろうと思われるかもしれない。しかし、このような統計データが証明している教訓は、そんなリスクが受け入れられないことを示している。いったん、ある基準値よりもリスクを負う可能性が高くなれば、人はどんな価格でもリスクを冒せないと思うようだ。もし、郵送された全商品の10％が盗まれたり紛失したりする国でアマゾンが商売をしようとしたら、事実

(3) あなたの決断はすでに車を持っているかどうかによっても大いに左右されるはずだ。こう言っても問題はないだろうが、毎日乗り回すためにブガッティ・ヴェイロンを所有する人はほとんどいない。ロールスロイスの持ち主の約80％がメルセデスも所有している。集団から人を採用することについての話を覚えているだろうか？　所有する車の数が増えれば増えるほど、選択の幅は広がる。コルベットを3台持っている人なら、ぜひとも小型の電気自動車を買いたいだろう。

(4) サクランボの正味価格から、あなたが生き延びてそれを食べられないというわずかな可能性を引いたものだ。

(5) 成功したほぼすべての文学作品やあらゆるおもしろい映画の筋——ロマンチック・コメディーであれ、アクション映画であれ——には登場人物が慎重さを忘れることを強いられる、アドレナリンが噴出する例外的な瞬間があるものだ。テクノロジー時代にこういう瞬間を作り出すため、ハリウッドはかなり陳腐な手段に頼らざるを得なくなっている——たとえば、主役の1人が携帯電話を掲げて叫ぶ。「くそっ、ここは圏外だ」これは観客がこんなことを考えて、筋に我慢できなくなるのを避けるためだ。「わけがわからないよ——警察に電話すればいいだけじゃないか？」

(6) イーベイの基準ではかなり低い支持率だ。

上、どれほど値引きをしても何かを売るには充分ではないだろう。

この例は次のことを表している。人は意思決定するとき、平均的な期待値だけを見ているのではなく、可能な分散を最小限にしようと努力もしているのだ。それは不確実な世界では筋が通っている。いろいろな意味で、このことはマクドナルドが相変わらず世界でもっとも人気の飲食店である理由を説明してくれる。平均的な品質はミシュランのガイドブックに載ったレストランのものより低いかもしれないが、分散度も低いのだ――どんなものが手に入ることになるかは正確にわかるし、常にそのとおりのものが入手できる。マクドナルドで食べたことが人生で最高にすばらしい食事体験だったと言う人はいないだろう。だが、食べた人が失望させられることはないし、代金を水増しされることもなく、健康を損なうこともないはずだ。ミシュランで3つ星を獲得したレストランは、食べた人が残りの生涯、大切にするような経験を提供するかもしれないが、失望するリスクや具合が悪くなるリスクもいっそう高い。(7)

完全な情報と無限大の計算能力がある世界では、決断をくだすためにこういう経験則、または経験的な常識を用いることはあまり最適ではないと思われるかもしれない。だが、現実の世界、信頼できるデータが限られ、時間にも計算能力にも限度がある世界では、経験則はほかの方法よりもましなのである。

たとえば、クリケットで高いフライボールを取ろうとしている選手は、二次方程式を用いて軌道を計算しているのではなく、「注視ヒューリスティック」として知られる経験則を使っている。絶えず視線を上に向けたまま、上空で動いていくボールを目で追い続ける。このようにして、選手はまっすぐではなく、やや弧を描いて動かなければならないかもしれないが、ボールが着地しそうな地点を予期して待ち受けるのだ。人がこういった経験則を用いる理由はいくつかある。もちろん、野手は数学的な計算をする時間がない。仮に計算が可能で、さらに野手には充分な時間も計算能力もあったとしても、ボールの軌道を正確に計算するための打たれたときの速度や角度を知らないなら、データは足りないだろう。ボールを打った打者もおそらくそんなことは知らないはずだ。(8)

（7） 2011年、英国で最高のレストランの1つ、ミシュランで3つ星を獲得した店が、1軒のレストランでは最悪のノロウイルスの大発生という被害に遭った。かなり奇妙だが、この件で店の評価は危うくならなかったようだ。おそらくジュ〔訳注　フランス料理で肉の焼き汁などのこと〕とタプナード〔訳注　フランスのプロヴァンス地方を発祥とするペースト〕が申し分なく手作りされていれば、ミシュランの調査員は3日間腹をくだすことなど、食事の体験をそれほど損なわないと考えたのだろう。

（8） たとえ打者が知っていたとしても、野手に話すはずはない。

5.4
経験則の力

２００９年1月15日、今では「ハドソン川の奇跡」として知られる事件で、機長のチェズレイ・サレンバーガーは経験則の価値を証明してみせた。操縦している飛行機がバードストライクによって両エンジンとも停止したあと、サレンバーガーはすばやく反応し、ハドソン川に飛行機を無事に着水させたのだ。サレンバーガーと航空管制とのやり取りをユーチューブで聞くことができる。エンジンを再スタートさせようと試みる間に、彼は出発したラガーディア空港と連絡を取っている。正確にはラガーディア空港へ引き返す可能性を即座に拒否した結果ということになるが、サレンバーガーは進行方向の右手のニュージャージー州にある空港、テターボロ空港に着陸してはどうかと提案される。20秒も経たないうち、彼はこの選択肢も不可能だと判断する――これもまた、計算よりは経験則から得られた判断だった。サレンバーガーはブリーフケースから科学計算用電卓を取り出し、飛行機の速度や高度や降下率を入力して、テターボロ空港の滑走路までの推定距離を計算したわけではなかった。もっと速くて簡単で、より信頼できるものを用いたのだ。

元アメリカ空軍の戦闘機のパイロットだったサレンバーガーは、余暇にグライダーを操縦していた。グライダーのパイロットはみな単純で本能的なルールを身につけている。それは地上の可能な着陸地点が至近距離にあるかどうかを教えてくれるものだ。彼らは単純にグライダーをもっとも緩い角度で降下させられるように設定し、風防ガラス越しに視線を走らせる。視野の中で下っているように見える場所には安全に着陸できるが、上っているようなところは遠すぎる。サレンバーガーが数秒のうちにハドソン川だけが着陸地点に適していると判断できたのは、このルールを有効に利用したからだった。

この事件での彼の判断は最良だっただろう。死亡者はゼロで数名の軽傷者しかいなかった。サレンバーガーがテターボロ空港での着陸に成功していたら、機体を救えたかもしれないのは真実だが、着陸を試みて失敗したら、生存者がいたかどうかは疑わしい。

学んで得たものか、あるいは生まれたときから備わっていたものかはともかくとして、経験則がなければ日々の生活は送れないだろう。狭い私道に連結トラックをバックで入れるトラック運転手は、計算ではなく経験則を用いて見事な判断の技を発揮する。人は経験則によって車を運転し、経験則によって家を選ぶ——おそらくパートナーも経験則によって選んでいるのだろう。[1]ある解決策が計算できるものであっても、経験則のほうが簡単で迅速で、人間の知覚の機能とうまくつながっている。そして正しい解決策が計算不可能な多くの場合、我々の手にあるのは経験則だけなのだ。

あらゆる決定は最善のものにすべきだと考えている人々にとって、経験則は次善のものに見えるだろう。満足化が必要な世界では、経験則はしばしばもっとも簡単な選択肢であるばかりでなく、最高の選択肢でもあるのだ。

(1) 我々が自覚する以上に、人を引きつけるうえでにおいが大きな役割を果たしているのはほぼ間違いない。ある実験の結果、人間は自分自身の免疫系を補足するような免疫系を持つ人のにおいに引きつけられることがわかった。

5.5 先が読めないからこそスポーツはおもしろい

私はいつもさまざまなスポーツの得点システムと、それがゲームの楽しさにどれくらい貢献するかということに興味をそそられている。かつて友人がこんなことを言った。テニスの得点システムがバスケットボールと同じだったら、プレイしていてもつまらないし、観戦するのはさらに退屈だろうと。ちょっとテレビをつけて、ジョコビッチがマレーを「57対31」でリードしているのを見たら、あなたは肩をすくめ、もっとワクワクする番組にチャンネルを変えてしまうだろう(1)。

テニスの得点はあまり社会主義的でない——プレーヤーは相手をこてんぱんにやっつけられる——が、得点にかなりの開きがある場合には、幸いにも短時間で試合は終わってしまう。しかし、テニスの得点システムには一種の社会保障制度のようなものがあり、どんな試合をしている間でも、負けているプレーヤーはまだ勝てるチャンスがあるのではないかという気持ちに

(1) たとえば、映画の『去年マリエンバートで』の字幕なしのものとか。

なれる。実に天才的なシステムだ。

完璧なゲームやセットのシステムのおかげで、相手をゼロ点に抑えて勝った場合と、何度かデュースに持ち込んで勝った場合との違いはない。6-0で決まったセットも、7-5で勝った場合と同じく1セットを取ったことになる。つまり負けているプレーヤーは克服できない山を登る羽目にはならないのだ。この得点システムによってゲームの間ずっと、危機的状況の多様なパターンが生まれることにもなる。30-0でプレーヤーがサーブしている場合はあまり関心をそそられないが、命運を左右するブレイクポイントでは誰もが手に汗を握っているだろう。これが興奮の度合いに変化を持たせ、結果的にプレーヤーも観客もゲームがいっそう楽しめるようになっている。(2)

人を引きつける多くのゲームの得点システムには、最高点を狙えば、同時に高いリスクも伴うという、もう1つの特徴がある。ショブ・ハ・ペニー(コイン弾きゲーム)はこのように機能するゲームだ。バービリヤードもそれと同じで、最高点は不安定な黒いキノコ(専門用語では「スキットル」)の後ろに球を入れた場合だが、スキットルを動かせば、それまでの得点が消えてしまう。こんな危険を伴うかどうかが、ダーツは観戦して楽しいスポーツなのに、アーチェリーは楽しくない理由の説明になるかもしれない。アーチェリーでは、得点帯が同心円状になっている。単純に的の中心を狙えばいい。そうすれば10点を獲得でき、わずかに中心を逸れたら9点になる。9点のゾーンを外れれば、8点になるといった具合である。このゲームの唯一の戦略は10点の部分を狙って当たるのを願うことだ——完全にロジカルな得点システムだが、テレビ受けはあまりよくない。対照的に、ダーツのボードは少しもロジカルでないどころか、ある意味で異彩を放っている。20点を獲得できる部分が、悲惨な5点と1点の領域の間にあるのだ。

大半のダーツプレーヤーは点数が3倍になるトリプルラインの20点を狙う。それこそプロらしい行動だからだ。しかし、最高のダーツプレーヤー以外の者にとって、これは間違いである。あなたがそれほど上手でなければ、[3] もっともいい方法はトリプルラインの20点を狙うのではなく、ボードの4分の1に当たる、南西方向にあるトリプルラインの19点か16点を狙うのだ。その方法で１８０点は取れないだろうが、3点ということにはならない。ダーツでよくある間違いは、可能な最高得点を狙うべきだということだ——失敗した場合の結果もよく考えるべきである。

実生活での決断には、アーチェリーよりもダーツに似た得点の指標があることが多い。たとえば結婚相手を決める場合、最高の相手を狙うことは、最悪の相手を避けることほど重要ではないかもしれない——結果を最大限に高めようとするよりも、災難になる可能性が低い、総合

（2）注意してほしい。得点システムを理解していない人にとって、テニスの観戦はかなり退屈だ。
（3）または酔っている場合。

的な解決策を求めるほうがいいだろう。ボードの南西方向にある4分の1を繰り返して狙うダーツプレーヤーは、多くの観客にはまともじゃないと思われそうだし、こんなことを言われるかもしれない。「トリプルラインの20点を狙うべきですよ——ボードの最高点なんだから」分散を最低限に抑えようとかマイナス面を最低限にしようとする方法は、そんな行動をとる人の目的がわからない人にとっては無意味だと思われることが多い。

同様に、行楽とは新しい体験を生涯にわたって探究するものだと思い込んでいる人には、毎年同じリゾート地に行くなんてばかげていると思われるかもしれない。一方、ひどい休暇を避けたい人にとって、それは非常に優れた方法なのだ。筋の通らないものと思われがちな習慣も、不快な驚きを避けることが目的の場合、完全に分別があるものとなる。

ソーシャル・コピーイング——ほかの人に人気がある製品を買ったり、他人と似たような行動をとったり、流行を取り入れたりすること——も無難な行動のとり方だろう。なんといっても、英国でもっとも売れている車が不良品のはずはない。確信が持てない状況で意思決定するときにリスクを減らすもう1つの信頼できる戦略は、常識的なロジックでは尋ねるべきでないと思われる、訊きにくい質問に言い換えることだ。だから「私はどんな車を買うべきだろう？」と尋ねるのではなく、「車を売ってくれる、信頼できそうな人は誰か？」と尋ねるのだ。「最高のテレビはどれだろう？」と尋ねずに、「粗悪なテレビを売って、いちばん損をするのは誰だろう？」と尋ねよう。あるいは「すてきに見えるためには何を着たらいいだろう？」ではなく、「ほかの人はどんな服を着ていくだろう?」と尋ねるといい。

社員を採用する場合の一般的な方法は、自社の社員に誰がいいかと尋ねることだ——実のところ、中規模の会社の初歩レベルの仕事なら、この方法で目的がかなうだろう。これはとても小さな水たまりで魚を釣るようなもので、実際にそのとおりなのだが、既存の社員からの個人的な推薦はひどい人材の採用を避けるのによい方法だ。もちろん、人は自分の仲間のために役立ちたいと望むものだが、アルコール依存症の人や盗癖のある人や放火魔を推薦して、職場での自分の評判を危うくしようとする者はいない。第三者による推薦は完璧ではないし、まったく科学的ではないが、悲惨な結果になることは少ないのだ。

消費者行動の明らかな矛盾の多くは、同様の心理メカニズムでもっともよく説明できる。数年前、我々は男性がバーでカクテルを注文したがらないことを発見した——理由の一部は、差し出されるグラスの中身について何も予期できないことだ。もし、くりぬいたパイナップルに入ったカクテルが出てきそうだと少しでも考えたら、男性はビールを注文するだろう。1つの解決策はメニューに飲み物のイラストか写真を載せることだった。流行のバーの中にはすべてのカクテルを広口ガラス瓶で提供することで問題を解決したところもある。同様に、心理的な結石というべきものによって説明できるものとして、人々に今の銀行からもっと利息の高い銀行へ預金口座を移させることやブロードバンドのプロバイダーを変えさせるのがとても難しいことがある。確率が1%の悪夢のような経験が、5%の利益を得られる99%のチャンスを小さく見せてしまうのである。

5.6
保身のための意思決定

私はかつてツイッター上でこんなことを尋ねた。ニューアーク空港ではなく、ニューヨークのＪＦＫ空港へ飛ぶほうがいい明確な長所はあるだろうか、と。[1] ニュージャージー州にあるあらゆるものへの生来の軽蔑を込めたニューヨーカーからの一連の返事は別として、[2] ＪＦＫを利用することに対する根拠らしき返事はほとんどなかった。ニューアークのほうがマンハッタンに近いし、道中の工事とか遅れといったリスクも低い。世界でも傑出した意思決定科学者の１人であるリチャード・セイラーは、ニューアークを強く支持するツイートを私にしてきた。[3] もし、情報を与えられた消費者だけが選択を行なうなら、ニューアークはもっとも成功した空港になっていたに違いないが、ＪＦＫのほうが一般的な選択なのだ。皮肉なことに、ＪＦＫはよ

（１）　私はＪＦＫの人気がさっぱり理解できない。私が見逃した、何かとらえどころのない利点があるのだろうか。
（２）　私は英国人なので、反抗的な元植民地同士をごく些末なことで区別したりはしない。
（３）　もっとも、彼はニュージャージーの生まれだから、故郷の州へのバイアスに影響されているのかもしれない。

り人気があるという理由だけで、いっそう人気があるのかもしれない——ばかげたことに聞こえるとしても、我慢してほしい。

ＪＦＫのほうが人気なため、あまり突飛でない選択だと思われている。ＪＦＫへ飛ぶことは１９７８年にＩＢＭの大型汎用コンピュータを買う行動に匹敵する。つまり、容易な標準ということだ。「標準」を選択するのが優れているわけは、意思決定を全然していないように感じられるからである。それは通常、ビジネス関係者や公共部門の職員がとても好きな行動だろう——目に見える決定をしなくても済むたび、弾丸を避けられたことになるからだ。ニューアークを選べば、筋の通った言い訳が必要になる。「なぜ、私の飛行機はニューアークへ行くんだ？　ＪＦＫじゃないのはなぜだ？」という質問に対して。対照的に「ＪＦＫへのフライトを予約しておきました」と言った場合、こんな質問をされることはめったにない。「なぜ、ＪＦＫなんだ？　ニューアークのどこがまずいのかね？」

そんなわけで、あなたがロンドンにいる気難しい上司の個人秘書だと想像してみよう。彼あるいは彼女からニューヨークまでの飛行機を予約してくれと頼まれる。あなたには２つの選択肢がある。

1. 上司のためにＪＦＫへのフライトを予約し、航空券を渡してリラックスする。
2. 上司のためにニューアークへのフライトを予約し、うまくいくようにと祈る。

あなたが2番目の選択——よりよい決断——をした場合、とてもうまくいくチャンスは大いにある。気難しい上司がニューアークからの行程が楽だと気づき、入国審査官たちが友好的だとわかれば、戻ったときに忘れずにあなたに礼を言うかもしれない。こんなことさえ言われるかもしれないのだ。「いい選択だったよ——次もニューアークを利用することを私に思い出させてくれ」しかし、上司があなたにヴィンテージもののシャンパンを1ケース買ってくるとか、すぐさま4ケタのボーナスを出してくれることはあり得ない——ありがとうと言われたら、最高というところだろう。

だが、フライトというものは遅れたり、欠航したりしがちだ——2番目の選択をしたあとでも幸運を祈り続けなければならない理由は、ときには起こることなのだが、物事がうまく運ばない場合の選択肢の1番と2番の違いがより明確になるからである。もし、JFKからのフライトが3時間遅れるとしたら、上司は航空会社を責めるだろう。しかし、ニューアークからのフライトが遅れれば、上司は秘書のあなたを責めるはずだ。あなたは2番目の選択肢を取ったことにより、目立つ決断をしたからだ——標準から逸脱したのである。上司はこう言うかもしれない。「きみがJFKからのフライトを予約すれば、こんな問題は起きなかっただろう——あそこからのフライトは順調だった。こんな変わった空港からのフライトを予約するなんて、いったい何を考えていたんだ？　きみはばかなのか？」

称賛する場合と違って、誰かを責める場合は必ずその対象がいるものだし、ＪＦＫからのフライトを予約したからといってクビになる人はいないだろう。標準に合わせることによって、全体的にはあなたはいっそう悪い決定をしているのだが、個人としては壊滅的にひどい結果にならないような保険を掛けていると言える。ドイツの心理学者のゲルト・ギーゲレンツァーは著書の『*Risk Savvy*』（２０１４）（『賢く決めるリスク思考――ビジネス・投資から、恋愛・健康・買い物まで』ゲルト・ギーゲレンツァー著、田沢恭子訳、インターシフト、２０１５年）で、この心理プロセスを「保身的意思決定」と呼んでいる――悪い結果となった出来事において、幸福を最大化するのではなく、意思決定者へのダメージを最小化しようとして無意識に行なわれた意思決定のことだ。「不合理」だと嘲られる人間の行動の大半は、実を言えば、賢明に満足化をもたらす本能の証拠なのである――過去の行動を繰り返したり、大半の人の行動を真似したりすることは最善ではないかもしれないが、惨事にはなりにくい。人は誰でも、致命的な間違いを犯す前にどうにか繁殖に成功した人間の子孫なのだから、脳がそんなふうにプログラミングされていても驚きではない。

組織の中では会社にとっていいものと、個人にとっていいものとの大きな相違を見落とさないようにしなければならない。皮肉にも、行動するようにと人々に与えた励ましが、個人的にマイナスになりかねないリスクを一切負いたがらないことにつながるかもしれない――それが会社全体にとって最高の方法となりそうなときでも。たとえば、必ず５％の販売利益を得られるほうが、50％のチャンスで20％の販売利益を得られるものよりもいいと思ってしまうことだ。経営コンサルタントがとても裕福なのはこういうことをうまくやれるからという以外、理由はないだろう？

第6章

知覚される世界と現実の世界

6.1

人間の知覚はそれほど客観的ではない

「心理物理学」という言葉を耳にしたことはないかもしれない。それは本質的に、神経生物学的な知覚が種によってどう異なるか、また、人がものをどのように見ているか、どのように聞き、味わい、感じるかが「客観的な」現実とは異なることについての研究だ。このあとすぐに説明する予定だが、たとえば、種が異なれば、色彩も非常に異なったものとして認識されている。目にある受容体が感知するのは、光スペクトルのそれぞれ異なった部分だからだ。さらに重要なのは、異なった感覚が——人はこれに気づかないが——同時に働くことである。我々が見ているものは聞こえるものに影響し、感じているものは味わうものに影響を与えている。(1)

数年前、英国のチョコレート製造業者のキャドバリーが顧客の多くから文句を言われたことがあった。「デイリー・ミルク」ブランドの味が変わったという苦情だった。始めのうち、キャドバリーは困惑した。製法は何年もの間、変わっていなかったからだ。しかし、チョコレートバーを折り取ったときに角が丸くなるように、ブロックの形を変えていた。見た目が滑らかになったチョコレートは前よりも甘く感じられたのだ。実際に。

知覚に関するものが完璧に客観的なことはない。客観的であるかのように我々が行動しているとしても。ある部屋が暑いと文句を言うとき、「暑い」とは何を意味するのかについて人々の意見は一致しないかもしれない。それはただ「私がこの前にいて慣れてしまった部屋よりも何度か温度が高い」ことを意味するだけだ。「楽しんでいるときは時間が飛ぶように過ぎる」というのは心理物理学的な洞察の初歩である。あなたがシャンパンを飲んでいようと、水責めに遭っていようと、腕時計が示す1時間はいつも正確に同じだ。しかし、人間の脳にとって時間の知覚はもっと融通性のあるものなのだ(2)。

ビジネスによっては、物理学よりも心理物理学のほうが価値がある。また、多くの業界では両方をマスターするべきだ。航空業界はその好例だろう。フライトの物理学とともに、味覚についての心理物理学も理解しなければならない。食べ物の味は高所では非常に変わるからだ。つまり、地上ではおいしい料理が、空では物足りない味になりかねないのである(3)。かつてはス

（1） 海外に住んでいる私の友人に、悲しいことだが聴覚を失いつつある者がいる。もっとも、最近会ったときに私はそのことに全然気づかなかった――彼女は驚くほど上手に読唇術を身に着けていたのだ。しかし、真に興味をそそられるのは、かなりあとになるまで彼女が自分の聴覚の衰えに気づかなかったことである。無意識のうちに唇の動きを読むことを学んでいたからだ。聞こえていたはずの音は実のところ、彼女が「見て」いただけのものだった。

（2） かつて私はカタールの刑務所で24時間を過ごしたことがあった。それは1カ月のように思えた。

（3） 世界中の航空会社に対する覚え書き。「もっとカレーを出してほしい」高所ではインド料理の味が最高なのだ。

タンダップ・コメディに欠かせないネタだったが、機内食についての延々と続く文句はフェアじゃないかもしれない。料理がまずいわけではなく、高度9000メートルで食べるには合わない食べ物ということなのだ。

多くの点で、新しいボーイング787ドリームライナーは心理物理学の勝利である。照明、気圧、湿度といったすべてが時差ぼけの影響を軽減させる。さらに、視覚効果——とりわけ広々とした入り口——によって機内が広いという印象を与えられるのだ。実際にはボーイング787型機は777型機よりも幅が40センチ狭いが、多くの乗客にとってはかなり広く感じられる。搭乗時に入り口のスペースがやや広くなったおかげで、メインキャビンまでの風通しがよくなった気がする。メインキャビンは従来と変わらず密集した状態なのだが。ボーイングで製品差別化戦略を担当する心理学者のブレイク・エメリーは、彼のチームが顧客の機上での体験を向上させそうな「人々が実際には明確に述べられないものを探した」と説明している。旅客機内の湿度や気圧を本当に知っている人はいないが、こういう要素は人々の感じ方に大きく影響する。これまで旅客機は乗客を念頭に置くというよりも、航空会社の会計士とともに設計されてきた——関心を持たれた点はコストと収容能力だけだ。だから、乗客の経験を差別化しようとするボーイングの試みは大胆なものだった(4)。

エンジニアや会計士は自分の創造物の人間的な側面を無視する傾向があり、それは必ずしも悪いことではない——無人の宇宙ロケットや橋を設計するつもりなら、客観的に定義された評価基準で成功度を考えることは可能だ。しかし、人間の知覚が関わるところで何かを設計するつもりなら、異なったルールで行動しなければならない。たとえば、事前に設定された交通量を支えて、あらゆる妥当な天候的条件を乗り切れる橋は優れた橋と言えるだろう。もちろん、醜い橋よりは魅力的な橋のほうがいいが、それは考慮すべき二次的な事柄だ──橋の設計に錬金術が出る幕はほとんどない。

列車のサービスや税金システムの考案とか、環状交差点に線を引くことといったほかのプロジェクトでは、人間の行動という観点を除外したら、成功は考えられない。ここには一般的に錬金術の可能性がいくらかある。知覚は現実よりも成功を決定づけるものだからだ。税金に違う名前をつけることさえ、人々がそれを払う気になるかどうかという点で大いに影響があるだろう。(5)

(4) 何度か787型機で空の旅をした私自身の経験からすると、これは乗るだけの価値がある。この間ロサンゼルスまで乗ったときは大西洋を越えても、初めて時差ぼけによる症状がまったく現れなかったのだ。

(5) そんなわけで、遺産相続税あるいは相続税の名前を「棚ぼた税」と変えて、死亡した人の土地にではなく、受益者に課税すべきだと提案する人がいるのだ。

6.2 人間の知覚に合わせて最適化する

おそらく気づいていないだろうが、あなたはテレビにだまされている。同様のことがコンピュータの画面にも、雑誌のカラー写真にも当てはまる。液晶ディスプレーの画面に映るすべてのものが偽りというわけではない。画面に純粋な青や緑や赤が表示されるときは多かれ少なかれ、真実が語られている——青い光は純粋な青の光子を生み出し、緑の光は緑の光子を、赤の光は赤の光子を生み出す。画面上の各画素は3つのLCDの光から構成されている——画素のそれぞれがこの3つの色のどれかだ。もしも赤い光だけが表示されれば、画面は赤くなる。

しかし、テレビの黄色は大嘘である。黄色のように見えるかもしれないが、本物ではない——赤の光と緑の光を混ぜたもので、人間の光学装置に侵入し、あたかも本物の黄色を見ているように思わせるのだ。黄色は人の脳内で作られたもので、画面上で作られたものではない。色の混合は生物学的な現象で、物理学上の現象ではないのだ——黄色の画素を作るために緑と赤の光子を混ぜるのは無理だが、正しい割合で脳に赤と緑の光子を混合したイメージを送ることによって、黄色の画素と見分けがつかない刺激が生まれた結果、人は黄色が見えるようになる。とはいえ、黄色は紫色ほど嘘つきではない——少なくとも、黄色は光スペクトルに存在している。紫色はまったく存在していないものなのだ。藍色と菫色は虹の中にあるが、紫色はない[3]——その色は人の頭の中だけに存在している。[2]

こういったことが起こる理由は、すべて人間が——そして実を言えば、あらゆる類人猿が——三色視を持っていることによる。人は網膜に3種類の錐体細胞（あるいは色センサー）を持っており、それぞれが色のスペクトルの異なった部分に敏感である。脳はこれら3つの錐体細胞への刺激の相対的な強さから推定して、スペクトルの残りを構成する。紫色の場合、赤と青のセンサーが反応して緑のセンサーは反応しないときに発生し、脳は波長の隙間を埋めるために色を作り出すのだ。[4]そんなわけで、種類が多い（完全ではないが）色のスペクトルを再作成するには3色で充分である——画面上ではなく、脳の中に再現するのだ。そこには実在していない色も含まれている。

（1）あなたがコンピュータの画面で本書を読んでいないといいのだが！
（2）厳密に言えば、赤紫色。
（3）黄色（yellow）は虹の7色を覚えるためのフレーズである「Richard Of York Gave Battle In Vain（ヨーク公リチャードは戦ったが無駄だった）」の中の「York」に該当するものだ。（またはその人名版の「Roy G.Biv（ロイ・ジー・ビブ）」の「Y」に該当する）。
（4）人の脳がもっと客観的なら、紫色を見せるよりは、「システムエラー」という言葉を伴った点滅するグレイの断片を表示するだろう。

図15　メスのマーモセットの大半には3色が見えるが、オスには2色しか見えない。

色の混合は生物学的な現象だから、それがどのように働くかは視覚を用いる種（ときには個体）次第である。もし、キツネザルやロリスがテレビを買うとしたら、彼らのためにより安価な2色性のLCDテレビを作るのが妥当だろう――これらの霊長類は色のスペクトルを緑と青からしか構築していないので、赤の光を生み出す光子の部品は除外してもかまわない。

マーモセットがテレビを買わなくて幸いだ。テレビが夫婦間の不和になりかねないからである。マーモセットのメスとオスでは色の知覚がまったく異なっている――メスの多くには3色が見えるが、オスには2色しか見えない。メスのマーモセットが800ポンドを費やして、65インチの有機ELのディスプレーを、新型の超リアルな3色使用のモデルにアップグレードして帰宅したとしよう。だが、彼女の伴侶は「そいつは古いディスプレーと同じにしか見えない」と文句をつけるだろう。[5] いちばん確実なのはヨザルをペットとして飼い続けることである。彼らは白黒テレビで申し分なく幸せだからだ。ほかの夜行性の哺乳類の多くと同様に、ヨザルは色が全然わからない。

テレビを「より高度な霊長類のために設計されたもの」として宣伝する人はいないが、そうするのが完全に正しいだろう。ここから、客観的には間違っていても、主観的には正しいものがあり得るという教訓が学べる。テレビは何を見せているかではなく、我々がどう見るかに基づいて設計されている。テレビを作るうえでは賢明な工学が多く存在しているが、[6] 本当に天才的なのはテクノロジーではなく、心理的な錬金術なのだ――人間がどのように色を認識しているかを理解しなければ、テレビを作ることはほぼ不可能だろう。

前に私が主張したように、心理《サイコ》ロジックや心理物理学をテレビの設計だけに応用するのではなく、福祉制度や税金、輸送、医療、市場調査、製品の価格、民主主義の形にも活用するべきだ。人間が知覚できないものなら、客観的な現実で変化を作り出そうと努力しても意味がない。だから、ここにあげたものはすべて人間の知覚に合わせて最適化されなければならないのだ。さらに人の頭の中だけに存在する紫色の場合のように、何かをある方法で設計するとき

（5） これはテレビに費用をかけすぎることで霊長類のオスがメスを非難する珍しい例だ。
（6） 青色ＬＥＤを発明した３人の男性（赤﨑勇、天野浩、中村修二）は２０１４年のノーベル物理学賞を受賞した。

は、実際には存在しないものが人間に見えることを覚えておくべきである。(7)

実際にあるものと、我々が知覚しているものとは非常に異なっている。

これこそ、物理法則が心理学的法則と異なっている点である。そして錬金術を可能にしているのは、まさしくこの相違なのだ。

(7) 広告業界にいる私の友人がマヨルカ島へ移住した。「すばらしい場所だよ。夜行フェリーで1時間もあればフランスへ着くし、バルセロナにも1時間で行けるんだから」友人はそう言って一拍置いた。「いや、実を言えば9時間かかるんだが、そのうちの8時間、ぼくは眠っているんだ」

6.3 現実と知覚は異なる2つの言語のようなもの

人間の行動を、物理的な現象のように形成できるという考えに取り組んでいる学問分野がある。それは経済学と呼ばれている。しかし、人間の行動のあらゆる面で現実と知覚は異なる2つの言語のようなもので、それぞれが多かれ少なかれ、もう一方の言語に翻訳できない概念を持っているというのが単純な事実だ。[1]

感情はさらに不思議なもので、紫色と同じように心の中で生まれる。もし、1本の木が森の中で倒れても、誰もその音を聞かないとしたら、それは音をたてていると言えるだろうか？　そう、音をたてている。機械的なセンサーはその音を記録できるからだ。しかし、ある車が青信号になってもなかなか発進しない場合、後ろに車がいなくて腹を立てる人もいないなら、それはいらだたしい行為だろうか？　いや、違う。というのも、いらだちは生きている者だけに

(1) 知覚している紫色を、紫の光子に翻訳できないのと同じことである。そして、紫外線の光子を人間の視覚に翻訳することはできない。

限定される知覚的な概念だからだ。明らかに知覚と現実がお互いにごく類似する場合もあるが、言語間のギャップと同様に2つが完全に食い違っているときもある。無作為に2つの言語を取り上げれば、どちらか一方にしかない概念を持つ2つの言語はときに大きく異なっていると気づくかもしれない。[2] 混同しそうなほど似ている2つの言語[3]もあるだろうが、どんな状況でもそれぞれに問題が生じるものであり、いずれのケースでも翻訳上の間違いを経験するだろう。

そんなわけで、デザイナーの仕事は翻訳者の仕事のようなものだ。客観的な現実の原材料を利用して、知覚的にも感情的にも正しい結果が導かれるようにするのである。

（2）ネイティブアメリカンの言語がこのようなものだ。
（3）たとえば、スペイン語とポルトガル語。

6.4 状況がすべて

翻訳の間違いは高いものにつく場合があり、ぞっとするほど大きな犠牲を伴うときもある。以下の文章は、アメリカの国家安全保障局の機関誌『*Technical Journal*』(1968年秋号)の機密解除された記事、「黙殺——1つの言葉、2つの教訓」から引用したものだ。

「1945年7月、ポツダムにおける連合国の指導者たちの会合で降伏への条項の堅苦しい言葉で表現された宣言書が提案され、日本の返事が待ち望まれていた。条項には否定的な答えが返れば、〝迅速で完全な破滅〟を招くことになるという宣言があった。トルーマン、チャーチル、スターリン、そして蔣介石は日本が無条件降伏に同意し、日本の国土が破壊されるのを避けることを希望していると述べ、日本の回答を忍耐強く待った。

東京にいた記者たちは日本の鈴木貫太郎首相にポツダム宣言に対する政府の反応を尋ねた。当時、公式な決定は届いていなかったので、鈴木は記者団に対する政治家の昔ながらの常套的な答えを用いて、言及を保留していると返答した。鈴木は日本語の『黙殺』という、『沈黙』に由来する言葉を用いた。しかし、その言葉には鈴木が意図したものとはまるで異なった、別の意味もあったのだ。

残念ながら、国際的な通信社は世界に向けて、日本の政府は最後通告が『言及する価値なし』と見なしたと伝えるのが適切だと判断した。鈴木の発言の調子に怒り、それを熱狂的な万歳やカミカゼ精神の典型的な別の例と見なしたアメリカ当局は容赦のない手段を決断した。10日も経たないうちに、原爆を投下するという決定がなされ、爆弾が落とされて広島は完全に破壊されたのである」

前後関係によって、「黙殺」はさまざまな意味になる。それは「沈黙」と「死」を意味する言葉から派生している。そして「私は今のところ何も言えない」から、「私は困惑しているため、言うべきことがない」あるいは「私は返事をしてあなたの提案に威厳を持たせることなど、軽蔑を持って拒絶する」まで意味するのだ。

日本語はかなり状況に依存する言語だが、それを言うならどの言語でもそうだろう。イギリス英語では、まともな状況において好意的な口調で「この間抜けの大バカ野郎」と言えば、愛情表現になり得る――アメリカ人にすれば、不意打ちを食わされるようなものだろう。大半のアメリカ人は同じ表現を使っても、もっと文字どおりの意味に解釈しがちなのだ。(1)

通訳では、通訳者が伝えていることが、話者が意図したことだと思い込むのは大きな間違いである。また、あなたが言おうとしたことがそのまま理解されるのが当然と思うのも、同様に愚かな行動だ。おそらく、誤訳のもっとも有名な例は1977年にアメリカ大統領がポーランドを訪問したときに起こったものだろう。ワルシャワに飛行機が着いた直後に滑走路で短いスピーチをしたときのカーター大統領の言葉は、招待主たちにこう聞こえた。カーター大統領は「アメリカを放棄し、二度と戻らない」つもりであること、そして「ポーランド国民への愛情がとても強いので、彼らとセックスしたい」と。(2)

この話は通訳者が愚かで仕事をきちんと遂行していない例として示される場合が多いが、実はそうではない――このときに通訳を務めたスティーヴン・シーモアは優秀な通訳者で、以前

（1） 私は人生でずっとイギリス英語を話してきたが、「非常に（very）」を意味する「quite」と、「なかなかの（some-what）」を意味する「quite」との違いを確実に説明できる自信がまだない。それは人間が成長しながら理解することの1つだ――まっとうな君主制であることや、誰にでも銃の所持を許可するわけでないことといった、英国の多くの長所と同様で、理解するかしないかのどちらかである。かつて私はニューヨークで講演して「少しばかり“twat”に感じる」という表現を使ったことがあった。イギリス英語で「twat」という単語は「愚か者（twit）」の意味に近いが（それよりは強い意味だが）、アメリカ英語でバカを意味する「twat」または「twot」を使うのは水爆を落とすのに等しい。結果として、録画されていた私の講演は公開される前に編集が必要になった。その後、私のところへやってきたある人が講演は「quite good」だと思ったと言った。イギリス英語では「悪くないが、特にどうということはない」を意味する表現である。私はその言葉をもっとましにする付け足しでもあるかと待っていたが、聴衆が講演をとても気に入ってくれたのだと気がついた。アメリカ英語で「quite」は、「非常に（very）」や「本当に（real-ly）」と同様に強意語なのだ。イギリス英語で「quite」はたまに強意語として使われるが（「非常にすばらしい（quite excellent）」）、たいていはただの修飾語である（「まあまあ興味深い（quite interesting）」）。

（2） 通訳者によって解釈されたカーターのコメントはしばしば「私はポーランド人を肉体的に知りたい」と逆翻訳された。こちらのほうがどちらかといえば、婉曲表現である。

にW・H・オーデンの詩をロシア語に翻訳したことがあり、ポーランド語の詩によく通じていた。しかし、あいにく彼はポーランド語の詩の研究をしていたせいで、現代のポーランド人がもはや用いていないか、あるいは少なくとも同じ意味では用いていないもっと古めかしい19世紀（またはそれ以前）のポーランド語の語彙を知りすぎていたのだ。[3]

ロシア語はシーモアの第一言語で、ポーランド語は4番目の言語にすぎなかった。しかし、このことは問題とはならなかっただろう。もし、語彙や文法の多くの面で誤解を招く恐れがあるほど、ポーランド語がロシア語と似ているのに、[4]意味は非常に異なる場合があるという事実がなかったならば。通訳者たちはこのような誤解を招きそうに似ている語を「不実な友人」と呼んでいる。なぜなら、実際にはそういう言葉が意味していないものを、意味していると推測することはとてもたやすいからだ。[5]似ている言語同士はさらに誤解が生じやすいかもしれない——たとえば、ラテン・アメリカの国々でスペイン語の言葉はさまざまな意味を持っているだろう。「あなたの奥さんはすばらしい売春婦ですね」はディナー後に主人役に感謝する言葉としてはおかしい。しかし、国によっては「hostess（女主人）」という言葉が、売春婦の意味で受け取られている。

奇妙なことに、言葉の混乱のもっとも大きな原因の1つは、イギリス英語を話す人と英語を話すオランダ人の間で生まれている。オランダ人はほぼ例外なく英語が堪能だとされている。[6]オランダ人がイディオムを理解する能力は最高で、アクセントは完璧だし、彼らは英国人と同様に皮肉なユーモアのセンスを持っている。現代のオランダ人の夫婦と一晩過ごしてみれば、言語の壁などまったく意識しなくなるだろう。何らかの誤解が生じるなんて信じられないと思ってしまいそうだ。しかし、誤解は珍しくない。オランダ人の会話が驚くほど直接的になりがちなのに対して、イギリス英語は曖昧で、頭がおかしくなりそうなほど遠まわしに話されることがよくあるからだ。オランダ人ならビジネスの場でこう言うだろう。「我々はそれを試しましたが、ひどいものだったので、二度とやるつもりはありません」一方、同じことを言うつもりの英国人はこんなふうに話すかもしれない。「我々がもう一度それを試すまで、やや時間がかかりそうです」

結局、オランダ人は一種の表現集を作った。それは英国人の英語をオランダ人の英語に翻訳したものである。

オランダ人が話す英語と英国人が話す英語との違いは、現実と知覚との関係をうまくたとえ

（3）同じように、現代のアーミッシュはペンシルベニア州にある町の名前として「インターコース」〔訳注　アーミッシュが住む町の名。「性交」を意味する語〕をもはや選ばないだろう。

（4）もっとも、ポーランド人はそれを認めたがらないだろう。

（5）英語かフランス語を話す人にとって、スペイン語の「constipado（風邪）」は不実な友人である。あるフランス人の通訳者がやってしまった有名な話のように、「constipated（便秘になった）」と訳しがちだ。スペイン人にとって、それは「風邪で鼻が詰まる」を意味することを通訳者は忘れてしまったのである。

（6）おそらくオランダでは英語の映画が吹き替えではなく、字幕であることが役に立ったのだろう。

英国人が 言っていること	外国人が 理解すること	英国人が 意味していること
おっしゃることはわかります	彼は私の見解を受け入れている	私は不賛成で、これ以上話し合いたくない
最大の敬意を持って	彼は私の話を聞いている	おまえはバカだよ
それは悪くありません	それはよくない	それはよい
それはとても勇敢な提案です	彼は私に勇気があると思っている	あんたはイカれている
実にすばらしい	実にすばらしい	ちょっとがっかりだ
ご提案します	彼のアイデアを検討するが、私の好きなようにやるべきだ	そのとおりにやるか、言い訳する準備をしろ
ああ、そういえば / ところで	あまり重要じゃないことだろう	我々の議論でいちばんの目的だ
それには少しがっかりしました	そんなにたいしたことじゃないだろう	私はそれにいらだっている
非常に興味深い	彼らは感心している	明らかにくだらない
そのことを心に留めておきます	おそらくそのことをやってくれるだろう	そんなことはもう忘れた
それは私の過ちに違いありません	なぜ、彼らは自分の過ちだと思うのだろう？	それはあんたたちの過ちだ
ぜひディナーにいらしてください	近いうちに招待を受けよう	招待ではなくて、礼儀を尽くしただけだ
私はほぼ賛成です	彼はもうすぐ賛成するだろう	まったく賛成じゃないよ
ほんの何点か小さな訂正を加えるだけです	彼はいくつか誤字を見つけたのだろう	頼むから全部書き直してくれ
ほかの意見を考えてみませんか？	彼らはまだ決断していない	あんたたちのアイデアは気に入らない

表1　英国人の英語の表現とそれに込められた意味。

た隠喩である――いくつかの点では似ているが、別の状況では非常に異なるものだ。またしても、この差――伝えようとしているメッセージと、それに込められた意味との隔たり――が大いに問題なのだ。他人の行動に困惑させられることは多い。「私は彼にこう言ったのに、彼はそんな行動をとった」のように。我々は相手が不合理なのだと考えるが、実を言えば、相手はこちらが言ったはずだと思っていることを聞いていなかったのだ。

同様に、あなたは自分が目にしているもの、または見ていると思うものに基づいて誰かの行動を描写することはできない。彼らの行動を決定づけるのは、彼らが見ていると思うものだからだ。このような差異はほぼすべてに当てはまる。物理的なものの動きを決定するのはもの自体だが、生物の動きを決定するのはもの自体についての彼らの知覚なのである。

このことがとても重要な理由は、人間の行動モデルの大半と、経済モデルの大半がこういった差異に気づいていないからだ。私が「ビッグデータ」の有望性に懐疑的だと聞いても、読者のみなさんには驚きでもないだろう。ビッグデータはしばしば、一種の万能薬のように宣伝されているのだが。テクノロジー部門から現れる多くのものと同じように、我々はテクノロジーで可能になりそうな恩恵に早くから酔いしれているせいで、二次的な問題を計算し忘れてしまうのだ。[7] ビッグデータの熱烈な支持者たちは「ビッグ」＝「よいこと」だと結論づけている。しかし、データが増えたからといって、決してよりよい決断やより倫理的な決断、より公正な決断をくだすことにつながるわけではない[8]。

干し草の山に隠れた針の比喩を使うなら、データが増えることは針の数が増えることと同じである。しかし、そうなると干し草の量も増えるし、偽の針の数も多くなる――我々が信じるものは、実際には重要でなくとも重要なものとなり得るのだ。偽りの相関関係、一時的な相関関係、交絡変数〔訳注　推定される要因と結果との関連を調べる際に両者に相関し、関係性をゆがめる第三の要因〕、確証バイアスなどのリスクは、何の保証もないデータを伴うと、洞察力のある決断ではなく、愚かな決断へつながりかねない。

ある大企業が最近、職への応募者を選別するためのＡＩシステムを開発したが、それはたちまちジェンダーによる偏見が強くなってしまった――たとえば、履歴書に女性のバスケットボールチームに参加していると書かれていれば、その応募者の評価を下げるというふうに。もちろん、ＡＩだからといって、必ず論理的な思考をするわけではない。ＡＩは上級職の社員の多くが男性であることに気づき、男性という点を成功の予測の判断材料にしたのかもしれない。

ビッグデータを使う方法をとった別の会社は、ほかよりも優秀な従業員をかなり予測できる変数を発見した。それは応募者の学歴のレベルや性格テストでの変数ではなかった――いや、もっとも優秀な従業員の多数が、コンピュータに組み込まれた標準的なブラウザーではなく、グーグル・クロームやファイアーフォックスをブラウザーとして用いてオンライン上の応募書類を作成していたことがわかったのだ。ノートパソコンのブラウザーをほかのものと交換することは、ある程度の特質――3つだけ例をあげるなら、まじめさ、技術的な能力、満足遅延〔訳注　安易に得られる報酬を我慢し、より価値のある満足を得られるまで欲の昇華を遅らせること〕の意欲――を暗示するかもしれないが、この情報を従業員の選別のために用いるのは妥当だろうか？　その会社は妥当でないと判断した。理由の一部は、応募するために図書館のコンピュータしか使えなかったかもしれない、あまり恵まれない応募者にとって不公平だということだった。

データモデルのもう1つの問題は、心理物理学的な問題に悩まされるかもしれないことだ。データモデルはある地図が別の地図と完璧に一致するように、現実と行動を一致させる。だが、これは間違ったやり方なのだ。たとえば、データからは人々がコーヒーの粉1瓶に49ポン

(7)　人はEメールの発明を歓迎した。Eメールのおかげで世界中の人間と瞬時に、しかも無料でコミュニケーションをとる力を与えられたからだ。しかし、地球上の誰もが同様にコミュニケーションを自由にとれるようになった場合の結果を尋ねることは忘れられてしまった。

(8)　民族誌学者のトリシア・ワンは、2016年の「TED×ケンブリッジ大学」のトークイベントでこんな提唱さえした。ビッグデータによって作られた定量化バイアスが、携帯電話機のメーカーとしてのノキアの経営危機につながったのだと。彼らのどのデータも、人々が給与の一定の額しか携帯電話機に費やさないから、発展途上国世界でのスマートフォンの市場はそれに一致した小さなものだと語っていた。ワンは、いったん人々がスマートフォンを目にしたら、それにお金を費やしたい気持ちが急増すると気づいた。彼女の発見は「あまりにも少ないデータポイントしかない」として無視された。しかし、実際には、価値があるあらゆる情報はごくわずかなデータしかない状態で始まるのだ――タイタニック号に乗っていた見張り人には1つのデータポイントしかなかった……「氷山が前方にある」。しかし、それは頻繁に行なわれる氷山のどんな大がかりな調査よりも重要だったのだ。

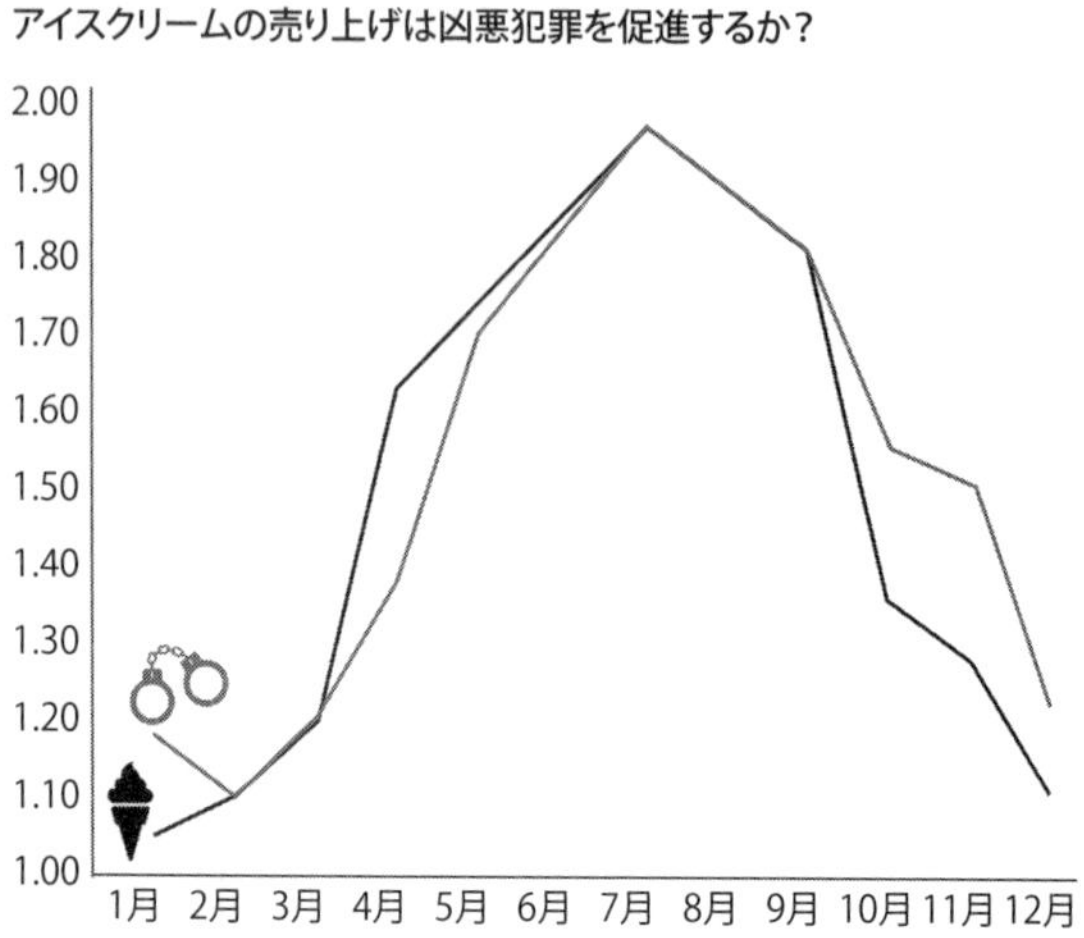

図16　ここでのデータから失われている交絡変数は天候である。誤った相関関係を説明しているのはそれだ。間抜けなアルゴリズムにしてみれば、アイスクリームの消費量が犯罪の発生を促進しているようにグラフから読み取れるかもしれない。しかし、本当の理由はごく単純である。日差しが強くなると、アイスクリームの消費量は増えるし、人は暑い夜に犯罪を実行する傾向があるのだ。

ドも払わないと読み取れるかもしれないし、たいていの場合、これは真実である。しかし、1瓶49ポンドのコーヒーを1瓶あたりに換算したら1瓶49ポンドのコーヒーよりもずっと高い値段なのに、人々はネスプレッソのコーヒーカプセル1つに29ペンス払うかもしれないのだ——人間の知覚を理解しなければ、その2つの違いがわからない。人は1足の靴に100ポンドを払うだろうか？　ウォルマートでなら可能性はないが、高級百貨店のニーマン・マーカスでならその金額をすんなりと払うだろう。人は携帯電話機に500ポンド払うだろうか？　ノキアのデータではノーという答えが出たが、アップル社は彼らが払うことを発見した。ビッグデータは現実が整然と行動に位置づけられると推測しているが、そうではない。状況がすべてを変えるのである。

知覚は行動に整然と位置づけられるかもしれないが、現実は知覚に整然と位置づけられはしない。

さらに覚えておくべきなのは、すべてのビッグデータが同じ場所に由来することだ。つまり過去に。とはいえ、ある状況における1つの変化は人間の行動を著しく変えられる。たとえば、1993年のあらゆる行動データは、ファックスという機械についてすばらしい未来を予測していた。

6.5 知覚のハッキング

古代ギリシャ人でさえも、心理物理学の原理を把握していたことはほぼ間違いない。パルテノン神殿を研究してみると、まっすぐの線がほとんどないことに気づくはずだ。床は真ん中あたりで上方向にカーブしているし、神殿の両端は曲がっており、円柱は中央のあたりが膨らんでいる。[1] これは完璧なものとして設計されていないからだ——100メートルほど下のほうに立った人から、完璧だと見えるように設計されている。そしてパルテノン神殿が建つよりもはるか前に、自然は同じトリックを学んでいた。

自然は「知覚のハッキング」と呼ばれそうなものに多くの資源を費やしている。または、ビジネスの専門用語で言えば、マーケティングというものに。食べられたいと願うベリー類や果物は独特の配色を進化させ、熟したときに魅力的な味がするようになった。対照的に、食べられたくない毛虫は捕食者にとって非常に不快な味がするものへと進化した。蝶の中には、目のように見える模様を翅に作り出したものもいる。多くの動物はそんな蝶を目の前にすると、もっと慎重になるからだ。ここにあげたものは、自然が現実を変えるのではなく、いかにして知覚のハッキングを可能にしているかという例である。

（1）ロールスロイスのラジエーターグリルのデザイナーが拝借したトリックだ。「エンタシス」が専門的な言い方である。

6.6 客観的になるべきときとそうでないときがある

もしもあなたが科学者だとしたら、その仕事は人間の知覚では予測のつかない出来事までとらえ、客観的な現実を描写する普遍的で適切な法測を生み出すことだろう。科学は測定のためのさまざまなセンサーや装置を開発し、距離や時間、温度、色、重力といったものを測っている。物理科学では、歪んだ知覚のメカニズムよりも、当然ながらこのように測定できるものが好まれる。ある橋が強度がありそうに見えるかどうかは問題ではない——それが本当に強度があると知らなければならないだけだ。

問題が起こるのは、人間科学——たとえば、政治や経済、医学——がこのような普遍主義を科学の特質だと信じ込んで、同様の方法を追求するときだ。人間科学ではテレビの設計と同じように、人間が知覚しているものが客観的な真実よりもはるかに重要な場合がときどきある。医学で客観性にこだわると、プラシーボ効果が〝単なる〟知覚のハッキングにしか見えないとき、その効果を無視することにつながる。しかし、たとえばホメオパシーのような治療で具合がよくなると人々が信じていて、この幸せな妄想のおかげで病が改善するように感じるなら、文句などないのではないか？　プラシーボ効果を非難するよりも、それを研究すべきではないのか？

だが、ヘビの油売り(1)とか、いかさま師、詐欺師やペテン師といった輩についてはどうだろうか？　錬金術は正確には科学でないため、常にインチキなものでいっぱいである点に用心しなければならない。宣伝やデザインに携わる人が提案する改善策の多くは間違ったものだし、行動科学者が発見したものの大半はすでに間違いだと証明されたか、これから間違いだと証明されるかだろう。本書の中にもまぎれもなく間違った部分はある——自分がひどく楽観的な観点からこの本を執筆していることはわかるが、私の主張は錬金術が常に信頼できて倫理的で有益だということではない。そうではなく、どのように世界が動いているかに関する還元主義的な考えに合わないからと、錬金術的な解決策の試用をためらうべきではないというだけのことだ。本書の目的は、好もうと好むまいと錬金術は存在し、それを善のために用いることが可能

(1)　まず、あらゆるヘビの油売りを非難するのはあまり公平ではない——抗生物質が現れる前の時代、ヘビの油は入手できる最高の治療薬だった。太った中国の水ヘビから取った純正のヘビの油には20％のエイコサペンタエン酸が含まれている。それは鎮痛剤や抗炎症治療薬として効き目があったし、何世紀にもわたって中国で効果的な薬として用いられてきた。だが、ヘビの油としてもっと一般的に知られていた物質は調合物で、ヘビの油が入っていると主張されていたものには、しばしばアルコールやアヘン剤が多く含まれていた。普通はいろいろなハーブも入っていて、いかにも本物らしい奇妙な味がした。

だと、読者のみなさんに納得してもらうことである。さらに、錬金術の存在をもっと意識すれば、それが誤用されていることにもいっそう気づくようになるだろう[2]。

物理学やエンジニアリングでは、客観的なモデルは問題を解決しやすくすることが普通だが、経済学や政治学では客観性が物事をより難しくしかねない。差し迫った経済の問題や政治の問題は、独断的で普遍的なモデルをやめれば、より簡単でより安価に解決できるだろう。テレビの設計者が可視光のスペクトラムすべてを製造するという問題に取り組まないのと同様に、政策立案者や設計者やビジネスマンは、客観的な現実を向上させることに割く時間を減らし、人間の知覚や感情や本能の研究にもっと時間をかけるほうが賢明だ。

企業や政府は毎日のように、人々が関心を持つものについて、とても単純で間違った想定をしている。アメリカの2つの大手小売業者、JCペニーとメイシーズは割引クーポンや特売を頼みにするのをやめて、単純に通常価格を引き下げることにしたときにそんな失敗を犯した。どちらの場合も、取った戦略は商業的な災厄だった。人々は低価格を求めていたのではなかった――求めていたのは具体的な節約感だったのだ。この事態について考えられる説明の1つは、人間が心理的に張り合いたがることである。人は他人よりもよい取引をしていると感じることを好む。誰もが安い金額しか払わなくてもいいなら、ほかの人に勝ったというスリルは消えてしまう。定量化できる節約をすると自分が賢い気にさせられる一方、みんなと同じ安い金額を払う行為は自分がケチだという気持ちにさせられるだけである。もう1つの考えられる説明は、低価格は値引きと違って、買い物というイベントの後に人々が購入品について喜びを込めた描写をする余地がないことだ――「私は33ポンド節約した」のほうが「私は45ポンド使った」よりもいいのである。

覚えておくべきなのは、コストリー・シグナリングもここで役割を果たしている可能性である。商品には象徴的な理由により、高額でなければならないものがあるのだ。200ポンドのドレスが75ポンドに値引きされることは悪くないが、結婚式に75ポンドのドレスを着る女性はうれしくないかもしれない。心理学的に巧妙なディスカウント店のTKマックス(3)は妻へのプレゼントを買うにはすばらしい店だ。どんな事情があっても、それをTKマックスで買ったと妻に明かさないのであれば(4)。

経済学的なロジックは合理性という仮説に基づいた、心理にとらわれない人間の行動モデルを作り出すだろうが、とても高くつく間違いになりかねない。合理的な方法での価格設定は、節約意識にとってマイナスに働くばかりか、誰もが節約に対して同じ反応をするという推測も

(2) 錬金術が誤用されている例はきわめて多い。それを違法とするべきだと私は思っている。たとえば、クレジットカードのとてつもなく低い「最低支払額」は、借金をけしかける黒魔術の手口だ。

(3) アメリカではTJマックスとして知られている。

(4) 500ポンドのドレスは、着たときに500ポンドのドレスらしい感じがするものだ。たとえ、それを200ポンドで買ったとしても（妻が本書をこの箇所まで読み進めていないといいのだが）。

している。しかし、全員が同じ反応を示すわけではなく、状況と枠組みが重要なのである。価格と価値に関する感じ方の実験として私が気に入っているものの1つは、「ナッジ理論」の父親と言われるリチャード・セイラーが行なったものだ。彼は洗練されたワイン愛好家の集団に、何年か前にヴィンテージもののワイン（今は75ドルの価値がある）を1瓶、20ドルで買ったと想像するようにと言った。それから、そのワインを飲んでいる自分にとっての値段をもっともよく反映した答えを選ぶように求めた。

a．0ドル。私はすでにその金額を払った――30％
b．20ドル。私が払った値段――18％
c．20ドル＋利息――7％
d．75ドル――仮にワインを売ったら、私が得られる金額――20％
e．55ドル。私はたった20ドルしか払わなかった、75ドルの価値があるワインを飲める。だから、これを飲むことによって得をしている――25％

これらの結果から、確かに経済学者のように考える人もいることがわかる――しかし、それは20％という少数派のようだ。

彼らが少なくともワインを楽しむ人たちであることにも注目してほしい（経済学が「陰気な

科学」〔訳注　トマス・カーライルが経済学をこう名づけた〕と呼ばれる理由がここにある）。

6.7 言葉によってビスケットの味はどう変わるか

言葉は料理の価格に影響するだけではないことを覚えておいてほしい——言葉は料理の味も変えられるのだ。5年前、ベルギー人の同僚から我が社に心配そうな声で電話があった。彼らの顧客である大手ビスケット製造業者の1つがもっとも人気のブランドを、低脂肪の製品に一新したのだが、それが市場に出回ったとたん、売り上げが急落したという。彼らは混乱していた。大がかりなリサーチや実験を行ない、新しいビスケットの味は前のものと違いがないと大勢の人が言ったのだ。なのに、新バージョンのビスケットを誰も買おうとしなかった。

これは私が椅子から離れもせずに解決できる種類の問題だった。「なるほど」私はスピーカーフォンで話した。「で、ビスケットのパッケージに『低脂肪になりました』と表示をつけたのですか？」「もちろん、そうしましたよ！」彼らは答えた。「何カ月もかけてビスケットの脂肪含量を減らしたのです——そのことを消費者に伝えなくてどうするというのですか？」「そこに問題があるんですよ」私は言った。「食べ物がブラインドテイスティング〔訳注　ラベルなどの情報がない状態で味見すること〕でどんな味がするかなんてどうでもいいことだ。『低脂肪』

とか、とにかく健康指標に関することをパッケージに書いたら、商品の味は悪くなります」彼らが行なったテストでは、ビスケットにパッケージはなかった。だから、彼らはパッケージも味に影響を与えることを忘れてしまったのである。

6.8 パッケージを変えることのリスクとジレンマ

ポーランド系アメリカ人の学者であるアルフレッド・コージブスキー（1879－1950）はおそらく「地図は現地ではない」という格言でもっとも有名だろう。彼は一般意味論と呼ばれる規範を作り出した。そして、世界についての人間の知識は人体の仕組みや人間が独自に発達させた神経系と言語によって制限されており、我々が知っているすべては脳自身の解釈というフィルターをかけられて現れるため、現実を知覚できる者はいないと主張した。実に驚くべき人物じゃないか！

ある日、コージブスキーは講義を聞いていた最前列の学生たちに、ありふれた紙に包まれたビスケットを勧めた。「うまいビスケットだろう？」学生たちが喜んでビスケットをつまんでいるとき、コージブスキーは言った。すると彼はビスケットの白い紙をはがし、その下にあったもともとの包み紙をあらわにした。――それには犬の顔の絵があり、「犬用ビスケット」と書いてあった。学生2人が吐き気を催し、残りの学生は口に手を当てたり、教室を出てトイレへ駆け出したりした。「わかるだろう」コージブスキーは言った。「私は人が食べ物を口にするだけでなく、言葉も食べていることを示してみせたのだ。食べ物の味が言葉の味に負けることもよくある」

このような影響は食品だけに限定されるわけではない。洗剤でパッケージに「以前の製品よりも環境に優しくなりました」という言葉を付け加えれば、消費者は中身が前ほど効果的ではないと本能的に信じるかもしれない。ここに倫理的なジレンマと実際的なジレンマがある。もし、もっと環境に優しい洗濯洗剤を作りたいと思ったとき、それが環境に優しいことをパッケージに記すべきだろうか？　そんなことを書けば、無意識のうちに人々に買う気をなくさせるか、必要以上の量を使わせるかのどちらかになるかもしれないのに。記載しないほうがいい場合もあるだろう。とりわけ、環境に気を使う買い手のほうが、環境を気にしない買い手よりも劣勢である場合は。

人気の商品にごく些細な調整を加えたことを発表するだけで、発酵食品のベジマイトや麦芽飲料のミロ、チョコレート菓子のキャドバリー・クリームエッグにとっては災難となった――たとえほかの点では何も変わらなかったとしても、消費者は商品の成分の変化が発表されただけで味が変わったと感じるだろう。クラフト社はマカロニ&チーズにもっと健康的な成分を導入したいと考えたとき、変化に対する同様の反応を懸念した。とりわけ、ネタを熱望しているソーシャルメディアと新聞という悪質なコンビは、敵対的なわずかなツイートを国家的なニュースへ変えてしまうからだ。そこでクラフト社は黄色の人工着色料を取り除き、パプリカやターメリックやそのほかにも黄色の着色料の代替品となる自然の材料を加えた――そして、それについては沈黙を続けた。実質的に誰も違いに気づかなかった――あとになって同社が「変わりましたが、変わっていません」という見出しで、材料の変化を発表するまでは。このようにしてクラフト社は固定客に味が変わったと想像させることもなく、以前は人工的な材料が入っていたためにマカロニ&チーズを避けていた見込み客も獲得した。固定客は以前よりも健康的なものに変わったマカロニ&チーズをずっと食べていたことに、突然気づいたのだった。(1)

(1) この魔法を生み出した広告会社の錬金術師、クリスピン・ポーター+ボガスキーにおめでとうと言おう。顧客を納得させるのは楽ではなかったはずだ――なにしろ、世の中のためになることをやりながら、黙っているのは大変だろう?

6.9

焦点錯覚《フォーカシング・イリュージョン》の魔力

注意というものは、人が気づいているよりもはるかに多くの影響を思考や行動に与えている。ダニエル・カーネマンはエイモス・トベルスキーとともに行動経済学の父親と言うべき存在の1人である。彼が「フォーカシング・イリュージョン」と呼んでいるのは、注意を引かれるものの意味を人間が過大評価してしまうことだ。カーネマンがこう説明しているように。

「そのことについて考えている間は、自分が考えているそのことがもっとも重要だ。マーケターはこのフォーカシング・イリュージョンを利用している。あるものを『手に入れなければならない』と信じ込まされたとき、人はそれによって変わるかもしれない人生の質の違いを過度に誇張する。フォーカシング・イリュージョンの大きさはものによってまちまちで、それに人の注意が引きつけられている時間の長さによる。オーディオブックよりも車のレザーシートに対するほうが、フォーカシング・イリュージョンは大きくなりやすい」

マーケティングでは、消費者をだますために対照表を利用できる。もし、車が故障したときのサービスに焦点を当てた対照表を作成する人が客観的であろうとすれば、すべての会社が提供しているサービスにおそらく50個は利点を追加できるだろう。しかし、対照表の作成者は、これらのあらゆる利点のうち、宣伝しようとしているブランドが独自に提供する小さな部分に、消費者の焦点を合わさせようとするのだ。

昔の広告業界の信条だった「独自の売り（USP）」を持つことも、フォーカシング・イリュージョンを引き出す。他社にない1つの特質を提供するだけで商品はより売りやすくなる。たとえこの特徴がやや根拠に欠けるものでも、独自の特質を強調することによって、競合する別の製品を買った場合に買い手が感じそうな喪失感を増大させられるのだ。

キャンプ用品はフォーカシング・イリュージョンにとらわれている間に買うにはもっとも危険なものだ。店にいるときは、完璧な気象条件で製品を使う自分を想像するだろうが、そういった天候は実際にはめったにない。(1) 第二に、購入時にこの上なく魅力的に思えた製品の特質は、実を言えば、それを使うときには不都合かもしれないのだ。たとえば、売られているときは、入りそうにないほど小さな袋にどの寝袋もきちんと収められている。しかし、長期にわたって見れば、新しくてきちんとまとめられていたときは魅力的だったかもしれないが、使用後の寝袋を袋にまた詰めることなどほぼ不可能なのだ。

注目されるべきなのに、あまり目立たない基準に注意を向けることでこのような妄想に抵抗できる。たとえば、風の強い雨の日にテントをたたんで詰め直そうとしている自分を想像してみるといい。あるいは、ポルシェを買おうとしているとき、それに乗ってロンドンの交通渋滞

	ETA	グリーンフラッグ	グリーン・インシュアランス・カンパニー	GEM	AA	RAC
部品や作業の料金は無料か？	✔	✖	✖	✖	✖	✖
2回目の作業料金は無料か？	✔	✔	✖	✖	✖	✖
誤給油の場合も補償されるか？	✔	✔	✔	✖	✖	✖
迅速に修理してもらえるか？	✔	✔	✔	✖	✖	✖
取り消した場合に返金されるか？	✔	✔	✔	✖	✖	✖
二酸化炭素排出量の削減に取り組んでいるか？	✔	✔	✔	✖	✖	✖
1年あたりの最大出張サービスの回数	無制限	無制限	6	無制限	7	6
故障時のサービスカーの最大乗客数	法的な収容可能人数	法的な収容可能人数	9	8	7	6

図17　類似点ではなく、相違点を強調する。

にはまり込んでいる――何度も起こりそうな状況だ――自分を思い描くべきだ。夏の夕方にコッツウォルズ地方をドライブしているところ――一度か二度しかないだろう――を想像するのではなく。

カーネマンがフォーカシング・イリュージョンの例に車のレザーシートをあげているのは興味深い。私はつねづね車のレザーシートというものが、純粋にステータスの象徴として選ばれるのだろうかと考えていた。車を買うとき、

（1）とにかく私の母国では。

ステータスは優先事項リストの上位にあるだろう。信頼度や維持費や快適さのほうが重要になる、実際に車に乗ってからの生活だとステータスの位置は下になるのだが。本当のところ、レザーシートが布製シートよりいいかどうかもフォーカシング・イリュージョン次第なのだ。どのシートにするかと比較するための特徴は数多くある。ステータスや価格だけでなく、滑りやすさ、におい、掃除のしやすさ、耐久性、倫理面、または暑い日に座って苦痛かどうかということさえ、比較対象になる。(2) ほかと差別化するためにこういう特質のどれを選ぶかによって、レザーシートは布製シートよりもはるかに優れたものになるか、無意味な贅沢品になるかが決まってくる。(3)

カーネマンであれば、マーケティングではフォーカシング・イリュージョンが大きな役割を果たすと言うだろう。しかし、私はフォーカシング・イリュージョンがまったくの錯覚ではなく、進化的に必要なものだと主張したい。さらに、マーケターがフォーカシング・イリュージョンを「活用している」のではなく、マーケティングを必要なものにしているのが錯覚なのだ。とはいえ、人がもっと幸福になる1つの方法は、そんな錯覚が現に存在していると心得て、自分が注意を払うものをコントロールすることだ。私には食前に感謝の祈りを捧げるという宗教的な慣習への愛着がある。当たり前と見なされそうないいものに注意を払うことは、人生へのよい取り組みと思われるから――食事に注意を向けるための一呼吸は、食べることを楽しむためにつけ加えるべきだろう。(4)

（2）聞いたところによると、車の布製シートに座っていて気分が悪くなった子どもを持つ親はたちまちレザーシートのファンになるそうだ。

（3）カーネマン教授が学者だということは思い出す価値がある。つまり、カーネマンはひどい車を持つことが名誉のしるし（専門用語で言うなら「逆シグナリング」である）と思われている奇妙な社会階級の一員だ。初出勤の日に社会科学における学問的なキャリアを壊したいと思うなら、ピカピカの新しいフォード・マスタングに乗って大学の駐車場に姿を現せばいい（ヴィンテージもののフォード・マスタングならまわりに受け入れられるかもしれない。だが、終身在職権のある教授の地位に達してからの話だ）。

（4）おそらく食前の祈りの現代版は、食べ物の写真を撮ることだろう。

6.10 バイアスや錯覚は生存に不可欠である

フォーカシング・イリュージョンは確かに一種の錯覚だが、人間の知覚はほぼすべてが錯覚である。なぜなら、客観的な動物はあまり長く生きられないからだ。神経科学者のマイケル・グラツィアーノが説明しているように。「もし、風で草がさらさらと音をたてたときにそれをライオンがたてた音だと誤解しても、何の害もない。しかし、本物のライオンに気づかなかったら、あなたは遺伝子プールから放り出されてしまうだろう(1)」だから少々、被害妄想があるくらいのほうが進化にとっては最善なのだ。だが、注意を払うレベルを感情の状態に応じて変化させることも重要である。明かりのない通りを1人で歩いているときは、昼間ににぎやかな通りを歩いているときよりも、足音にいっそう注意を引かれるだろう。

そのような錯覚を修正すべきだとか避けるべきものと考えるのは間違いだ――錯覚を理解し、人間の行動を歪ませそうな錯覚の役割を知ることは価値があるだろう。しかし、錯覚を経験しないほうがいいという考えはかなり危険だ。たとえば、もしも火災報知器に意識があるとしたら、あなたはそれが偏執狂的な妄想に悩まされていると自信を込めて言うかもしれない

図18　パレイドリアが起こっている例――顔が見える人もいるし、ジョージ・ワシントンの顔が見える人さえいる。

――トーストを焼く以上の危険なことをしていなくても、火災報知機は激しく鳴り始めるかもしれないのだ。これにはれっきとした理由がある――火災報知器は火事の初期段階と、焦げたトーストが出す煙との違いを簡単には見分けられないのだ。だが、この状況で間違いを犯すと、明確に違う結果になる。朝食のパンを焦がしたときに火災報知器が突然鳴り出したら、それは偽陽性ということだし、いらだたしいだろう。しかし、偽陰性の場合、結果は致命的である。火災報知器に何よりも望まれないのは、機器の端を炎が舐め始めるまで作動しないことだ。

（1）「A New Theory explains How Consciousness Evolved」（「意識の進化の仕方に関する新理論」、未邦訳）、『*Atlantic*』誌（２０１６年６月６日）。

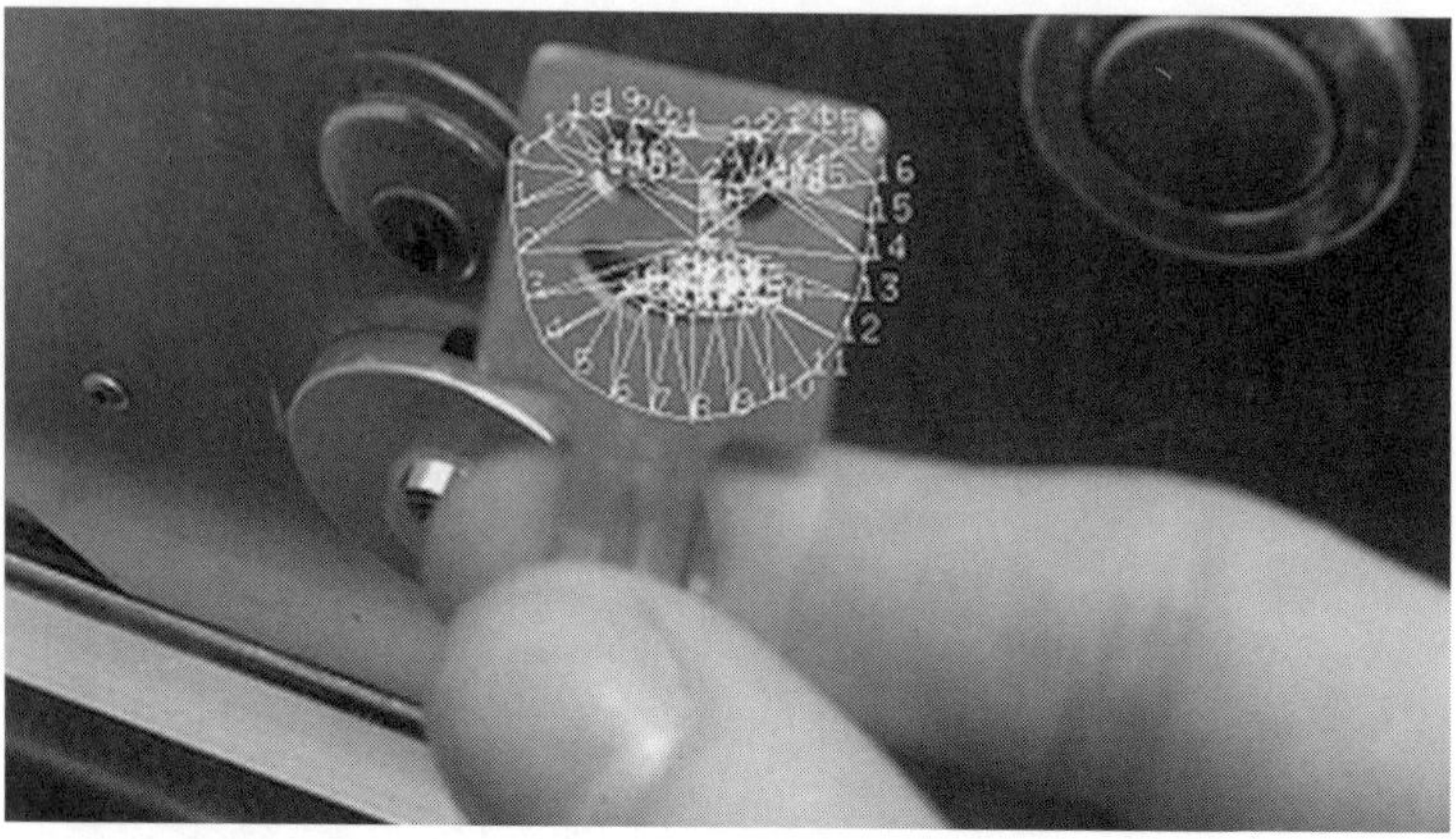

図19　この鍵の写真で、あるアルゴリズムは単なる2つの点と1つの切り込みにすぎないものから人間の顔を見つけ出した。ソフトウェアもパレイドリアに悩まされている。

バイアスや錯覚を進化による淘汰の産物ととらえずに、生来の精神的な欠点として不用意に分類する前に気をつけなければならない。パレイドリアについて考えるのが有益だろう。それは一種の目の錯覚だが、無生物に人間の顔や動物の姿を見るとき、多くの人は〝嫌な気分になる〟という。

身のまわりに人間の顔や動物を見つけることに人がかなり慣れている理由を理解するには、進化生物学などたいして勉強しなくていい。進化の歴史の中で人間が受けた脅威の多くは、ほかの動物からもたらされたものだろう。獣たちに気づいて彼らの気分を読み取れることが生と死を分けた場合は多かったはずだ。火災報知器の場合と同じように、ここで補正《キャリブレーション》の問題が起きてくる——確かに、人間や動物の顔を見つけるのが得意だと、実際にはそんなものがいないときでも、いるかのように見えてしまうという代償はある。だが、そ

図20 「混乱した洗濯機」――パレイドリアの別の例である。

れは払う価値のある代価だ。洗濯機に感情があると思ったり、岩の形が人間の顔に見えると信じたりする人もいるかもしれない。しかし、顔を認識できるという高度の才能がもたらす利益に比べれば、進化的な適応度にとっての損失はごくわずかである。

とはいえ、あらゆる岩や木に顔が見えてしまう脳はあまり役に立たないだろう。可能なら、進化はキャリブレーションを進歩させ、望まない偽陽性の数を減らそうとするはずだと推測できる。今日では１９８０年代に比べて火災報知器も車の盗難防止警報器もはるかに偏執的でなくなったが、どちらも慎重すぎるくらい慎重になるように調整してあるし、またそうあるべきなのだ。代償というものは常に存在しており、錯覚は人間が払うべき対価である。

同じように、顔を認識するソフトウェアが役に立つためには、やはり代償を払わなければならない。もし、間違って顔を認識することが絶対になければ、感度が低すぎることになる——そこまで基準が厳密なら、少し角度が変わっただけとかウインクしただけでも顔を認識せず、役立たずになるだろう。結果として、顔を認識するアルゴリズムは人間とまったく同じパレイドリア的な錯覚を経験する。不完全な形や不明瞭な形を扱うときは、ある程度のキャリブレーションが常に必要なのだ。こういったことからわかるのは、客観的で慎重な、均整のとれた方法で情報を処理すれば、現実の世界ではどんな生物も進化したり生き延びたりできないということだ。ある程度のバイアスや錯覚は不可避なのである。

6.11 50ポンドで新車を手に入れる方法

あなたは車を持っているだろうか？　持っているとしたら、まずまずの車だろうか？　もしもそうなら、いいニュースを伝えよう。次のパラグラフは、あなたがこの本を買った金を何倍にもして返すものだ。

今度、車を買い換えようと思ったときは、そうしないでほしい。その代わりに少なくとも１年、もしくは2年か3年待つのだ。その間、優秀な洗車サービスにときどき車を持っていって内側も外側も徹底的にきれいにしてもらおう。これには毎回、約50ポンドから１００ポンドかかるだろうが、これまでよりもよい車になるだろう。単に前よりもきれいな車というのではなく、よりよい車だ——見た目がすばらしくなったのはもちろん、車は前よりも滑らかに走り、加速度は増して、コーナーをより正確に曲がれるようになるはずだ。ピカピカに輝く車は運転するのがいっそう楽しいものでもある。なぜだろう？　原因は心理物理学だ。

6.12

心理物理学で環境に優しい洗剤を広める

環境に優しい洗剤が、効果が弱いと思われないためにはどうすればいいだろうか？　幸いにも、環境的利益によって有効性が損なわれているのではないと、人間の無意識をだますのに使えるトリックがいくつかある。またしても、そのようなトリックは「悪意なきでたらめ」のカテゴリーに入っている。

企業が環境への害を少なくできる方法の1つは、洗剤を高濃度タイプにして売ることだ。そうすればパッケージや配送の費用が減るし、使われる化学物質の量も減少する。しかし、いくつか問題がある。

1. 濃度が高くなったのに、前と同じ量の洗剤を使い続ける消費者もいるだろうし、それだと使いすぎになる。前のものよりも小さなキャップをつければ、この問題は減るかもしれないが、洗剤の量が少なくなると効果も少なくなると思わずにはいられない人々がいて、余分に1キャップを追加してしまう。

2. 消費者は全然この製品を買わないかもしれない。濃度が高くなったとはいえ、棚に置かれた洗剤は価格ほどの価値がないように見えるからだ。
3. 消費者は単純に量が減ったという理由で、この製品が前よりも劣っていると思い込み、その価値に不信感を抱くかもしれない。
4. 製品が小さくなると、店の棚のスペースを前よりも占めなくなるため、目立たなくなり、競合品が占める場所が増えるかもしれない。

対策をいくつかあげる。

1. 徹底的な正直さ《ラジカル・オネスティ》。(1) たとえば、この製品は以前のものよりも洗浄力が4%落ちるが、環境への優しさは97%向上したと公表する。あるいは、製品の弱点を明確に述べる。(2)
2. 「ゴルディロックス効果」を生かす――これは人間の自然なバイアスで、3つの選択肢

---

(1) 私が知るかぎり、この方法を採用している企業はない。組織の中でもこのやり方を納得させるのが難しいからだろう。

(2) 不都合な点を告白すれば、主張はいっそうもっともらしくなる。優れた宣伝のキャッチフレーズはこの効果を生かしている場合が多い――「わけがあって高い」とか「業界2番手の私たちはさらなる挑戦をします」といった例のように。

を示されたら、人は真ん中のものを選ぶ傾向があるということだ。洗剤の製造会社は使いすぎをそれとなく非難しながら、製品を少なく使用することと中程度に使用することを標準化する言葉を使っている。たとえば、こんなふうに。「軽い汚れの通常の洗濯物には、キャップ半分の量を使ってください」「普通の汚れか、量が多い洗濯物にはキャップ1杯の量を使ってください」「ハードな汚れにはキャップ2杯の量を使ってください」こうすれば、凶悪な犯罪を実行したといった場合以外はキャップ1杯以上の洗剤を使わないという印象を与え、使いすぎの消費者もキャップ1杯分しか使わなくなるだろう。(3)

3. 洗剤の形を変える。粉の洗剤や液体洗剤の量が減っても、前と洗浄効果が変わらないとはなかなか信じられないが、洗剤の形がジェルやタブレットになれば、もっと信じてもらいやすくなる。洗剤をタブレット状にする場合、奥行きがなくて横幅と高さのある箱に入れることを検討してほしい。店の棚に置いたとき、目立たないことがないように。

4. 複雑さを加える。ありふれた白い粉の洗剤に色のついた粒々をつけ足すだけで、以前のものよりも洗浄効果が上がったと消費者に信じさせることができる。そんな粒々がどういう役目を果たすのか、わかっていなくても。同様に、液体やジェルや粉と混ぜ合わされたタブレット状の洗剤は、量が少なくても効果は上がったと人々に思い込ませるのに役立つ。ストライプ柄の歯磨き粉の例を思い出してほしい。

5. 努力が必要な要素をつけ加える。もし、高濃度の洗剤を使う前に水に溶かすとか、使用する前に2種類の液体洗剤を混ぜ合わせることが求められていたら、こんなささやかな手間をかけさせられることによって、製品の能力への消費者の信頼は回復するだろう。(4)

ここにあげた解決策はロジカルな観点からすれば、でたらめばかりのように思われるだろう。確かに、どの解決策にも巧妙なトリックの要素が含まれている。もしも我々が世の中を客観的に見られるなら、こういう解決策をごまかしだと思うだろう。しかし、残念ながら、人は客観的になれない。それにこんなトリックがなくても、我々が突然、完璧で正確に世の中を見られるようになるわけではないのだ——ほかの巧妙なトリックを見ることになるだけである。

というわけで、環境保護の助けとなる巧妙なトリックをあなたは求めるだろうか？ それとも、環境保護の助けにならない巧妙なトリックのほうがいいだろうか？

---

(3) 「ゴルディロックス効果」は、環境上の理由でもっと温度が低い水の利用を勧めたいと思っている洗濯機製造業者にも同様に利用されそうだ。温度設定のつまみの真ん中を30℃から40℃にできるように、非常に低い温度をいくつか提示し、60℃から90℃を最高温度に設定すれば、人々は本能的により低い温度で洗うほうへ引きつけられるだろう。

(4) ある顧客が高濃度にしたことでもっとも成功した製品（木部用艶出しクリーナー）は、使うときに余分な労力が必要なものだったと知って、私は興味をそそられた。この場合、艶出しクリーナーを小さな容器の中で薄める手間だった。

6.13

イケア効果——手間がかかることによって価値が増す

1950年代、食品会社のゼネラル・ミルズは「ベティ・クロッカー」というブランド名でケーキミックスの生産を始めた。このケーキミックスには牛乳や卵を含めたあらゆる材料が入っていた。消費者がやるべきなのは水を加えて混ぜ合わせ、フライパンをオーブンに入れることだけだった——この商品が売れないはずはないだろう？　しかし、多くの長所があったにもかかわらず、この奇跡の製品はあまり売れなかった。ベティ・クロッカーという架空の人物の名前を商品名にしたのだが、そんなネーミングの努力をしてもなお消費者の購買意欲をかきたてることはできなかった。ゼネラル・ミルズは心理学者の一団を招き、消費者がこの商品を避ける理由を見つけ出そうとした。心理学者たちによる解釈の1つは罪悪感だった。そのケーキミックスは従来の商品に比べてあまりにも作るのが簡単だったので、人々はだまされているような気になった。できたケーキの味がすばらしくて、称賛されるという事実は助けにならなかった——つまり、以前よりもよい評価をされると、「作った人」は決まり悪い思いをしたということだったのだ。

こんな結果に対して、ゼネラル・ミルズはちょっとした心理的な錬金術——または「悪意なきでたらめ」——をつけ加えた。同社はパッケージに記された調理方法を、作るのがもう少し面倒なものに書き直したのだ。主婦は水だけでなく、中身に「卵1個」をつけ加えることを要求された。ゼネラル・ミルズが「卵1個を加えるだけ」というスローガンで商品を売り直すと、売り上げは急上昇した。心理学者たちは、少しばかり余分な手間をかけることで女性の罪悪感が減ると信じていた。[1]調理にかける時間は前と同じように少ないが、ささやかな努力をしたことで、ケーキを作るために自分が貢献したという感覚を与えたのだ。

人々からの価値の評価を高めるために消費者の努力をつけ加えることを表す言葉がある。最初にそれを発見した人たちなのだから、たぶん「ベティ・クロッカー効果」と呼ばれるべきだろうが、「イケア効果」として知られている。というのも、この家具チェーンの創業者でちょいと変わった人物である億万長者のイングヴァル・カンプラードは、同社の家具を買って組み立てるために努力が必要なら、商品に知覚価値が加わると信じて疑わなかったからだ。イケアと仕事をしていたとき、私はこんな助言を受けた。「どんな状況でも、イケアがもたらす顧客体験をもっと便利なものにしようとする方法は提案しないでほしい。そんなことをしたら、我々はただちにあなたをお払い箱にします」

(1) 思い出してほしいが、これは1950年代のことである。

我が社は数年後にこのイケア効果を応用した。発展途上国のために開発されていた洗濯洗剤の宣伝に手を貸してほしいと頼まれたときのことだ――その製品は水を節約するため、洗濯中に服を3回ではなく、1回すすげばよかった。我々のアイデアは、それまで必要だった3つのバケツの代わりに、もっと複雑なバケツを1つ作ることだった。そうすることで、1回だけのすすぎにある程度の余分な複雑さをつけ加えられる。これによって上がった洗浄効果はほんのわずかだった。余分な努力をさせる本当の目的は、新しいプロセスがあまりにもよすぎて信じられないと思われないようにすることだったのだ。

最後に一言。製薬会社と仕事をしたとき、どの開発者も薬をできるだけ飲みやすくしようとしていたことに私は気づいた――しかし、行動経済学者のダン・アリエリーや私なら、この明らかにロジカルな前提には賛成しない。アリエリーも私も、薬を飲むために前もって薄めるとか混ぜ合わせるといった、いくらかの準備が必要だとしたら、プラシーボ効果が高まると感じている。さらに、薬を飲む前にお決まりの手順を踏むことが一種の儀式となり、飲み忘れがいっそう少なくなる。ごく小さな錠剤を2個飲んだかどうかは容易に忘れるが、Aの水薬とBの水薬を混ぜてCの粉薬を加えたという行為なら、なかなか忘れないだろう。

6.14 考え方が行動を駆り立てるのではなく、行動が考え方を形作る

私が前に述べたように、人間の脳はある程度までは無意識に、どんな決定にも交換条件があると推測してしまうものだ。もし、ある車がより安価であれば、性能はより悪いだろうと推測される。ある粉洗剤が環境により優しいものなら、より洗浄効果が低いだろうと推測されてしまうのだ。だから、「地球に優しい」として製品を宣伝するのはリスクを伴う――地球を救おうとあまり言わないほうが、地球を救うことにつながるのではないか？　私に言わせれば、環境保護運動の失敗は、人々は正しい行動をすべきだというだけでなく、正しい理由のためにそうすべきだと決めつけるせいだろう。私自身の見解はもっとひねくれていて実際的だ。人々が環境にいい行動をとるなら、その動機など一切気にしなくていいということである。

正しい行動をとれと求めたうえに、正しい理由のためにそうしろと求めるのは基準が高すぎる。英国の家庭での廃棄物リサイクリングの回収率を高めるようにという依頼があったとき、埋め立て地の増加やホッキョクグマの減少などに関する家庭の考えといった議論をすべて棚上げしようとオグルヴィは提案した。リサイクルをする気にさせる行動の原理は、考え方よりも

周囲の環境に関係があると指摘したのだ。単刀直入に言うと、キッチンにゴミ箱が2つあれば、リサイクル可能なゴミを分けられてかなりのリサイクルをすることになるが、1つしかゴミ箱がなければ、たぶんそんな行動はとらないということである。「ゴミ箱1つはゴミ」というスローガンのもとで、我々はこのキャンペーンに専念した。家庭にゴミ箱を2つ以上置くことを勧めて回ったのだ——どうやって人々を環境保護運動の正会員にさせるかといった話題は避けながら。(1)

我々はこのキャンペーンがどうせ失敗だろうと思っていたわけではないし、人々にもっと環境を意識させることをあきらめていたわけでもない——逆から考えて問題を解決していただけだ。人間の意思決定に関する従来の常識は、考え方が行動を駆り立てるというものだが、たいていの場合、プロセスが逆に働く証拠が多くあがっている。自分がとる行動が考え方を形作るのだ。ゴミを廃棄物とリサイクル可能なものとに分別する人間はそんな行動をとった結果、環境をもっと意識するようになるだろう。テスラを運転する人がその車を買ったそもそもの理由に関係なく、自分の車が環境にいいと熱心に話すのと同様に。(2)

行動が先。考え方はそれを持続させるために変化する。

オグルヴィは前に述べたのと同様の実際的な方法を、食べられずに廃棄されるスーパーマーケットの賞味期限切れ食品を減らすための提案書にも適用した。またしても、我々は食品を無駄にすべきでない理由になど神経を使わず、より行動しやすくて無駄を出さない方法に注意を向けた。提案には、パッケージに曜日も入れた「消費期限」と「賞味期限」の日付を記入するという、子どもじみた簡単な解決策も含まれている。「消費期限は２０１７年11月12日金曜日」のほうが、数字だけで日付を表すよりも思い出すための助けとなる。(3)

この章で見てきたように、重要なのは行動だけだ。行動を起こすための理由ではない。理由を与えれば、人々は行動しないかもしれない。だが、行動を与えれば、彼らは苦もなく自分で理由をこしらえてしまうだろう。

（1）さらに我々は無料のプラスチック製クリップを考え出した。それがあれば、前からあるゴミ箱の外側に２つ目のゴミ袋を取りつけられる。

（2）ここで予想させてほしい。テスラを買った人が従来型の車をまた持とうという気になることはあまりないだろう。テスラを買う行動によって彼らの車の好みは永久に影響されそうだからだ。しかし、このように長期にわたって行動が変化しても、必ずしも環境に配慮するようになるわけではない。屋内に水洗トイレや風呂を設置した人々が、コレラの大流行のリスクを最小限にするためにそうしたわけではないのと同じだ。

（3）「金曜日」という表示には、ダニエル・カーネマンの専門用語を使うなら、「２０１７年11月12日」よりもいっそう「システム１のわかりやすさ」がある。意味を伝えるのに、あまり認識努力をさせないものだからだ。

第7章

錬金術師のテクニック

7.1

錬金術師は物事の見方を変えられる

ガトウィック空港に着陸したあと、飛行機は5分ほど地上走行して止まったが、ターミナルまではまだ遠かった。エンジンの音がだんだん小さくなり、ぞっとする思いが浮かんだ。我々はバスに積み込まれるのかもしれないぞ、と。私はターミナルまでバスに乗せられることにいつも軽く憤慨していた。ターミナルの建物から離れたところに着陸してボーディングブリッジの使用料を払わずに済むことによって、着陸料を節約しようという航空会社の手口ではないかと疑っていたのだ。

すると機長からのアナウンスがあった。あまりにも心理的に巧妙なものだったので、私は彼にオグルヴィで働かないかと言いたくなったほどだ。「悪いニュースとよいニュースがあります」機長は言った。「悪いニュースは、到着ゲートにほかの飛行機がいるため、バスに乗らなければならないことです。よいニュースは、バスが入国審査場まで連れていってくれるので、みなさまは荷物を持って遠くまで歩かなくても済むことです」

何十年も飛行機に乗ってきたのに、私は突然気づいたのだった。機長が言ったことは今の状況だけに当てはまる真実ではない――常に真実だったのだと！　バスはまさしくあなたがいるべき場所に下ろしてくれるのだ。つまり、機内持ち込み用バッグを引っ張って何キロも通路を歩いて出口にたどり着くという行動をとらなくていい――これは新発見だった。間もなく我々は入国審査場に着き、みんながむしろバスに感謝した。客観的には何も変わっていなかったが、今や我々はバスをいまいましいものとしてではなく、ささやかなボーナスと見なしていた。機長の錬金術師的な方法のおかげで、私はこれまでと異なった見方をするように変わったのだ。[1]

（1）この次に飛行機に乗るときはあなたも同じ錬金術を使うことを試してみるといい。ターミナルまで乗せていってくれるバスが現れたら、連れに大声で言ってほしい。よかったよ、これで入国審査場まで連れていってもらえるからねと。話が聞こえる範囲にいるみんなの幸福度があなたのおかげで高まるだろう。

7.2 錬金術のレッスンその1 ——明確な交換条件に人は好感を持つ

人間の特徴の1つは、どんな状況でも別の状況が選べて悪い面を最小限にすることができるなら、自然といい面に注意を向けることだ。人々によいニュースと悪いニュースを同時に知らせるほうが、1つの解釈しか与えない場合よりもはるかに幸せにさせられる。例の機長はおそらく自覚していたよりも頭がよかったのだろう。

行動経済学の最近の歴史の中で、もっともおもしろくてわかりやすい話が、リチャード・セイラーの回想録『*Misbehaving*』（2015）（『行動経済学の逆襲』リチャード・セイラー著、遠藤真美訳、早川書房、2016年）に出ている。シカゴ大学の経済学部が新しい建物に移転するように求められたときの出来事を描写したものだ。理論的には、ここに属する教員たちは世の中でもっとも合理的な人々である。少しずつ広さやステータスが異なる研究室（窓が1つしかない研究室よりも、角部屋の研究室のほうが望ましい）を割り当てるうえで、集団的意思決定のあらゆる戦略を意のままに使えるはずの人たちだった。教員の中にはオークションを提案した者もいたが、このアイデアはすぐさま却下された——年配のノーベル賞受賞者たちは、自分よりも若い同僚たちがコンサルティング業で儲けて最高の研究室の費用を払う余裕があるからといって、彼らよりも狭い研究室となることが受け入れがたかった。研究室の広さのわずかな違いをめぐって相当な確執やこだわりがあったのだ(1)。

私はセイラー教授に、ちょっとした心理的な錬金術を使えば、もっと簡単に問題を解決できたかもしれないと言った。研究室と学部の駐車スペースの両方に、好ましさの順番に従って1から100まで順位をつけ、くじ引きで教員に割り振ったらどうかと。最高の研究室をあてがわれる人は、最悪の駐車スペースを配分され、最悪の研究室をもらった人は最高の駐車スペースを得られるというふうにしたらいいのでは? そういう条件だと、最高の結果になった人はくじの役割をいっそう重要だと考え、一方、中程度の結果になった人はその結果をまあまあのものとして見方を変える。

私にとってはお馴染みのシステムだった。大学の寮で部屋を割り当てられたときの方法だったからだ。何世紀もの間、続いてきたに違いない慣習である。1年生のときは、誰もが学生寮でかなり標準的な部屋を割り振られる——1年生には際立っていい部屋は与えられない。2年

(1) セイラーが述べているところによると、議論を重ねても埒《らち》が明かなかった。どの研究室も申し分なく充分な広さがあり、さらに建物のあまり人気のない側にある部屋はその埋め合わせとして、フランク・ロイド・ライトのプレーリー様式の傑作の1つ、ロビー邸を眺められたのだ。

生になると、投票が行なわれる。トップになった学生が部屋を最初に選ぶ権利を与えられ、2番目になった学生が2番目に選ぶ権利を与えられるといった具合である。3年生になると、投票での順位は逆になる。こういう結果に不満だった学生を私は見たことがなかった。

これは無作為に集まった人の間で不平等な資源を分配する最高の方法について、非常に貴重な心理的な洞察をもたらしているだろう——よいもののプラス悪いもの、悪いもののプラスよいもの、または平均的なものプラス平均的なもののどれを提供されても、誰もが平等に満足しているようだ。実を言えば、明確な交換条件は好感を持たれると思われる。「確かに我々はXという悪い面を認めるが、Yというよい面のことも考える」という線に沿って、悪いニュースとよいニュースが入った言葉はとりわけ説得力があるようだ。社会心理学者のロバート・チャルディーニはそれについて、取引を成立させるときに否定的側面を認めると、奇妙なほど説得力が増すと述べている。「そうですね、これは高いですが、間もなくそれだけの価値があることがわかるでしょう」という言葉は、不思議なほど説得力たっぷりの説明方法のようだ——ある製品の欠点を明確に言われると、人は否定的側面をいつまでも案じるのをやめて、その問題を重く見なくなり、交換条件を受け入れられるようになる。新しい製品を紹介するつもりなら、このことを覚えておくと役に立つかもしれない。

考えてみると、格安航空会社が自社の航空券の価格に含まれていないものについてこれほど明確に述べているのはいささか奇妙だ。事前に割り当てられた座席、機内食、無料の飲み物、無料で機内に荷物が預けられること——そういうサービスの不足が航空運賃の安さを説明し、低価格を恥ずべきものと見なされないようにしている。「ああ、なるほど」ブダペスト行きの航空券が37ポンドと宣伝されているのを見たとき、あなたは言うだろう。「あれだけの低価格が可能なのは、どっちみち欲しくもない、たくさんの高額のくだらないものに金を払わなくていいからだ」それははっきりした、明確に定義された交換条件で、喜んで受け入れられるものだ。

もし、格安航空会社がこんな主張をしたらどうなるか想像してほしい。「我が社は英国航空と同じくらい優れていますが、運賃はその3分の1です」誰もそんな話を信じないか、その主張を見てたちまちこのような疑念を抱くだろう。「たぶん、この航空会社のほうが安い理由は、エンジンの点検や機長の訓練に気を遣わないからだろう。または機体があまり安全じゃないからじゃないか」

そんなわけで、マーケティングは高い価格を正当化できるだけでなく、低い価格の悪いイメージを消すこともできる。充分な説明をしないで何かを安すぎる価格で作ると、信用してもらえないかもしれない——結局のところ、本当とは思えないほどすばらしいものはたいてい信用されないのだ。

7.3 酸っぱいブドウと甘いレモン
——後悔を最小にする心理トリック

空港のバスでの移動に関する私の体験は、2000年以上も前にイソップと呼ばれた賢明な物語の語り手によって発見された、人間の心理に関する単純な真実を明らかにしている。そのような真実はイソップの寓話のいくつかに出てくるが、もっとも有名なのはキツネとブドウの物語だろう。1匹のキツネが木の高い枝からぶら下がった1房の見事なブドウを物欲しげに見つめていた。口にはつばが湧いている。キツネはブドウ目がけてジャンプするが、かなりの距離があって届かない。キツネは何度も試すが、ジャンプするたびに失敗する。キツネは座り込むと、いまいましげにブドウを見つめる。「おれはなんてバカなんだ」キツネは言う。「酸っぱいブドウ[1]を取ろうとして、へとへとになるなんて。あんなブドウのために頑張っても仕方ない」

この寓話の教訓は、自分の手が届かないものを軽蔑してけなすふりをする人が多いということだ。もっともな行動のように思えるが、自分にこんな心理トリックをかけなければ、人生がどんな感じかと自問する価値はある——自分がノーベル賞受賞者の億万長者でないからといって、絶えず腹立たしい気持ちで過ごしているかもしれない。

酸っぱいブドウの逆の現象はしばしば「甘いレモン」と呼ばれるものだが、そこでは否定的な経験に肯定的なひねりを加えようと、「決意する」ことになる。どちらの心理トリックも「後悔最小化」である——機会を与えられれば、人の脳は後悔の感情を減らそうとして最善を尽くすだろう。そうするためには妥当な代替品が必要だが。空港での私の経験を思い返してみると、ターミナルまでバスで行くことを以前に嫌悪した理由は、それ自体が本質的に嫌だったからではなかった。もっと肯定的な観点でその状況を表現するのに助けとなるものがなかったからだ。いったん長所がわかると、私はバスをいらだちの種としてではなく、乗り物として見られるようになった。シェイクスピアがこう書いたように。「よいも悪いもない。考え方によってよくも悪くもなる」

この章を書くために腰を下ろすよりも数時間前に、私は駐車違反切符を受け取った。たった25ポンドだし、完全に私が悪いのだが、それでもかなり腹が立った——今でも腹立たしい。たぶん、駐車違反切符は肯定的な観点で考え直す方法が何もないから、いっそういらだたしいのだろう。

---

(1) ここから「負け惜しみ」を意味する「酸っぱいブドウ」という言葉が生まれている——使われ続けている比喩の中で最古のものに違いない。

違反切符を切った地元の当局は、あのイージージェットの機長のように心理トリックをかける機会を私に与えられただろうか？——どんなに根拠が弱くても、罰金を少しは楽観的に感じさせる言い訳を見つけられただろうか？　たとえば、罰金は地元の道路を直すためとか、ホームレスのシェルターへの寄付金として使われると聞かされたら、私の気持ちはどれほど変わっていただろうか？　罰金の抑止効果は変わらなくても、私の怒りと腹立ちの程度は目覚ましく減っていただろう。それは悪いことではないはずだ。

7.4 錬金術のレッスンその2
——税金や年金の支払いを魅力的なものにする方法

イージージェットや駐車違反切符についての経験から得た知恵を、もっと大きなものに適用してみてはどうだろうか？　公共サービスは利用者から嫌われる場合が多い。民間企業よりもサービスが悪いからではなく、払った金と得られるものとのつながりが曖昧すぎて、支払う税金について肯定的な話ができないからだ。(1)

かつて私は自分の地方税が何に使われているか、内訳を調べたことがあった。どうやら私は1年あたり25ポンドを、毎週のゴミ収集に払っているらしかった——これは1週間あたり50ペンスに相当する。それにどれほど価値があるかを知って私は感動した。切手1枚よりも安い費用で、誰かが私の家まで来てゴミの袋をいくつも持ち去って処分してくれるのだ。突然、地方議会が以前よりもすばらしいと思われるようになった。

(1) デンマークやスウェーデンのような国々はこれの例外かもしれない。どちらの国でも税率はとんでもなく高いが、公共支出は高いレベルの民主的な地元の精査を受けている。

政府の問題点の1つは、一般的に目的税、つまり税金の使途が決められ、あらかじめ定められた活動に使われるようなシステムを嫌うことだ。その代わりに税収は1つの原資に入れられ、必要とされるところで使われる。その結果、人々は見たり感じたり、あるいは想像したりできる何かに使われる支出よりも、課税を不快に思うことになるのだ。

対照的に、篤志家に何かお返しを提供し、慈善目的の寄付をしてもらう民間団体の成功をちょっと考えてほしい――お返しは建物の命名権といった些細なものでもかまわないのだ。政府に払う税金は、払っているものについて幸せを感じられるような物語を作り出す機会を与えてくれない。税金は駐車違反切符と同じで、完全に悪者扱いされている。しかし、少々の錬金術があれば、この問題はかなり簡単に解決できる。古代ローマでは、軍事行動や公共事業に資金を供給するために富裕税が取り立てられた。富裕税を払った人の名前は寄付した金の具体的な使い道とともに記念碑に書かれたので、裕福な人々は喜んで支払った。最初は富裕税を払えないほどの貧乏人と見なされていた人々も「本当は、みなさんが思っているよりも私は金持ちなんですよ」と言いながら自発的に支払いを申し出たのだった。

デザイナーズブランドのサングラス(2)には喜んで300ポンドも使う人が、それと同じ額を医療や警察活動や消防隊や防衛に提供するように求められると、ひどく嫌な気持ちになるものだ。しかし、どのサービスが金を受け取るのかを明確に知らされたら、進んでもっと税金を払う気になる人は多いだろう。(3) もし、医療を向上させるために1%余分に払うという項目のチェック欄を所得税申告書に作れば、多くの人が喜んでチェックマークをつけるだろう。ローマ人が効果的に行なったように、余分に税金を払った事実を示すために車に貼るステッカーを配布することにしたら、さらに多くの人がそうするはずだ。悪い方法ではないだろう？　だが、なぜか政府機関や企業はそのような解決策に尻込みしているらしい。おそらくそんな方法はいかさまだと思っているのだろう。もしかしたら本当にいかさまかもしれないが、感情的な反応が人間の脳にそこまで影響を与えるなら、せめて感情的な痛みを最小限にする方法で物事を提示するしかないという事実は残るのだ。

思い出してほしい。どんなにおいしくても、パタゴニアントゥースフィッシュと呼ばれている魚だったら、誰も買わないだろうということを。

同様に、どれほど自分にとって得になる金融商品でも、年金と呼ばれていたら、26歳以下の誰も買わないはずだ。現在、英国政府は毎年250億ポンドを年金支払い者の税金の還付に費やしている。いかなる基準からしても、引退に備えた貯金への驚くほど気前のいい報奨なのだが、びっくりするほど効果がない。私は最近、年金の支払いをもっと魅力的にするために政府

（2）製作には15ポンドほどしかかからない品物だろう。
（3）こんなふうに考えているのは私だけではない――カリフォルニア大学ロサンゼルス校のシェロモ・ベナルチは最近、似たようなことを英国政府に提案した。

は何をしたらいいかについて話し合うグループの一員になった。政府からの高額な助成金がそれほどなくても、特に若い人に年金がいいものだと思わせられないかというのだった。この分野ですでにリチャード・セイラーとシェロモ・ベナルチが実行した方法に、我々はみな感銘を受けた。彼らは行動心理学の中心的な原理の1つを応用した年金貯蓄の新しいメカニズムを共同で考えついた――損失回避、つまり100ポンド獲得する喜びよりも100ポンド損する痛みのほうが強く感じられるという心のメカニズムである。(4)

典型的な年金はこんな仕組みだ。もし、あなたが毎月250ポンドの年金プランに入ったら、それ以後は引退するまで、以前よりも毎月250ポンド貧しくなる。引退したら年金を払われることによって年間収入を取り戻せる。一方、セイラーとベナルチの「Save More Tomorrow」年金プランは違う仕組みだった。あなたはある程度の割合（たとえば20％）で年金加入の契約をしたが、即座にその割合で積立が始まるのではなく、将来の昇給時に一定の割合の金額を積み立てるのである。だから、1カ月あたりの報酬が500ポンド増えたら、そのうちの20％（あなたがその割合を選んだとしたら）が年金のために積み立てられる。同じことがその後の昇給にも適用される。あなたが50代になって、年金契約をしたときよりも年収が5万ポンド増えていたら、毎年1万ポンドを退職年金のために積み立てていることになるだろう。「Save More Tomorrow」の年金に加入した人はこのような仕組みにより、以前より貧しい結果にはならない――ただ「裕福さの度合いが減った」だけである。経済学者にとって貧しいことと裕福さの度合いが減ることは同一だが、進化した人間の脳にとってそれらは完全に異なるものだ。

このアイデアは成功した。対照グループと比較すると、その年金計画に参加したがる人は2倍だった。そして、この計画に参加した人々の7年後の平均的な年金積立額はおよそ2倍だったのだ。これは錬金術と見なすことができるだろう。金銭的なインセンティブを必要とせずに、行動を変化させたのだから――人間の脳の本当の働きにいっそう適合した行動を導いただけである。

それに勝るとも劣らず重要なのは、英国政府がその自動登録のシステムを取り入れたことで、支払いを怠る人がいない年金積立金制度を作るのに成功したことだった。結果として、以前は年金積立をしていなかった700万人以上が今では年金に加入している。

人間はいろいろな意味で群れを作る種である。仲間がいると安心するし、ものをみんなで買

（4）『*Journal of Political Economy*』（2004年2月）の「Save More Tomorrow」（「明日はもっと貯蓄しよう」、未邦訳）を参照のこと。損失回避は効用という経済学的な考え方に反し、経済学者から人間の不合理性（「バイアス」）の例であると見なされる場合が多い。しかし、人間の脳が正しい方向へ進化したのであって、経済学者の合理性という推測が間違っているのかもしれない。経路依存性〔訳注　人々や組織がとる決断は、過去にその人や組織が選択した決断によって制約を受けること〕に縛られている人生においては、1つの損失（あるいはもっと悪い場合、いくつもの損失）がもたらす有害な結果というリスクのほうが、同等の利益に存在する利点よりもはるかに高いのだろう。立て続けに2つか3つ連敗すれば、簡単に生と死が分かれることになってしまう。

うことが好きだ。これは不合理ではない――大惨事を避けるのに役立つ有益な経験則なのだ。アンテロープは群れから逃げて1頭だけでさまようほうが、少しばかりいい草を見つけられるかもしれない。だが、単独行動をするアンテロープは草を食べるよりも、捕食者を見つけようとするほうにかなりの時間を費やさねばならないだろう。群れといると、草の質はやや劣るかもしれないが、安心して食べるほうに大半の時間を費やせる。脅威となるものを見張る負担は1頭の目だけでなく、多くの目で分かち合うことになるからだ。消費者も似たような本能を持っている――我々は1人で完璧な決断をくだすよりも、仲間と次善の決断をくだすほうが多い。これは従来の考え方からすると「合理的」ではないとしても、良識的なものでもある――何人かと問題を分かち合うほうが、はるかに心配が少なくなるからだ[5]。

年金積立をもっと魅力的にするための我々のアイデアの1つは、この群れの心理を利用することだった。全員がお互いを知っている集団に年金の加入をさせられたら――たとえば、スポーツクラブのメンバーたちに――年金への信頼度はもっと高くなるだろう。

ほかの提案をいくつかあげてみる。

1. 国家がどれほどの金額を年金に費やしているかを人々に知らせる。税金の還付はインセンティブとしては奇妙な形態であり、ほぼ目に見えない方法で支払われている。還付金はあなたに支払われずに年金の積立金に加えられるが、すぐに見えないものとなってしまう。もしも政府から毎月、このような携帯メールを受け取ったとしたらどうだろうか？「今月はあなたの年金にさらに400ポンドを追加しました[6]」

2. 年金に積み立てられる金額を制限する。英国では、ばかげているほど多くの額を年金のために貯金し、政府から税金の控除を受けることができる。一見したところ、これはロジカルである――人々の貯蓄は多ければ多いほどいい――が、一定の金額に達しない場合は年金をもらい損ねるという感覚が生まれない。「もっと人々に貯蓄してもらいたければ、もっと少ない額を貯蓄させることだ」というのは正気じゃないように思われるかもしれない。だが、これは心理的な錬金術にしばしば現れる、直感に反した解決策の一種なのだ[7]。

3. 年金の積立額を柔軟にする。賃金が一定ではなさそうな現代のギグエコノミー〔訳注 インターネットを通じて単発の仕事を受注する働き方〕の状況では、毎月、年金の支払い者に

---

(5) また想像してみてほしい。暗くなってからあなたが家で快適に過ごしていたとき、突然、停電したらどうするかと。あなたが私と同じような人なら、まずは窓から外を見て、通りにあるほかの家も停電しているかどうか確かめるだろう。ほかの家も暗闇に包まれていたら、安堵のため息をつくはずだ。「よかった――単なる停電だ。みんなもなんとかしなければならないだろう」自分の家だけが真っ暗だったら、はるかにひどいことになる。「なんてことだ。うちだけが停電しているじゃないか――1人でなんとかしなければならない」

(6) もしも私が毎月誰かに400ポンドをあげるとしたら、そのことを大いに騒ぎたてるだろう。

(7) 結局、この方法がうまくいきそうでなおかつ筋の通ったものなら、誰かが既に実行しているだろう。

こんな携帯メールを送って、次のどれを希望するかと尋ねても問題はないだろう。a．通常の積立額を持続する。b．積立額を増やす。c．しばらく積立を休む。

4．還付される税金の額を年齢とともに少しずつ減らす。貯蓄を早いうちに始めたいという明確なインセンティブを人々に与えるために。

5．退職する前に自分の年金から金を引き出せるようにする。年金積立金に10万ポンドあるのに、クレジットカードの支払いで25％の利子を払うのはばかげている。もし、旅行へ行くために仕事を1年間休みたいという人がいたら、年金がこれに資金を出してはいけない理由などあるだろうか？(8)

ここにあげた提案にはあなたが賛成できないものがあるとしても、そのいくつかを組み合わせれば、現在のシステムよりももっと効果的に貯蓄したい意欲を促すと、認めてもらえるだろう。ここで明白なのは、経済は客観的な「真実」であると決めつけるなら、こういう提案のどれも考慮されないだろうということだ。(9)

（8） 40代のときに1年間の休職をすることが不道徳だという明確な理由が私には見つからない。60歳になれば、仕事を完全にやめることが受け入れられているのに。年金は大半の人が65歳で亡くなって、仕事というものが過酷な肉体的苦役だった時代のために設計された――これがまだ今日的と言えるかどうか、疑問を持つべきだろう。

（9） たぶん、4つめの提案以外は。

7.5 錬金術のレッスンその3
――同じ概念を別の表現で捉え直す

4枚のカードがテーブルに置かれていると想像してほしい――すべてのカードの片面には数字が書かれ、もう片方の面には色が塗られている。見えているカードの面は5と8、青と緑である。片面に偶数が書かれているカードの裏面は青であるという仮説を確かめるために、どの1枚のカード（または数枚のカード）をひっくり返さなければならないだろうか？(1)

驚くほど多くの優秀な人々が間違った答えを出した――あるテストではプリンストン大学の大半の学生も間違えた。全体として、最初に正しい答えを出したのは10人に1人以下だった。いったん正しい答えを説明されれば、問題をなかなか理解できないという人はいなかったのだが。

（1） これは1966年に考案され、「ウェイソン選択課題」と呼ばれている。以下を参照。『*New Horizons in Psychology*』（1966）（『心理学における新しい地平』B・M・フォス編、未邦訳）中の「Reasoning」（「推論」P・C・ウェイソン著、未邦訳）。

片面に偶数が書かれているカードは裏面が青である。
5
8

図21　ウェイソンのカード——文脈《コンテクスト》がいかに大事かということ。このテストにほとんどのプリンストン大学の学生は困惑した。

もっとも一般的な間違いは、青のカードをひっくり返すべきだという推測である。実は、ルールでは奇数について何も言っていないので、青のカードの数字が奇数でも偶数でもルールには関係ない——したがって青のカードをひっくり返す必要はないのだ。その代わりに、緑のカードをひっくり返すべきである。このカードの片面が偶数なら、ルールは成り立たないことになる。

進化心理学者のレダ・コスミデスとジョン・トゥービーが観察したように、もしも同じ問題がロジックの難解な言葉ではなく、社会関係についての言葉で提示された場合、正答率はもっと高くなる。たとえば、アルコールを飲んでいるなら21歳以上である、というルールだと想像してみよう——カードの片面には飲む人の年齢が書かれ、もう片面には彼らが手にしている飲み物が載っている。

問題をこのように提示すると、ほぼすべての人が正解する。彼らは19歳という年齢と、ビールを飲んでいる人の年齢をチェックするのだ。缶入りコークは問題にならないし、21歳以

図22　しかし、同じ問題を異なった方法で考え直すと、どんな子どもでも正解を出せる。

上の人は何でも好きなものを飲める。そのロジックに対処することが困難な人はいない。これは前の問題と同じことで、異なった方法で表現しただけだったのだが[2]。

錬金術の仕事は、どの枠組みがもっとも成功するかを見つけることだ。私は82歳だった父親を説得してテレビの利用料を払わせたことがあった。費用を別の観点から見直しただけだ。父は衛星テレビ番組に毎月17ポンド払うことを嫌がっていた——父には金の無駄に思えたのである。しかし、1カ月あたり17ポ

(2)『*The Adapted Mind*』(1992)(『適合した心』J・バーコウその他編、未邦訳)の中の「Cognitive Adaptions for Social Exchange」(「社会的交換のための認知的適応」)でトゥービーとコスミデスは、脳には異なったプロセスに対処するための、進化した多様なモジュールがあると提唱している——ルールを破る問題としてカードの課題が提示されたとき、人は苦もなくそれを解決する。人間の脳にはそのような問題を最適化する部分があるのだ。しかし、純粋なロジックという、あまり実際的でない言葉の形で同じ問題が提示されると、人はそれを難しいと感じる。そのような抽象的概念に一致するモジュールを持っていないからだ。私はこの考え方に全面的に納得しているわけではないが、興味深いアイデアではある——それに、関心をそそられる実験だ。

ンドは1日あたり約50ペンスであり、父はすでに毎日2ポンドを新聞に費やしていると私が指摘すると、すべてが変わった。1カ月あたり17ポンドではなく、1日あたり約50ペンスだと、[3]同じ費用が完璧に合理的に見えたのだ。

(3) 確かに、あまり厳密ではない数字の使い方だ。

7.6 錬金術のレッスンその4——人は選択肢があることを好む

もし、精神的な負担がないなら、人は選択肢そのものを好む傾向がある。1990年代の始め、私はうちの代理店の最大の顧客の1つである、民営化されたばかりのブリティッシュ・テレコム（BT）と働いていた。彼らは英国中の電話局を現代化した結果、革新的に充実したサービスを顧客に提供できるようになった。月に数ポンド払えば、電話を別の番号に転送できたり、電話中に別の人がかけてきたときに知らせてくれる「通話中着信」機能を申し込んだりできたのだ。

新サービスを説明するため、我々は顧客に手紙を出し、申し込みを勧めた。顧客には2通りの選択が可能だった。フリーダイヤルで申し込むか、あらかじめ個人名が記された申込書にチェックマークを入れて、郵便料金が前払いされた封書で送り返すかである——ここまでの話は退屈なものだ。もっとも、BTは郵送でサービスの申し込みをさせることに反感を抱いていた。自分たちは電話会社なのだから、郵政省に金を払うのではなく、人々が電話を使いたくなるようにしてほしいとBTは主張した——彼らは手紙を送り、回答の唯一の方法として電話番号を載せたがっていた。

これを試すため、我々は顧客を無作為に3グループに分けた。最初のグループは電話か郵送で回答する選択肢を与えられ、2番目のグループは電話でしか回答できず、3番目のグループは郵送のみで回答できた。各グループごとに5万通の手紙を送り、回答が返り始めると、間もなく不思議なことが起こっているのが明らかになった。電話でしか回答の機会を与えられなかった人々の回答率は約2・9％で、返信用封筒でしか回答できなかった人々の回答率は約5％だった。だが、封書か電話のどちらかを選んで回答する人々の回答率は7・8％だったのだ――ほかの2グループの合計数に匹敵した。経済学的観点から見ると、これは奇妙なことだった。

人は選択肢があること自体を好んでいるらしい。

客観的には優れた仕事をしていても、公共サービスや独占企業があまり評価されない理由の1つがこれである――自分で選べなかったときに何かを好きになることはあまりないのだ。オンライン小売業者の大半が、商品の配送業者を消費者が選べるようにしていないことが私には本当に不可解である。人は選択肢があるほうを大いに好むだろうし、選べることによって小売業者にも恩恵があるだろう。商品が遅延したり届かなかったりしても、消費者はすべてを小売業者のせいにはしないだろうから。

7.7 錬金術のレッスンその5 ――予測不可能なものになれ

空港の管制塔――「今、サーチライトをつけたほうがいいですね？」

クレーマー機長――「いえ……それは我々がやると思われているとおりの行動でしょう」

大半のビジネスは型にはまったロジックに従って経営されている。財務、運営、物流はすべて確立された最良の事例《ベストプラクティス》を通じて活動しているのだ――いくつものルールがあり、それを破るには正当な理由が必要とされる。しかし、ビジネスにもこんなふうに動かないものがあり、マーケティングはその1つである。実のところ、マーケティングはベストプラクティスなどあったためしがないビジネスの一部だ。なぜなら、標準的な正説に従えば、そのブランドは競争相手と似たようなものになり、強みが損なわれるからだ。映画の『フライングハイ』（1980）にある、前述のジョークは、接近してくる飛行機のために滑走路に照明をつけることについて航空管制官が手順に従おうとしたときに登場する。退役軍人であるクレーマー機長はあまりにも予測されやすい存在になることを恐れている。(1) それは重大なポイントを強調している。マーケターの人生は困難で孤独なものだ。たいていの会社の経営者は明白なものを好むのが普通で、航空管制官と同じ心理だろう。一方、マーケターは明白なものを恐れるという、クレーマー機長のような人間でなければならない。この2つの考え方は常にたやすく折り合うわけではないし、一般に認められたロジックから逸脱することはリスクを伴う——平凡なせいでクビになるよりも、不合理なせいでクビになるほうがあり得ることを覚えておこう。多くの社会的環境や複雑な環境で完璧に予測可能なことは望めないが、人はロジックをやみくもに崇拝する傾向があるのだ。

ビル・バーンバック〔訳注 アメリカの広告代理店DDB社のコピーライターで、創設者の1人〕が気づいたように、マーケティングでは従来型のロジックは話にならない——結局、自社が競合他社と同じ位置にいることになってしまうのだ。

(1) 軍事戦略はある意味でマーケティングにとてもよく似ている——軍事戦略家は普通にロジカルな存在であってはいけない。何をするつもりかを敵に予測されてしまうからだ。

7.8 錬金術のレッスンその6 ――ささいな違いが大きな変化をもたらす

次の図に存在する短い文と1つのボタンの組み合わせは「3億ドルのボタン」と呼ばれ、ウェブデザインやユーザー体験に関する記事にしばしば掲載されている。最初に登場したのは無名の小売業者のウェブサイトだった。これをディスカウントショップのベスト・バイのウェブサイトだと信じている専門家は多い。

このボタンを作ったジャレッド・スプールは、ウェブサイトで顧客が買い物を終えようとしたときに以前は目にしたフォームについてこう述べている。

「フォームはシンプルでした。『メールアドレス』と『パスワード』を入れる画面がありました。そして『ログイン』と『登録』のボタンがあって。『パスワードをお忘れですか?』というリンクがありました。それはサイトへのログインフォームでした。ユーザーがいつも目にする標準的なフォームでしたよ。そのフォームに問題などあるはずないでしょう?［しかし］我々は新規の顧客についての判断を間違えていたのです。彼らは登録することを嫌がっていました。登録ページにぶつかると、登録することを不快に思っていたのです。こんなことを言っ

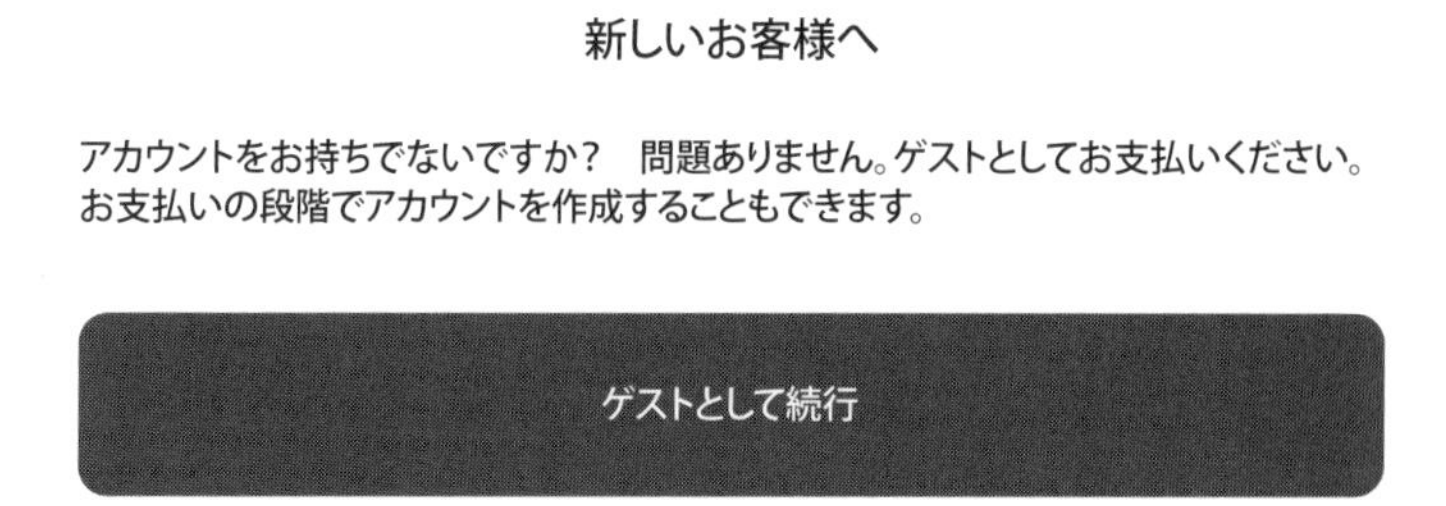
新しいお客様へ
アカウントをお持ちでないですか？　問題ありません。ゲストとしてお支払いください。
お支払いの段階でアカウントを作成することもできます。
ゲストとして続行

図23　「3億ドルのボタン」実を言えば、このたぐいの途方もない効果はウェブデザインにおいて驚くほどありふれたことだ。おそらくインターフェースデザインの最初のルールの1つは、「ロジカルになろうとするな」だろう。

た顧客もいました。「登録して関係を築くためにサイトを利用しているのではない。買い物をしたいだけなんだ」新規の顧客の中にはこのサイトで買い物をするのが初めてかどうか覚えていない人もいて、普段使っているメールアドレスとパスワードの組み合わせでログインできずにいらだっていました。登録への抵抗が大きいことに我々は驚いたものです。登録に何が必要かも知らない段階で、登録ボタンをクリックした全ユーザーがあきらめモードになっていました。不要な広告を送りつけて自分を悩ませるために、小売業者が顧客情報を欲しがっているだけだと言う人も大勢いたのです。明らかにプライバシーを侵害するための悪巧みに使われると思い込んでいる人もいました[1]」

（1）『*Web Form Design*』（2008）（『ウェブ・フォーム・デザイン』L・ウロブルスキー著、未邦訳）中のジャレッド・スプールの箇所より。実際には、購入に必要でない情報を登録の最中にこのサイトが求めることはなかった。求められたのは顧客の名前、送り先、請求先、支払い情報だけだった。

スプールの助言に従って、このサイトのデザイナーは単純な方法で問題を解決した――「登録」ボタンを「続ける」ボタンに変えて簡単な文を添えたのだ。「このサイトで買い物をするためにアカウントを作成する必要はありません。『続ける』のボタンをクリックして支払いを済ませてください。今後のお買い物をもっと簡潔にしたいお客様は、支払いの段階でアカウントを作成できます」

購入を完了する顧客の数はたちまち45％アップし、最初の1カ月で1500万ドルのプラスとなった。フォームを変更した初年度は、この変更だけでサイトの収入は3億ドルのプラスとなったのである。

では、人々はサイトの登録を嫌っているから、登録を避けられるようにすれば、売り上げが目覚ましく増えるということなのか？　いや、そんなに単純ではない――この話にはもっと不思議な面があるのだ。サイトを訪れて「ゲストとして続ける」を選んだ顧客の大半（90％かそこら）が、いったん買い物が済むと、引き続き顧客として喜んで登録するのだ――買い物を終える前は登録を拒否したまさに同じ人々がいそいそと自分の詳細な情報を入れ、プロセスの終わりにアカウントを作成する。このことから、問題なのは顧客に求められる行動ではなく、そうしろと要求される命令なのだとわかる。

新しい洗濯機がちゃんと配達されるようにと自分の住所を入力する行為は、時間を有効に使っていると感じられる。同じ行動をとっても、やっていることは顧客データベースに自分の情報をつけ加えるようなものだと思うときは、時間の無駄だと感じるのだ。

状況が異なれば、同じことでも楽しくなったり、いらだたしくなったりする。これもまた、あの空港でのバスの話と同じことなのである。

7.9

錬金術のレッスンその7
──小さなものに注意を向けよ

優れたコピーライターであるドレイトン・バードは、かつて友人からこんな非難をされたことがあった。「きみたち広告業に携わる人間は、表面的な物事にひどく夢中になっているんだね？」これは批判として言われたのだが、私は褒め言葉として受け取るべきだと思う。シャーロック・ホームズのファンなら誰でも言うだろうが、小さなものに注意を向けることは必ずしも時間の無駄ではない。もっとも重要な手がかりは無関係なもののように見える場合が多く、人生のほとんどは些細なものを観察することによっていちばんよく理解できるからだ。ダーウィンがある島と別の島のフィンチのくちばしの比較という小さなことにこだわったと、文句を言った人はいなかった。彼の最終的な推論がとても興味深いものだったからだ。

物理学者や経済学者の心理は、大きなデータを投入することによってのみ、大きな成果が得られると推測する。錬金術師の心理は、状況における最小の変化や最小の意味が、行動に計り知れないほど大きな影響を与えることを理解している。

結論

ロジカルであることを少しやめてみる

人生にかなり多くのでたらめさや非効率性、不合理さが存在することを疑う人はいないだろう。しかし、このことから浮かび上がる、決して尋ねられない疑問がある。そういったものがほとんどない状態は可能だろうか？　ロジックは過大評価されているのか？　私がこの本を執筆したのは、経済学的な考え方が間違いだと攻撃するためではない。経済学的なモデルで明らかになりそうなものは、ぜひ考慮すべきだと思う。しかし、そんなモデルには絶望的なほど創造的な限界があることを認めざるを得ないと、私にははっきりわかっている。別の言い方をすれば、ロジックには魔法を全滅させるという問題が伴うのだ。または、かつてニールス・ボーア[1]がアインシュタインに言ったらしいことと同じだろう。「きみは考えていない。ロジカルなだけだ」

問題解決へのあくまでもロジカルな方法によって、自分が問題を解決しているところだとい

（1）デンマーク人の物理学者で哲学者、ノーベル賞受賞者。

う気にさせられる。そんなプロセスが可能でない場合でも。その結果、考えられる可能な解決策は、「常套的な」従来の根拠を通じて得られたものだけになってしまう——本能や創造力や幸運がもっと多く含まれている、もっと優れた（そしてもっと安価な）解決策が犠牲になる場合も多い。

覚えておこう。これまでと異なった方法をとらなければ、幸運な偶然を享受できるチャンスは減ってしまう。

常套的なプロセスに従うことにこだわるこの偽の合理的な方法のせいで、直感と相容れない、可能な解決策は排除される。また、解決策の探求をするのが、本質的に似通った一握りの人々に限定されてしまう。実際は、会計士や経済学者でさえ、日々の家庭でのジレンマを解決するためにロジックを用いているわけではあるまい。だったらなぜ、オフィスに入ったとたん、彼らは計算器やスプレッドシートに本能的に手を伸ばすのか？　ビジネスには多くのものが懸かっているため、意思決定にあたっては厳密さや計画性を重視するからだというのが従来の答えだ。だが、あまり楽観的でない説明によれば、この方法に限界が存在することが、かえって好ましいからだ。人が問題に直面したときに何よりも望まないのは、自分の主観的な判断に頼って選択するしかない、広範囲にわたる創造的な解決策だ。ロジカルな解決策を取ることができて、そう決定したのは自分の意見よりも「事実」に突き動かされたからだと主張できる人工的なモデルに頼るほうが無難だろう。覚えておいてほしい。ビジネスの場や政府内で意思決定をする人たちがもっとも重視しているのは、成功を収めることではなく、結果はどうであれ、自分の判断を正当化するための能力なのである。

合理性に基づいた問題解決は、1本のクラブだけでゴルフをするようなものだ

人工的な確実性を捨てようとして、人間の心理の不可思議な点について漠然と考えることを学べば、思考力は少なからず向上するだろう。しかし、本書の始めに私が警告したように、そうしたからといって、必ずしも人生がもっと楽になるわけではない――独創的でないからと解雇されるよりも、不合理だという理由でクビになるほうがはるかにあり得る。[1]ここにあげた表は、成功したときと失敗したときに、異なる2つの意思決定の方法がどのような結果を招くかを表している。

大きな組織は、創造的な思考に見返りを与えるようにはできていない。表からわかるように、最大のリスクが生まれるのは創造的な方法からなので、ロジカルに行動するほうが無難に見える。しかし、この表の上半分をときどき探索するのは錬金術師の仕事だ――そしてマネジャーは表の上半分の行動をとる許可を社員に与え、彼らが行動するときは揺るぎない支援をするべきである。

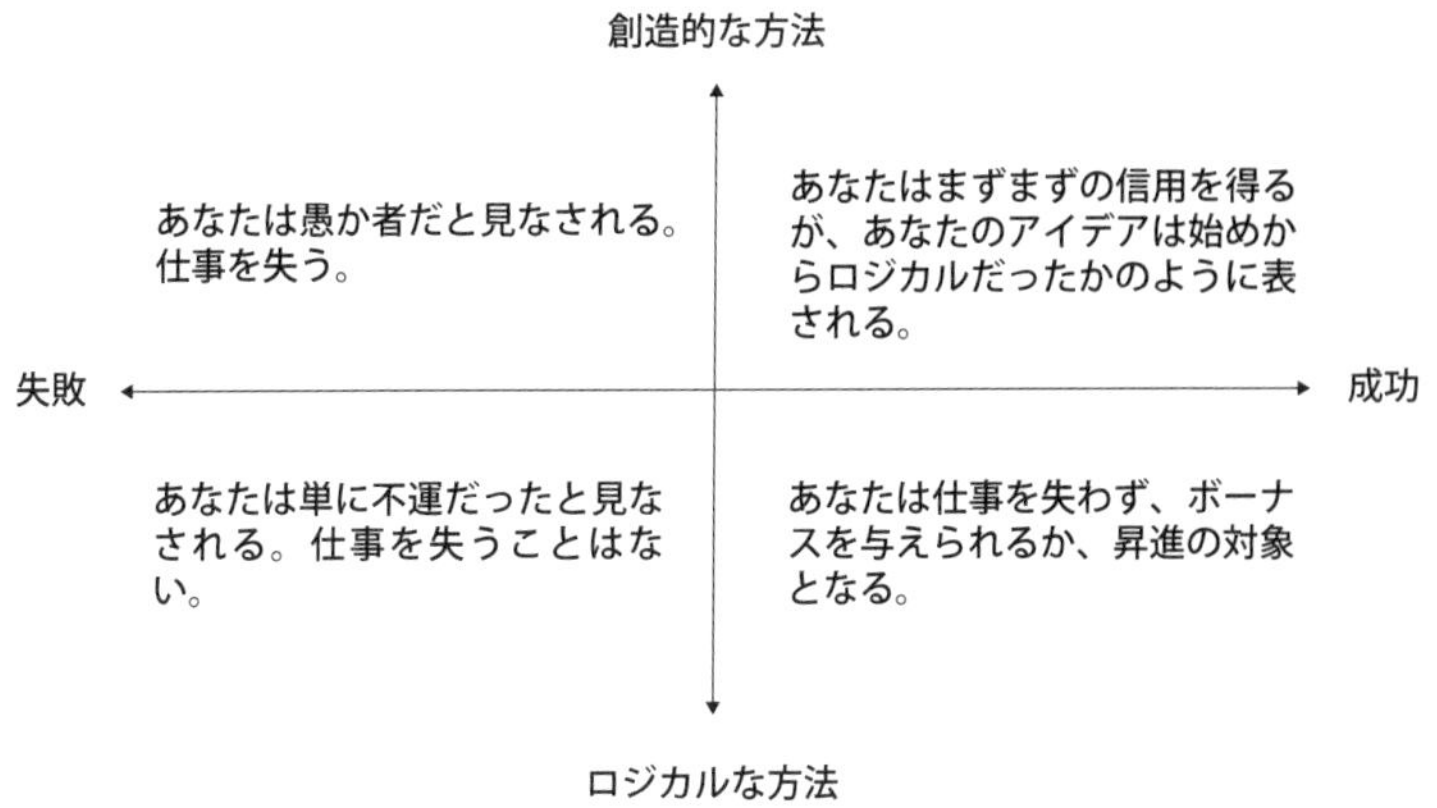
創造的な方法
あなたは愚か者だと見なされる。仕事を失う。
あなたはまずまずの信用を得るが、あなたのアイデアは始めからロジカルだったかのように表される。
失敗
成功
あなたは単に不運だったと見なされる。仕事を失うことはない。
あなたは仕事を失わず、ボーナスを与えられるか、昇進の対象となる。
ロジカルな方法

図24　我々がバタフライ効果を探すために、より多くの時間とエネルギーを費やすべき理由。

（1）あるいはジョン・メイナード・ケインズがかつて書いたように「処世術からもわかるように、従来の方法で失敗したという評判のほうが、型破りな方法で成功したという評判よりもよい場合が多い」のである。

仮説を捨てて自由になる時間を持とう

人間の脳はもっとも正確にというよりも、進化して適応する能力を向上させるためにもっともよく調整された方法で世界を認識している。自分の動機に気づかないことは、進化という観点からすれば利益をもたらすかもしれない。進化が客観性よりも適応度を重視していることは、議論の余地のない真実である。もし、よい面を強調して自分を売り込む能力によって間違いなく生殖が有利になるなら、それは優先されるだろう。人はこのような傾向を克服できないし、そうしたいとさえ望んでいないのではないだろうか。なぜなら、人生はこういう傾向がなければ認識され得ない——それに耐えがたいはずの——ものだからだ。

しかし、錬金術の力を理解するためには、このような無意識の動機を表現するもっとうまい言葉が必要である。また、あらゆる行動に合理的な説明をつけたくなる自然な衝動に抵抗しなければならない。だから私の最後の助言の1つは、錬金術とは、あなたがやる何かを指すだけではないということだ——やらない何かのことでもある。

本書を読んで、何か奇妙な知性の技を使うようにとみなさんに求めているわけではない——

必要なのは、あなたが毎日、安心感を与えてくれる毛布のように持ち歩いている仮説を捨てることだ。そういう仮説を一度にすべて捨ててしまうのは難しい。社会的にきまり悪い思いをするリスクがある。たとえば、開放感のある現代的なオフィスでできるだけ早くEメールに返事しなくてはという強迫観念に駆られていると、ぼうっと宙を見つめて20分を過ごすのはきまり悪いだろう。評判が悪くなることすらあるかもしれない。しかし、このように自由になる時間がなければ、心の錬金術の実践はさらに難しい(1)。

（1） 本書の1語たりとも私のオフィスでは書かれていない――デイヴィッド・オグルヴィがオフィスで1つの広告文も書かなかったのと同様に（「気を散らされるものが多すぎる」と彼は言った）。そして、おそらく本書の80％は、私がほぼ何もしなかった日の翌日に書かれているだろう。ジョン・レノンが言ったように「何もせずに過ごした時間は無駄ではない」のだ。しかし、現代の世界は、錬金術が発展しそうな時間を破壊するために全力を尽くしているように見える。

広告はなぜそれが伝える情報以上の説得力を持つのか

私の友人である、広告の専門家のアンソニー・タスガルは「アリスモクラシー（arithmocracy）」という言葉を作った。高いレベルの教育を受けているため、経済的決定や政治的決定をする資格が自分にあると信じている、影響力の大きな新しい階級の人々を表現するための言葉だ。それには経済学者やあらゆるタイプの政治家、経営コンサルタント、シンクタンク、公務員、そして私のような人間が含まれている。私はこういう人々が陰謀をめぐらせているとは信じていないし、彼らの行動の大半は公益のためだと思う。しかし、彼らは危険な存在なのである。理性を崇めるせいで、狭い基準から外れた、人生を向上させるものを想像できないからだ。G・K・チェスタトンは『*The Thing*』（1929）（『その物』、未邦訳）でそんな人々について書き、次のように説明した。

「物事を改革する場合は、物事を破壊する場合と違って、簡単で単純な原理がある。おそらくパラドックスと呼ばれる原理だろう。ある制度や法律が存在するとしよう。簡単に考えるため、たとえば、道をさえぎって立っているフェンスか門だとする。そこへ進歩的な改革者が陽気にやってきて言う。『このフェンスがなぜあるのかわかりませんね。取り外しましょう』それに対して、もっと知性のある改革者はこう答えるのが賢明だろう。『フェンスがなぜあるのかわからないなら、取り外してはなりません。いったん帰って考えてください。わかったら戻ってきてそのことを話してください。そうすれば、私はフェンスを壊すことを認めるかもしれません』」

経営コンサルタントから経済顧問まで、高収入の大勢の人々はこの「チェスタトンのフェンス」を取り払うことによって全報酬を稼いでいる。テクノロジー関連企業は、収益となる刊物を奪うことで広告業界とジャーナリズムの一部を破壊した――すべてが効率性という口実のもとに行なわれた。しかし、テクノロジー関連企業は、広告の本質が効率性でないことを理解していない――ある専門家がこう言ったように。「あなたが無駄だと考える部分が、実際には役に立つ部分だ」より効率的だと思われているため、今や何十億ドルもの金がデジタル広告に費やされている――ターゲット客をいっそう正確に狙えるし、メッセージをターゲット客に伝える費用は前よりも下がっている――デジタル広告がより効果的かどうかは明確でないが。プロクター・アンド・ギャンブルは最近、デジタル広告の支出を1億5000万ドル削減したが、売り上げの低下はなかったと主張した――デジタル広告が、実は不思議なほど効果がないことなどあり得るのだろうか？

広告は明らかに、それが伝える情報以上の説得力を持っている――だが、その力はどこに存在するのか？　それに、テレビコマーシャルをバナー広告と異なるものにしているものは何か？　私には次の3点が考えられる。

1．テレビコマーシャルの製作は高額で、放映枠の購入にも費用がかかることが知られている。
2．テレビコマーシャルは大勢の人に向けて放送され、自分が見ているコマーシャルを他の多くの人も見ていることをみんなが理解している。
3．自分のメッセージを見る相手を広告主がほぼ管理できないことが知られている――言い換えると、広告主は自分が約束をする相手を選べない。

もし広告という活動が、ここにあげた3つのメカニズムを通して誰かを説得しているのならば、デジタル広告が効果的に見えるのに、現実には驚くほど効果がないことも、もっともだと思える。

シリコンバレーに対する私の主張を思い出してほしい。自動ドアはドアマンの代わりにならない、というものだ。近年では、次に挙げる同じパターンに従っている広告が見られるようになった。

1. 広告を、ターゲットを定めた情報伝達の手段と定義する。
2. この狭い機能を最適化するテクノロジーを導入する。
3. 独自の機能の定義に基づいた基準を用いて、成功を宣言する。
4. 自ら経費削減を成し遂げてから手を引く。

過度に単純化された広告モデルでは、「この広告主が自分の商品を宣伝するために金を費やしているのはなぜか?」ではなく、「この広告は何を言っているのか?」という疑問を持たれることを前提としている。目の前の広告を解読するために、人が社会的知性を用いることは明らかなのに。共産主義下の東ヨーロッパで起こった、情報の解釈の重要性を伝える一つの例をあげよう。そこではある製品が宣伝されると、需要が減る場合が多かった。共産主義体制では価値あるものが何でも供給不足だったので、政府が宣伝するものは、人々が買おうとして列を作ることはない、どうしようもない粗悪品だと推測されたせいだ。

今度は、売出し中の2つの商品を想像してみてほしい。商品Aは商品Bよりも多くの機能を持っているように見えるし、値段も安い。経済学者にとって、この場合の決断は簡単である。より実用的で、値段も安いのだから、誰もが商品Aを買うべきである、と。しかし、顧客は2つの商品やその信頼性についての完全な知識を持たずに決断するので、表面的にはより優れた商品Aの価格のほうが高くないのは、何か理由があるに違いないと推測するだろう。私の考えでは、もっともありそうな結果は顧客がどちらも買わないことだ。経済学的なロジックが何を命じようと、商品Aの製造業者は商品Bの製造業者よりも少し高い価格をつけたほうがいい。

これは不合理ではない——不確実な世界に適合する二次的な社会的知性なのである。人間の動機を狭い視野でとらえる単純な経済モデルを使うことによって、新自由主義のプロジェクトは人間の想像力にとっての脅威となった。

2008年の世界的な金融危機の前にスペインへ旅したとき、私は海岸線に沿って何キロも何キロも実に醜悪なアパートメント群が並んでいることに気づいた。[1] 当時の建設業界はスペインのGDPの20％という、正気とは思えない数字を占めていた。そんな建物を見て、私は単純な質問をした。「こういうひどいアパートメントを誰が買うんですか?」答えは明らかだった。誰も買わないのだ。たとえ北欧の国民すべてが同時にスペインへ逃亡しようと決心したとしても、多くの人はここに住むことをまず選ばないだろう。

間もなく私が帰国するときになった。マドリードかバルセロナの空港から飛ぶことがあったら、どちらの空港も立派なことに嫌でも気づくだろう。それと同時に、必要な規模より3倍も広いことにも気づくはずだ。ロンドンのヒースロー空港やアムステルダムのスキポール空港では、待機中の航空機でほぼすべてのゲートがふさがっている。ここでは5つかそこらのゲートにつき、1機がいるだけだった。空港のこの上ない広さを見れば、誰にでもわかっただろう。これほど見栄っ張りなプロジェクトのために簡単に借金をさせてくれるなら、金融部門には何かまずい点があるのだろうと。

人間の脳の大部分は、整然とした概念的な理論よりも乱雑な現実を考えるのに向くように設計されているが、一般的に脳のその部分を使うことは抑えられている。仮に私がスペインの海岸沿いに建つ標準以下のアパートメント群を映した写真を持って、銀行関係の会議に現れたとしよう。経済の専門家たちは私の危機感は「まったく裏付けに乏しい」と見なし、私を笑うだろう。だが、マイケル・ルイスによる『*The Big Short*』(2010)(『世紀の空売り——世界経済の破綻に賭けた男たち』マイケル・ルイス著、東江一紀訳、文藝春秋、2013年)が示したように、世界経済の破綻を予測した(そして、それに賭けた)人々はまさしくそんな行動をとった——彼らは不動産業者と話し、住宅開発の現場を訪れたという。なぜ、人は目の前に見えているものよりも、理論的な数学モデルのほうに信頼を置くのか?

奇妙なことだが、単純な観察結果よりも数字やモデルのほうが客観的に思われるという理由で、我々はそれを大事にしているのではないだろうか?

(1) かつては海の景色が見えたところも、今では同様にぞっとする、ほかのアパートメントの建物群によってよく見えなくなっていた。

無意識の動機に注目せよ

ここ100年ほどの間に人間の衛生状態が大きく進歩したのは、公衆衛生のレベルが前よりも向上したことと、清潔そうな外見を維持したいという衝動が高まった結果で、そこから人間の行動には重要な変化が生まれた。

ドラマの『ダウントン・アビー』が2010年に初めて放送されたとき、ある英国紙が90代の貴族にインタビューし、同ドラマが第一次世界大戦前の英国の田舎の邸宅に関する彼女の記憶を忠実に再現したものかどうかと尋ねた。「そうですね、ドラマが伝えていないことが1つだけあります」と彼女は説明した。「あのころ、使用人たちは本当に臭かったのですよ」。20世紀の初頭、ケンブリッジ大学の学寮にいる大学生のために風呂を設置する案が出されたとき、ある年配の教員はまるっきり認めようとしなかった。「なんのために大学生に風呂など必要なのかね？　学期はたった8週間しかないのに」

衛生面での行動に驚異的な変化を引き起こしたものは複雑だが、平均余命を延ばそうとする意識的な努力に負けないくらい、ステータスを求める無意識の気持ちも原動力となった。石鹸は衛生上の効果よりも、使う人の魅力を高める力が理由で売られた。石鹸には衛生状態を向上させる多くの化学物質が含まれていたが、人を惹きつける商品にするために香りがつけられていたことも覚えておく価値がある――香りは商品の合理的な価値というより、無意識に働きかける宣伝という目的を支えていた。香りは石鹸を効果的なものにするためにつけられたのではなく、消費者にとって魅力的にするためにつけられたのだ。

もし、無意識の動機を否定するなら、石鹸に香りをつけ忘れていることになる。人間の動機を狭い視野でとらえるならば、石鹸に香りをつけるという提案はばかげていると見なされるだろう。だが、花の花弁のように、明らかに無意味そうなものがシステムを成功させるのである。

よりよい世界を築くために

消費者市場は競合する多数の選択肢を提供することで、理論にはできない方法で人の無意識を方向づけている。そんなわけで、私は消費資本主義を「人間の動機を理解するためのガラパゴス諸島」と呼んできた。フィンチのくちばしのように、説明のつかないものは、たとえ小さなものでも真実を明らかにしてくれる。

ダーウィンが体系化するよりも前に、犬のブリーダーや鳩の飼育家たちが自然淘汰の原理を理解していたように、ものの販売に携わってきた人々は人間の言葉と行動との違いを本能的に把握している。1984年にマッカーサー・フェローを受賞したとき、エイモス・トベルスキーは認知心理学者としての自分の仕事をこう語った。「我々がやっているのは、中古車のセールスマンや広告業界の幹部が本能的にとっくに知っていたことを取り上げ、科学的な方法で研究することだ」

消費者市場のようなメカニズムは、政治や、無意識の感情と後付けで正当化された信念とを区別するメカニズムがない分野においては存在しない。私にとって、このことは楽観的になれる最高の理由だ。もし、無意識の感情的な動機と、後付けの正当化との大きな隔たりを正直に認められれば、多くの政治的な不一致はもっと簡単に解決されるかもしれない。繰り返すが、我々は石鹸に香りをつけることを学びさえすればいいのだ。

福祉へのアプローチとして、「ユニバーサル・ベーシック・インカム（ＵＢＩ）」についての議論が流行となっている。フィンランドやいくつかの地域で試されてきたこの考え方は、複数の福祉制度を１つの最低所得と取り換えるといったもので、ある年齢以上の国中の全員に金が支給される。それは大半の人の基本的な必需品をまかなうには充分だろう。食費や光熱費、住宅費はほかの形の福祉制度を廃止することによって一部分が払われるが、高所得者へのより高額になる課税分からも払われる。ＵＢＩが経済的に実現可能かどうかはさておき、[1]思考実験としては興味深い――政治的左派の人間と同様に、右派の人間にも驚くほど人気があることがその理由の一部だ。ミルトン・フリードマンはこのアイデアを支持したし、リチャード・ニクソンもそうだった。断固として右翼的な見解を持っていた私の祖父も、福祉はこんな方法で機能すべきだと信じていた。

普通なら政治的右派の人間は富の再分配に反論するのだが、これについてはどうなのか？おそらくほとんどの政治的な意見と同様で、本質的に富の再分配への抵抗は、感情的な傾向に

(1)　私は実現不可能だと思っている。

うわべだけの合理的な理由をつけ加えようとする試みにすぎないのだろう。右派の人々は本能的に大半の福祉制度を嫌うが、UBIは平等で無差別に全員に支給されるから、受給者が利益を得ようとして自身の不運を誇張するインセンティブが生じない。さらにUBIは働くことに対しても、その働き具合に応じたインセンティブを与える。もし、ある人が日がな一日ベッドに寝ていて、彼の隣人は毎朝仕事に行くとしたら、働く人は努力の割合に応じて怠け者よりも裕福になるだろう。最後に、UBIは支配的な政党が自分の党に投票しない人をなおざりにして、自党の支持者に賄賂を贈る余地を与えない。

UBIは「石鹸に香りをつけること」に関する政治的な思考実験の一例だ。言い換えると、そのもの自体を変えずに感じ方を変えることによって、無意識の感情的な傾向を、合理的な行動に役立てているのである。厳密な機能主義者の用語で政策を説明するのではなく、政策の提示の仕方について実験することを受け入れた場合、どれほど多くの思いがけない合意の余地を私たちは見つけられるのだろうか？　経済モデルを準備するための時間のわずか20％を、心理《サイコ》ロジカルな経済モデルを見つける健全な探求に費やしたら、どれほど多くの洞察がさらに得られるだろうか？　ロバート・トリヴァースが書いたように、優れた心理学には人間の不幸のより深い原因を明らかにしたり解決したりする可能性があるのだろうか？

数年前、私は初めてダニエル・カーネマンに会った。案の定、彼は行動科学が人間の意思決定を変える可能性について悲観的で、人にはあまりにも深くバイアスが根付いていると信じていた。とはいえ、人々が自分のバイアスに気づくことができなくても、行動科学を用いて他人の行動をもっとよく理解できるようになるかもしれないと彼は期待していた。本書はそれと同じ精神で書かれたものだ。私はあらゆる意思決定を完全に見直せとか、データをすべて無視しろとか、事実をことごとく否定しろとは求めていない。しかし、バーにいるときであれ役員室にいるときであれ、会話のたった20％の時間でも、別の説明を考えるために取っておいてほしい。本物の「なぜ」が、公式の「なぜ」とは異なる可能性を受け入れながら。そして進化がもたらした合理性が、経済学的な考え方の合理性とはまるで異なる可能性を受け入れてほしいのだ。

もし、ロジカルでありたいという衝動にわずかの間でも抵抗できて、その時間を錬金術の追求に捧げられたら、どんな発見があるだろうか？

発見するものの多くは鉛だろう。だが、驚くほどたくさんの黄金もあるに違いない。

senties van NLP (1996).
417ページ 「そのことについて考えている間は、…」 Daniel Kahneman, 'Focusing Illusion', *Edge* (2011).

引用文献

104ページ　心理学者のジョナサン・ハイトが示したように…　Jonathan Haidt, *The Righteous Mind* (2012).(『社会はなぜ左と右にわかれるのか：対立を超えるための道徳心理学』ジョナサン・ハイト著、高橋洋訳、紀伊國屋書店、2014年)

158ページ　『ハーバード・ビジネス・レビュー』誌に載ったある最近の記事は、… S. K. Johnson, 'If There's Only One Woman In Your Candidate Pool, There's Statistically No Chance She'll Be Hired', *Harvard Business Review* (April 2016).

171ページ　「一般的に、我々は以下のプロセスに従って…」　https://www.farnamstreetblog.com/2009/12/mental-model-scientific-method.

178ページ　広告代理店のWPPの年次報告書の序文で…　'You May Not Know Where You're Going Until You've Got There', *WPP Annual Report* (2014).

228ページ　「"アフォーダンス"という言葉は、…」　Don Norman, *The Design of Everyday Things* (1988).(『誰のためのデザイン？：認知科学者のデザイン原論』D・A・ノーマン著、野島久雄訳、新曜社、1990年)

314ページ　「実際は報道官の言葉なのに…」　*The Righteous Mind* (2012).(『社会はなぜ左と右にわかれるのか：対立を超えるための道徳心理学』ジョナサン・ハイト著、高橋洋訳、紀伊國屋書店、2014年)

317ページ　2012年の『ニューサイエンティスト』誌に載ったある記事…　Colin Barras, 'Evolution could explain the placebo effect', *New Scientist* (6 September 2012).

337ページ　2017年の『アトランティック』誌の記事で…　'The Vodka-Red-Bull Placebo Effect', *Atlantic* (8 June 2017).

410ページ　リチャード・セイラーが行なったものだ。　Richard H. Thaler and Cass R. Sunstein, *Nudge: Improving Decisions About Health, Wealth, and Happiness* (2008).(『実践行動経済学：健康、富、幸福への聡明な選択』リチャード・セイラー／キャス・サンスティーン著、遠藤真美訳、日経BP社、2009年)

414ページ　ある日、コージブスキーは…　Lucas Derks and Jaap Hollander, *Es-*

図版出典

本書に掲載されている図版について、著作権保持者より許諾を得るために、出版社はあらゆる努力をしたが、万が一不足があれば重版の際に訂正する。

図1: Illustration by Greg Stevenson
図2: Copyright © Ken Sides
図3: Copyright © Benoit Grogan-Avignon, with permission of Shutter Media
図4: Recreated by Greg Stevenson, with permission of Stephanie K Johnson
図5、図6: Recreated by Greg Stevenson, based on study referred to in Dan Ariely's *Predictably Irrational*
図7: Copyright © Country Houses of Kent by Arthur Oswald published by Country Life Ltd., 1933
図8: Permission granted by 1stDibs in New York
図9: Permission granted by Andrew Heaton
図11: Copyright © Shutterstock
図12: Illustration by Greg Stevenson
図13: Reproduced with permission from Augie
図14: Copyright © ICONBIT Mekotron Hoverboard
図15: Copyright © worldlifeexpectancy.com
図16: Illustration by Greg Stevenson
図17: Recreated by Greg Stevenson. From https://sixtysomething.co.uk/compare-breakdown-cover/
図18: Copyright © Erwan Mirabeau
図19: Image from a study by Greg Borenstein
図21: Illustration by Greg Stevenson
図22: Illustration by Greg Stevenson

【著者・訳者紹介】

ローリー・サザーランド（Rory Sutherland）

世界的広告会社オグルヴィUKの副会長。『スペクテーター』誌のコラムニスト。広告やメディア、マーケティング・コミュニケーション業界の専門機関である英国広告代理店協会の前会長。出演したテッドトークは650万回以上再生されている。ロンドン在住。

金井真弓（かない　まゆみ）

翻訳家、大学非常勤講師。主な訳書にキティ・フラナガン『自分だけの人生のルール307考えてみた。』（大和書房）、ダニエル・L・シャピロ『決定版　ネゴシエーション3.0』（ダイヤモンド社）、ジョアン・リップマン『#MeToo時代の新しい働き方　女性がオフィスで輝くための12カ条』（文藝春秋）、マリア・シャラポワ『マリア・シャラポワ自伝』（文藝春秋）、バナ・アベド『バナの戦争』（飛鳥新社）、カレン・ディロン『ハーバード・ビジネス・レビュー公式ガイド　社内政治マニュアル』（ダイヤモンド社）ほか多数。

欲望の錬金術
伝説の広告人が明かす不合理のマーケティング

2021年4月29日発行

著　者——ローリー・サザーランド
訳　者——金井真弓
発行者——駒橋憲一
発行所——東洋経済新報社
〒103-8345　東京都中央区日本橋本石町1-2-1
電話＝東洋経済コールセンター　03(6386)1040
https://toyokeizai.net/

装　丁…………橋爪朋世
D T P…………アイランドコレクション
印　刷…………東港出版印刷
製　本…………積信堂
編集担当………九法　崇

Printed in Japan　　ISBN 978-4-492-55799-0